立人天地

男孩成长书

The Boy
How to Help Him Succeed

【美】纳撒尼尔·C.小福勒 **著**
Nathaniel C. Fowler, Jr.

关明孚 **译** 王少凯 **校**

黑龙江教育出版社

题记

本书是作者本人与众多成功人士的经验之谈，若能对男孩的成长有所帮助，
那将是我们莫大的荣幸。

做你自己——完完全全的自己，不要妄自尊大，也不要妄自菲薄。
发扬你的优点，克服你的缺点。
找出自己的优势，发扬它、利用它、依靠它，将它发挥到极致。

目录

男孩成长书 **contents**

男孩成长书

One

成功的要素

客观审视自己，积极、充分、正确地运用自己的才能是实现真正成功的最高境界。

让我们敲开神秘之门，
倾听成功的心得

　　成功可以说是一种心理状态，看不见，却又实实在在地存在着，是努力之后的结果，时间有长有短。

　　词典学家会认为成功就是努力的目标、最终奋斗的结果。

　　不能把运气和成功混为一谈。有运气是因为有机会；而成功则是主观上努力的结果。

　　从心理上讲，成功可能隐藏在生意往来、日常工作或体力劳动中。而从行为上讲，成功是一种有目共睹的成就。

　　努力之后的成功及努力的过程都是一种体验。

　　"别人能做到，我也能做到。"这样的话语激人奋进。

　　一个人若是想把房子盖好，必须先向建筑师学习，研究他们的模型，观看他们如何操作，琢磨他们的建筑风格，参观落成的建筑。

　　喜欢与厌恶，方式与方法及人们成功的规律都是通往成功之路的经验之谈。

　　若把生活写成一个数学公式，则应为：成功=能力+机遇

　　对成功与失败的研究结果表明，成功与聪明才智有关，与人的长相无关；成功取决于后天的努力及周围的环境，同时也受先天才智的影响。

　　任何事情都有规律可循——自然有自然的规律，国家有国家的发展规律，健康有健康的规律，成功也有成功的规律。

　　大众化的规律要比特例安全得多，适用性更强。

　　事实证明，如果前提是人已经出生了，那么遗传的因素就显得不是那么重要了。这个例子听起来虽然有些牵强，但事实确是如此。

　　假如全世界的动力都集中在一部牵引机车里，没有路基和路轨的辅助，火车也开不起来。即使车子能启动起来，还得注意保持车速，这些辅助条件缺一不可。

　　有很多的男孩一事无成，部分原因是因为很多人起步就不对，选择通往成功的途径也不对。

在这个世界上，成功与失败的事例比比皆是。有的人成功了，因为他既有能力又有机遇；而有的人失败了，因为他要么是有机遇但能力不足，要么是有能力但缺乏机遇。其实，两人家境相同，生活条件相似，获得机遇的可能性也相等。那么两者之间的差距到底是什么呢？很显然，两人是完全平等的，两人成功的机会似乎也均等。

合理地对男孩启迪、教育不仅是家长的责任，也是老师、朋友的义务。

从男孩出生起，就应该对他给予足够的关注，以关爱的目光看着他咿呀学语、蹒跚学步，在点点滴滴之中，未来生活成功的框架也逐渐形成。在男孩已学会如何照顾自己之后，面对生活中遇到的问题，他不再会惊慌失措了。

即使开端良好，接下来的事情若处理不当也无济于事。但若开端就不对，接下来的工作就会事倍功半。有潜力的男孩才具有培养价值。这种能够胜任某种工作的潜力，很快就会在行为上体现出来，男孩会对这项工作产生强烈的兴趣，进而精通于这项工作。

现在是一个讲究"术业有专攻"的时代。各个领域中的"多面手"其实一行也不精通。谁也不能同时精通于两种事物。手艺最好的鞋匠要比夸夸其谈的传教士强得多；精明的管家要比了无生气的作家对社会做出的贡献更大。

对男孩子，要仔细地研究、耐心地观察、认真地分析他的一举一动和喜好。别逼他做任何事，也别催促他，别替他选择职业，而应帮助他找到适合自己的工作。

社会上的行业五花八门，而他只需精通其中一种。找出他所精通的那行，为他量体裁衣、因材施教。这么做对他本人、对整个社会都好。

别草率地把孩子推入某一行业，至少等个一年半载。虽说时间长了些，但总比赶鸭子上架好得多。

迈出的第一步能决定今后的发展方向。错了再想改正会费时、费力又费钱。事前先让他试一试好过于逼他入错行之后再重新来过。

有所成就进而获得成功，要取决于他是否充分地认识到自身的能力。成功到底是什么并不重要，只要它是正大光明的、是尽最大努力赢得的即可。

成功可以意味着财运亨通，也可以指政治上有雄才伟略、手握重权、广结善缘或者成为高官显贵。

最优秀的人要比最富有的人拥有更多的成功要素。

无论何事，只要做事的人已经充分运用了自己的才能，尽全力做到了最好，那么这就是一种成功。

　　客观审视自己，积极、充分、正确地运用自己的才能是实现真正成功的最高境界。这点很难做到，但当你的心灵靠近上帝的时候，就容易做到了。

　　尽最大的可能运用能力就是最大的成功。

男孩成长书

Two

对男孩的启蒙教育

应该让大自然的美景得到充分的展现，因为大自然当中是没有任何错误和虚假的。而男孩的"自然风景"就在于他完整的一面。

良好的开端是成功的一半

没有开始就没有结果。两者是相互依存的。

从起步的那一刻起，我们就踏上了人生的征程。错误的开始会留下永久的阴影，人们会在接下来的过程中为此付出沉重的代价。

错误的开端会使成功之路障碍重重。

时过境迁，适合父辈的不一定也适合年轻的一代。新的理论正与旧的观念进行交锋，试图制定出适合年轻一代的准则。

当务之急是如何对待男孩？进一步说就是如何对男孩进行启蒙教育？

起步正确可以使人避免失败，从而获得成功。良好的开端是通往成功的捷径。错误的开端，再加上发展过程中种种不利的条件，最终的结局往往就是失败。

坚韧不拔很重要，能力也很重要，但二者要依赖于一些条件，而起始阶段的条件要比其他任何时候的条件都重要。

环境与天赋同等重要，两者的等同性远远超出了我们的想象。

从长远眼光来看，起始阶段的调整变化对未来的影响是最大的。

成功与失败在很大程度上取决于男孩和他的父母。当男孩开始接受训练和培养的时候，他就开始向男人转变了。

父母越是了解孩子，孩子就会越了解自己和父母，为孩子规划前景也就变得越容易。

无论父母是穷是富，文化程度是高是低，无论他们身居何处，都带着热切的渴望找寻着可以教导孩子的方法。男孩们现在可能很顽皮，但长大之后就会成为作风严谨的男人。

在各种理论泛滥的情况下，有实际应用价值的常识变得极其珍贵。孤立的个人观点——自负，随处可见，这是非常危险的。

我认为暂时放下情感，理性地把人性看作是物质性的也并不为过。

无论是生理上还是心智上，人类都是从哺乳动物的低级阶段发展起来的。对他的存在具有重要性的，是他将来会成为什么样的人，而不是他现在是个什么样子。即使他有自己的特点也不会显露出来；即使是在思考，他也意识不到自己在思考。因此丝毫也看不出来他的聪明才智。他的唯一特点，或者是唯一流露出的本能，就是一直在要吃的。给他吃的，他就吃，但却不会主动去找吃的。如果无人照料他，没人给他吃的东西，他就会饿死。吃东西就是他的全部斗志的反映。在不吃东西或不想吃东西的时候，他要么就什么也不做，要么就或哭、或笑、或睡。他的存在有价值并不是因为他现在这个样子，而是因为他将来要成为什么样的人，或可能会成为什么样的人，或被希望成为什么样的人。他瘦瘦的、小小的、圆圆的，是那么的无助，却又被寄予了厚望。他的现状是那么的无助，那么的依赖于别人，似乎是毫无价值可言。然而，一辈子未婚的姑妈和感情丰富的妈妈却从这个新生儿身上看到了两家人身上所具有的特质。

过了几年之后，在男孩身上人们如愿以偿地看到了家族荣誉感和父母引以为傲的特质。

生理上的遗传在孩子很小的时候就显露出来；但心智才能在孩子6岁前几乎看不出来。即使过了6岁，心智才能也不一定会显露出来。

等男孩到了10岁或12岁，父母不仅要继续关注孩子的学业，更要开始关注孩子身体上出现的明显生理变化。

这个时期的男孩开始表现出个人喜好。尽管喜好不定，但关注他的人会情不自禁地关注他，进而发现某些明显的特质开始在男孩身上显露出来，某种特殊才能开始或多或少地流露出来。

经验丰富的科学家和医生一致认为遗传的好坏在很大程度上受限于遗传倾向。他们的研究表明，除非男孩有机会继承生理或心智上的明显特质，否则他的将来会在很大程度上受到环境的影响。

千万要认识到环境的好坏与先天遗传对男孩的发展影响同等重要。

10岁男孩的心智已足够成熟，能开始去体会周围的环境并受其影响了。此时，男孩逐渐步入孩子期的最重要的阶段，开始了真正的人生。10岁的男孩尽管对"男人"的概念还不能完全理解，但已能明辨是非，意识到成长为男子汉的必然性；已能知道如何去交友，去与家庭、父母及朋友交往。他可能会自负，但绝不会目空一切；他可能会比较任性，但他还未定性，今后会变得比较随和。他将踏上人生的旅程：青春如绿草；快乐汇集成小溪；因没有重任在身而倍感轻松。

但他即将长大成人，面临严峻的考验。尽管前景尚未明确，但生活即将失去单纯的快乐。他对此并不喜欢，但很少有家长会注意到这点，更不会意识到其严重的后果。父母也好、周围的人也好甚至连他的老师都仅把他当作一个孩子看待，似乎根本就没意识到他已经开始长大成人。

我们现在的文明可以说是比较进步的，但社会的基石却并不稳定，而上层建筑正是建立在这个基石之上。

男孩接受的是最基础的教育。他学习读、写、算等基础课程。他做任何事都必须遵照教育中规定的原则，不管愿不愿意。规律即是如此，而规律往往是正确的。

如果男孩将升入大学，开始考虑一些传统课程的学习并不算为时过早。可能短期内用不着，但早晚有一天会用上的，这样他就可以很从容地走向大学。

在强迫之下学习的男孩既没打算成功也不会成功。不顾男孩的反对，一意孤行地强迫他去学习传统课程或是其他高等教育，并不是个好主意，这样做既不对也不公平。男孩具有和父母同等的选择权。如果已经超出了确保孩子安全、健康、合情合理及接受基础教育的范围，那么父母这么做就说不过去了。

如果有必要，可以强迫男孩接受基础教育，但再进一步就没必要了。学完基础教育，孩子和父母具有一样的权利去决定将来的发展方向。如果他是个有个性、明理的孩子，那么对于将来教育问题的选择将决定他如何谋生，这对孩子比对父母更重要。如果这个孩子是个可造之才，那就没必要强迫他了。无论如何，家长都不该强迫孩子接受高等教育。

男孩的成功与他各方面的能力息息相关。这个男孩更适合朝什么方向发展？他爱动脑筋吗？他总是死记硬背还是喜欢自己分析？他总是重复别人的东西还是喜欢自己创新？

家长的责任是鼓励孩子，为孩子指引方向，把孩子带入正轨，让他按照自己的选择去发展，在孩子前进的途中帮他一把，甚至是为孩子做好善后工作。

那些笨拙、无知、不称职的律师、医生及政客们多数都是野心勃勃、骄傲自大的家长干涉下的产物。而整个社会为此付出了沉重的代价。

那个男孩在一个小地方当一名机工，要比当一名最烂的律师强得多；当名木匠要比当个屠夫似的医生更称职；当个收获颇丰的农民要好过于当名无知、误事的议员。

多大的男孩都不能放任自流，他必须受到管束。不受管束的孩子就像没有舵的船一样，会非常危险的；但是若管束不当，则比船没有舵更危险。当男孩开始成熟的时候，应该拥有发展个性的自由，在决定自己将来发展的问题上应该具有发言权。明理的孩子应该被给予信任，他的喜好应该得到尊重。

人类法则和家长法则的运用不应过度张扬。如果这是一个有个性、已经懂事的孩子，就应该被给予权利去做出正确积极的选择。而他往往会尊重明智的家长提出的反对意见。

家长的确有权管束孩子，但前提是使用权利得当。如果这个男孩已经足够成熟懂事，他就应该拥有自己的权利。其实孩子和父母的权利并不互相矛盾。

父母之爱，明智之爱已经名不副实，已经成为一种约束力，当然，它比强硬的家长制作风要强得多。

我深知无论父母多么优秀，在教导孩子这方面有时也会感到力不从心。但作为父母，他们必须竭尽全力。如有困惑可以向他人请教。无论怎样，多数人的判断总会比个人的片面之见明智些，而且很有可能就是真理。不受他人影响，片面武断地做决定，决定的正确率只有50%。若接受他人的建议，不断修正自身的错误，做出的决定可能不是百分之百地正确，但至少不会铸成大错。

男孩在很早的时候就开始显示出他适合什么，或是可能会朝着某个方向发展的倾向。他开始审视自己，也开始被人审视；开始探索自己的想法，也开始引起别人的关注。对于他的性格特征、喜好倾向及具有的优势、劣势，应予以仔细研究，以便为他找出一条发展道路，当然这只是一条建议他走的路，决不带任何强制性意味，可做适当的更改，但大体方向是不变的。

任何违背男孩天性的事都会造成心理或生理上的畸形。男孩做得很好的方面往往就是他的兴趣所在。根据个人能力进行发展才是到达成功的捷径。违背个人天性即意味着失败。男孩的喜好可能与个人的能力并不相符。他可能也不了解自己，他的父母可能也不是十分了解。他的老师也可能会做出错误的判断。没有什么事是绝对肯定的。任何可能性都存在。若男孩想做的事恰恰就是他应该做的事，那他成功的几率就大大增加了。奋斗的欲望加能力就能换来成功。一个人失败要么是因为他所做的事不是他自己想做的；要么是因为他做的事是他不应该做的。几乎所有男孩的成功都是由于他的喜好与能力能够完美地结合在一起。两者结合得越早，男孩成功得就越早。

家长应当协助老师搞好教学，使之更加生动有趣、更具实用价值，也使授课的老师感到身心愉悦。但若是家长做得不当，则会适得其反，孩子会觉得没有家长参与反倒更好。

想帮助孩子进步，有的家长有这个能力，而有的家长则没有。如果有个男孩对机械有着浓厚的兴趣，家里就应该尽量为他提供机械类的东西来摆弄，满足他的兴趣和喜好。为他提供的机械类的东西越多越好，当然前提是不影响正常的作息和健康。摆弄机械、看着机器运转、身临其境到厂房现场，即使只是让他参观一下，也会对男孩将来的发展大有帮助。

如果男孩喜欢在农场工作，那么待在户外是最合适不过的了。待在农场能让男孩深刻认识到做一名出色的农民而不是苦工的好处。在那里应该让他看看耕作土地和被土地累得半死的区别。

如果男孩喜欢做生意，就应该在适当的年龄让他接触正规买卖，远离非法贸易；让他看到贸易光明的一面，而不是其阴暗面。

如果他愿意做一名学生，喜欢钻研，那就应该为他尽可能提供一切学习条件，让他置身书海；让他认识到简单的记忆、背诵只是学习最基本的要求；书呆子好做，读书人难当。学习绝对不能影响适度的户外体育锻炼。学习过度与放任自流同样有害。学习若以失去健康和儿时的快乐为代价，则会得不偿失。

如果男孩热衷于某种职业，那就让他全面彻底地了解它，无论是好的一面还是坏的一面。别让他回避事物的阴暗面。在全面了解的基础上去适应这个职业，将来才不会失望。

无论男孩适合做什么或是想去做什么，只要它是有道理的，切合实际的，不会影响他的日常生活，不会剥夺他的快乐，他就可以去做。即使只是个学生，他也清楚地知道自己将来要承担的责任是什么。毫无疑问，如果男孩能在很小的时候就想好自己将来的发展道路，有机会在适合的环境中得到锻炼，那么对他来说，找到自我，把持自我，轻松自然地为将来的工作做好准备会非常容易。

男孩就该有男孩的样子，早熟是非常不正常且危险的。男孩在成长的过程中不必承担作为一名男人应承担的责任。他只是有意无意地选择他喜欢的事业，逐渐朝那个方向发展。在父母和朋友一定程度的帮助下，男孩越早做出决定，取得成功的难度越小，时间也越早。他会自然而然地进行过渡，不必荒废学业，也不必牺牲作为孩子应享有的快乐。

很多男孩并不知道自己到底想做什么，也没有得到中肯的建议。这样的男孩当然会处于劣势。不是成功没有眷顾他，而是他没有准备好，他在事前若能先想想自己将来的发展方向，也就不会这样了。

如果游客在一开始就做好各方面的准备，那么他就不会错过任何一道风景，也不会遗漏任何他应领会的东西。

应该让大自然的美景得到充分的展现，因为大自然当中是没有任何错误和虚假的。而男孩的"自然风景"就在于他完整的一面。认识男孩最完整的一面，找到他身上的优点和长处；然后帮助他、鼓励他、培养他，让他顺其自然地发展下去，使男孩的"自然风景"得到全面的展示。

男孩成长书

Three

男孩青少年时期的教育

显然没接受过基础教育的男孩很难有所作为。他不可能会成功，也不可能会出人头地。

幼苗定型期

　　从大体上来说，无论是否毕业于高等学府，所有男孩都接受过中级教育，大约有85%的男孩接受的是免费的义务教育。

　　很显然没接受过基础教育的男孩很难有所作为。他不可能会成功，也不可能会出人头地。无论他将来是否要接受高等教育，也无论他会成为体力劳动者还是律师，这种基础教育都是非常必要的。除非男孩的智力极其低下，否则他必须掌握这些基础知识，如有必要，采取强制性手段也不为过。

　　首先，应该教会孩子学习的方法；然后再培养孩子学习将来的谋生手段。

　　男孩的确会遗忘很多早期经历。他可能已经记不起儿时的烦恼是如何解决的；也可能已经忘记自己曾考大学失败。但无论他会忘记多少往事，他都已经获得了经验，并学会了如何去获得它。不管他是否依然记得早期接受的教育，他已经通过它学会了如何更好地掌握机会。

　　一名普通的男孩只是群体中的一员，能力一般，社会地位也一般。一个班级中至少有25个学生，也可能是50个或更多。他只是班级中的普通一员。目前的教育体制还不能真正做到因材施教。男孩和他的同学们接受的是完全一模一样的教育。无论老师是多么敬业、多么有才华，他都不能做到给每个男孩以更多的关注。

　　许多教育权威都理所当然地认为男孩是教育机制中的一部分，而不是个体，男孩需要有这样一个完善自我的过程、吸收知识的机会。不过也有些教育专家批评现今的教育体制，认为它没有为个人的兴趣发展提供条件和指导，离教育理想相距甚远。毫无疑问，在这两种极端观点之间，肯定存在着最适合的教育方式，它能有效地发现学生的潜能并予以发展。但这只是在理论上成立，目前现状就是如此。

　　然而毋庸置疑的是，接受了基础教育的男孩，还需要有相关的个人关注与协助。倘使学校教育没有提供或不能提供这些，那么父母、监护人、亲朋好友等则要承担起这样的责任，否则男孩就会处于孤立无援的境地。必须要有那么

男孩成长书

一个学校之外的人去体验男孩在学校的感受，设身处地地为他着想，扮演老师助手的角色。

很不幸的是多数学校教育，都倾向于培养孩子的记忆力，而不是他们的思考能力。普通学校的老师通常没时间、可能也没有能力去培养学生的思考能力。男孩可能只会鹦鹉学舌，而不会自己动脑分析。他可能从不出错，总是拿一百分，但从长远发展来看，作为班级中的佼佼者，若与班级中成绩落后的同学相比，可能还不如他们。

除非男孩能很好地进行自我调控，否则学校教育除了提供基础知识和基本的培养外，毫无其他价值可言。鹦鹉只会动嘴学舌，毫无自己的想法。许多男孩在班级中名列前茅，但都是凭缺乏理解的机械背诵来获取高分的。

真正关心男孩成长的父母才是负责任的家长。他们会尽可能地去了解孩子在学校的学习情况；他们会读孩子的课本，与孩子一起研究功课；他们会给予孩子必要的关注，而这种关注往往是老师无法给予的。父母若受过良好的教育，那当然是最好不过的；如果父母没受过教育，那这就是与孩子一起学习、共同进步的良机。

父母不要把家庭功课弄得太难、太累，要寓教于乐。学习并不是一份苦差事，在理解充分、得到指导的情况下学习应该是件令人高兴的事。老师不能总是让教学保持在轻松愉快的氛围中，可能老师没时间也没机会去这么做，甚至好多老师根本没有这个能力去这么做。但父母就能做到。他们能帮助孩子爱上学习，认识到学习的价值所在。

每个家庭、每所学校都应该关注教育问题，这对年轻人的发展大有好处。

父母不能把所有的责任都推给学校；他们应与校方通力合作，为孩子的前途着想，为整个社会着想。这种合作并不是指谁应听命于谁。合作能简化教育过程，使之进一步发展壮大，并更加有效；合作还能激励男孩积极地投身到学习当中去，对他们不仅要授之以鱼还要授之以渔。

私立学校在教学方法上与公立学校差不太多，只不过是给予学生以更多的关注。有些私立学校在各方面都比公立学校好；而有些学校则要差很多。私立学校具有一定的优势，并能充分利用这一优势。

所谓的"社会大学校"教授的都是课本以外的知识。值得庆幸的是大多数私立学校是真正的教育机构，其工作人员都是正直、有能力、适应性强的人。男孩在这样的良好环境中会拥有很多发展机会，这才是幸运中的幸运。

父母的责任是关注孩子、协助孩子、鼓励孩子并与老师通力合作，但他们不能取代学校的教育。教育体制中的确存在很多弊病；许多教育委员会成员不能提供各方面的建议；许多老师缺乏能力、方法不当。但是从总体上看，教育体制、委员会成员和老师在采取方法予以指导方面要比父母更胜一筹。家长必须承认这一点。

找别人的短处很容易；谁都可以对教学方法和老师个人提出反对意见。但是，合作、协助和激发兴趣要比找错和背后批评有用得多。

家长应尊重老师的权利，应协助老师而不是去找老师的毛病。他们应是老师的助手和朋友，因为即使是能力有限的老师，在家长的协助下取得的成果也要比优秀的老师靠自己一个人的努力得来的成果强许多。

老师有老师的作用，家长千万不能挑战学校教育的权威性。

家长有家长的权利，老师也不能侵犯家长的权利。

男孩也有发展自己个性的权利。校方和家长都应该尊重"小男子汉"的决定。

家长、学者及老师应该立场一致，通力合作，不要视彼此为竞争对手。只有在各方对合作感兴趣、有热情、对待彼此态度友善的情况下，才能达到共同教育的目的。

Four

"好学生"与"差学生"

男孩的学习名次如何并不重要；重要的是，他如何去学习，或者换言之，在校受的教育到底对他有多大帮助。

学习不做无用功

　　成绩优秀的学生往往更容易获得成功。可是班级中很多名列前茅的学生后来一事无成，而很多在班级中属后进生的孩子却成为人中龙凤。

　　小时候学业优秀不等于说长大后就一定能成功。脑子反应慢、能力差或不用功的孩子当然不会成功。但是许多学业不好的孩子后来都成功了，而许多学业好的孩子却一事无成。正因为如此，是否获得过奖学金或在班级中排名第几并不能作为判断学生前途的绝对标准。

　　事实证明，多数后来成功的人当年在班级中既不靠前也不落后，这也许是因为班级中处于中游的学生人数本来就最多。不过多数成功人士在校读书时都是中上等生，而多数不得志的人都属于班级中的中下等。

　　读书时总是落后的学生长大后很难有所成就。仅仅是因为懒惰、没有上进心或兴趣在其他事情上而不能与其他同学齐头并进的孩子将来很可能会飞黄腾达，当然前提是他已认识到过去的问题。对于班级中的佼佼者来说，想争班级第一是短期的唯一奋斗目标，所以他们成功的可能性要远远小于中等生。

　　有些男孩去上学只有一个目的，那就是学该学的东西。学习时靠的是理解而不是机械记忆，他不是学舌的鹦鹉。考试中也不会照抄照搬。他学习知识只是因为这些知识有实用价值。他活学活用，学能理解的知识，对于不能理解的部分，他会采取放弃的态度。因此，他在班级中只能位居中游，无法与那些擅长死记硬背的孩子一较高下，但是这类男孩成功的可能性往往更大。

　　许多男孩学习都很被动，知识被死记在脑中毫无用处。他对知识完全不理解，能在班级中名列前茅完全是靠在考试中死记硬背。这样的男孩成功的机会很渺茫，因为他不会活学活用。他的脑中堆砌着一串串抽象的数字、年代和大量的单词，因此作为一个知识仓库，他是成功的；但作为一个个体，他是个彻底的失败者，只能算是个知识的守财奴，一个有知识的机器人。然而他可能会以班级第一的成绩毕业，因为对于现有的打分标准来说，背出来的标准答案和理解之后作出的答案是一样的。有些教育专家认为只要用功背就好，并不在乎是否理解知

男孩成长书

识；只要男孩能用书中的话来回答问题，就会使他们感到满意。

他们鼓励学生把争夺班级第一名作为自己最终的奋斗目标，由此导致好多学生为了这个目标而变成了学习的机器人。

教学机构从不过度表扬佼佼者，也不过分贬低后进生。让学生进行记忆并不是单纯地只为了提高记忆力，而是为了让学生更好地记住知识。学生只要尽全力去学就好，与其依靠机械记忆成为佼佼者，还不如脚踏实地真正理解一些知识，哪怕不能全部吸收也好。

男生若能掌握课本以外的有用知识，无论目前在班级中能排第几名，将来迟早会成功。不过这种男孩多数不会排在末尾。

注重学习真知识而忽视名次的男孩成功的几率会更高。这样的男孩学习目标明确，尽力去理解知识，所以考试的名次可能没有死记硬背的孩子高。

男孩的学习名次如何并不重要；重要的是，他是如何去学习的，或者换言之，在校受的教育到底对他有多大帮助。

学业上的竞争十分简单。所有的竞争无论有无必要进行，都是不自然的。做生意需要有竞争，但现在的生意并不是高级文明社会所应有的，真正高级文明社会的生意并不是这样的。在学习过程中根本不需要有竞争。老师也好、政府也好，都不该鼓励这样的竞争。真正学习好的人很少会成为这种竞争中的胜者。从广义上讲，竞争是指在战胜对手的前提下获得利益，也就是说另一方在不情愿的情况下放弃或没能争取胜利。

只要死记硬背或是搞疲劳战术、用填鸭式方法来学习，学生就能获得好名次，不过学生的记忆力方面的发展却是畸形的。

记住的东西只有有用才能具有价值。记忆力是上帝赐予我们的无价之宝，是一笔财富。

记忆力得到了充分发展，就能很好地输入和输出信息，无论对谁而言都是大有好处的。

很多男孩因为争夺名次而抑制了自己的发展，甚至牺牲了自己的理解能力，因此智力发展受到阻碍，脑中除了对应试有用的文字、数据外，其他知识一无所有。

有些具有成材潜质的男孩清楚地认识到：一味追逐虚荣可能会丧失许多可贵

的东西。学校教育对他们而言成了帮助他们成功的助推器。他取其精华，去其糟粕。他在理解的基础上积累知识，从不死记硬背。换而言之，他是为了用知识而学习的，不是为了记住某些知识。无论男孩的名次如何，他是最会学习的人。等他长大了，儿时的班级名次对他而言已变得毫无价值，只有脑海中的知识对他才有用，这是一笔谁也抢不走的财富。

一心想争第一、把别人比下去的男孩学到知识后根本不知如何使用。他很有可能会变成一个有文化的废物，对社会毫无贡献；自身的记忆力、才智发展都受到了束缚。

班级中的佼佼者可能是个失败者；班级中的倒数第一名也不会成功。真正成才的人在多数情况下不会来自于这两个极端。他们更看重对知识的理解而轻视名次。名次看似很重要实则不然。其实成才的男孩也不是对名次毫无知觉，如果哪天他被别人超越了，他会加倍努力；这样做不是为了胜过别人，而是为了一种学业上的满足感。他具有活学活用的本领，自然而然就成功了。

Five

大学门前的抉择

男孩自己愿意上大学而去大学读书，他才会不畏艰难，不惜付出任何代价去追求真知。

适合自己的才是最好的

高等教育可以指接受完基础教育后的继续教育。它包括除了商业教育以外的诸如各类大学、科研所、技术学院等机构提供的各种教育。

幼儿园、小学、文法学校或高中等教育机构提供基础教育。

无论男孩是否打算参加工作或继续学习，都要接受基础教育，否则将无法适应社会需要，也无法进一步掌握科学知识。

在男孩接受完基础教育后，很多家长自作主张为孩子选择出路：要么赚钱谋生，要么升入高等学府。如果男孩学习成绩不错，而父母又有能力付学费，他们很可能会劝导孩子甚至逼着孩子去大学读书。

家长经常误把记忆力好当成学习能力强，只凭成绩单做判断，从而忽视了对孩子实际能力、对知识的运用能力的了解。

记忆力好的人考什么试都可以轻松过关。不过孩子在考试中的优秀表现有时可能会误导人们去做出错误的判断。学业平平的孩子在生活中不太可能成为佼佼者，而成绩优秀的男孩也不能单凭死记硬背得来的成绩就被断言说将来一定会成才。

学业优秀的男孩长大后可能会失去分析思考的能力。

记忆力的培养属于教育中的一部分。教育良好的成功人士都有良好的记忆力，都有活学活用的本事。很多记忆力超强的男孩都只会学不会用，变得"茶壶煮饺子，有嘴倒不出"。

决定男孩将来是就业还是继续深造，主要根据孩子更适合什么来做判断，而不是孩子已经做过什么或是看起来像是能成为什么样的人。

教育不是万能的，但也绝不会把孩子教坏。如果是男孩的个人问题，无论他是否接受教育，结果都是一样的。如果他学坏了，也是在升入大学之前学坏的。教育对愚钝的人无能为力。大学生在做体育运动时可能比做学问更积极一些。有个别大学生也的确承认自己不太出色。但这些并不能证明大学教育是失败的。大学代表着正统、优秀，是文明发展中不可缺少的一部分。在全世界范围内亦是如此。有些个别的男大学生可能做事不太妥当，有些可能经常做傻事。不过，这些男生若是没上过大学，可能会做出更傻的事。

在工作中无所作为的男大学生若没受过高等教育，恐怕会成为一个彻头彻尾的失败者。对自己的学业骄傲自满，轻视勤奋的男孩才是一个地地道道的庸才，这样的人可不是大学教育培养出的产物。高等教育不会毁掉任何一个男孩，不过对于不喜欢钻研学业的人来说倒可能是在浪费时间。

男孩应当上学接受基础教育，即使是使用强迫的手段也不为过。但是强迫男孩去上大学却是不妥的。若是男孩坚决拒绝上大学且理由正当，那么家长就不该再强迫他们了，否则相当于把孩子投入了教育的牢笼，这种行为相当于犯罪。家长可以提出正面的意见或建议，可以向孩子列举出上大学的若干好处，也可以向孩子表达出自己对他的期望，但家长能做的仅此而已。男孩在接受完基础教育之后，有权利决定自己的将来去向。

若男孩除了想就业外，对其余的都不感兴趣，那就让他就业吧。就业四年后的他收获颇丰，远比在大学混四年强得多。在大学学习倒是能扩展他的知识，但要花费四年的时间似乎有点太浪费了。若他真是个一无所知的男孩，那么即使上了大学也不见得会多知道多少。

大学课程并不能教男孩致富，但大学教育的确能拓宽他的视野、开阔他的思路，使他学会有深度的思考，提升他的精神境界。

男孩自己愿意上大学才去大学读书，他才会不畏艰难，不惜任何代价去追求真知。

在这种情况下进行教育不会给男孩带来任何麻烦。男孩能自动自觉地去学习，且从中受益。男孩在认识到高等教育的价值后会决定去接受教育。他和他的父母会愿意为此付出任何代价，即使他们尚未明确前途将如何。

技术学院及其他技术学校与我们的大学一样，设置这样的学校主要是为了满足那些想学科学技术的人的需要，是正规大学教育的替代品或是补充。

自觉接受高等教育的人有可能既学了大学的正规课程，又学习了技术学院的课程，但相对而言，很少有人愿意这样做或有时间这样做。有时，人们认为花这么多时间在这上面，完全没有必要。

男孩若想用技术赚钱，去技术学校学习是必要的一步。他可能起步较晚，但肯定会进步的。他在学校三四年学到的知识技术要远比在实践中积累的经验多得多。不过，能在贸易、机械、科学领域占有一席之地的人几乎都是接受过高等教育的人。

很难下定论说，就读传统的正规大学对男孩就职是否真的有帮助。我个人坚信是有帮助的，我奉劝想做生意的男孩们先接受大学教育；而想用技术赚钱的男孩先去技术学校学习，哪怕只学一段时间也好。热衷于学技术的男孩会全身心地投入到学习当中去。喜欢学习的男孩在完成基础教育之前，就会表现出明显的求知欲望。

总之，对于想上大学的男孩而言，上大学是件好事；但对于即使被劝说也不愿上大学的男孩来说，上大学不见得就是件好事。

Six
社交的困惑

让男孩驾驶着友善之船驶向成功的彼岸，千万不要把意愿强加给孩子，束缚住他的手脚。放开束缚，让他在自由的大海里任意地畅游吧。

人的两个天地
——家庭和外面的世界

遗传因素很关键。健康、聪明的父母的子女往往比身心条件较差的父母的子女拥有更好的先天条件。科学家们一直都相信血统的影响力，以往的经验和现代的发现都或多或少证明了直接遗传的影响力。目前，人们普遍认为除了在胎儿期形成的身心特征外，孩子继承更多的是某种习性，而不是对父母的东西照抄照搬。虽然孩子身上仍有父母的印记，但不会受到太多的影响。

研究人员发现，环境和血统同样对后代的发展有影响。先天条件好但成长环境差的孩子比先天条件差但成长环境好的孩子更有可能成为罪犯。很多事情都不是由个人意愿决定而是由生活来决定的。

后天环境更重要。

学生不可能经常被家长老师照顾，这也不失为一件好事。他迟早会离开家和学校到外面去打拼的，早点意识到自己的责任也算是件好事。这是个学会独立的好机会。

世上存在着诱惑其实也是件好事。没有邪恶的诱惑，哪里来的与之相对的真善美？男孩面对现实的时候若不会分辨是非，就无法与邪恶相抗衡。正如知道火是热的，才能不被烫伤。孩子没必要为了了解邪恶而变得邪恶。他必须直接面对，防御能力越强，越能战胜诱惑。

在家庭与学校之间是外面的世界，它对孩子将来的发展影响很大，比家庭与学校更难处理。

许多家长认为在家和在学校管好孩子就行了，却忘了家庭和学校之间的环境也会严重影响孩子的成长。显然，无法使男孩完全避开与问题人物的接触。男孩必须能看到事物的双面性，但认识和与之为伍完全是两码事。丑恶的事是作为反面典型给孩子看的。

无论男孩自己是否已意识到，与坏事打交道会使人身心受挫是个不争的事实。

有时，父母有必要限制男孩的人际交往，告诉他可以交往谁，不可以交往谁。但应尽可能地避免强硬的命令方式，否则会引起孩子的逆反心理。

对于孩子建立社交圈的问题，家长应给予的是合理的建议而不是强硬的管制。如有必要，父母可以帮助男孩选择伙伴，但若孩子不需要帮助，家长绝不能横加干涉。父母若能成为孩子的伙伴、挚友，则能轻松地帮他选择社交对象，而且不会产生任何意见分歧；同时，父母也是男孩伙伴的挚友。由此一来，父母可以毫不费力地就直接接触到了孩子的社交圈。

父母若不能成为儿子的伙伴、朋友，或是对孩子的喜好也感兴趣，就不能奢望可以成功地为孩子建立社交圈，或者操纵孩子的生活。但父母千万不能采取强硬手段，强迫不能使人成为知心朋友。

父母若不懂与孩子的相处之道，最好别强求。不过有志者事竟成，就看父母想不想努力，没有哪个孩子不渴望与父母成为朋友的。

许多生活中的败笔都是由不健康的交友导致的。学校、家庭若不尽力，则很难帮助男孩摆脱不良纠缠。学校对男孩的教育不仅仅局限在校园之内，家庭对男孩的教育也不仅仅局限在家门之内，双方应多多关注孩子在学校之外、家庭之外的生活圈子，这样才能保证无论何时何地，男孩都能生活在一个良好的氛围当中。

学校和家庭还应鼓励孩子多多结社、交友。参加这种社团当然不是为了打发时光，而是为了多涉猎各个领域的知识。这种社团多多益善。

有益的社团活动可以使年轻人逐渐学到自尊与独立。

男孩子与其悠悠逛逛或窝在家中无所事事，不如出去参加划船俱乐部或某个社团，使日子充实起来。

当然，首先要保证这些社团是合法规矩的，因为有时可能有人利用某些俱乐部去犯罪。不过由社团来督促男孩遵规守纪相对更容易些。

对于男孩来说，社会活动与学业、家庭同样重要。

男孩都喜欢有自己的社交圈，男孩比成年人更需要社会交往。

有人会说，年轻人的成长过程中有三个主要因素：家庭、学校和社会关系，三者缺一不可。任何一项出现问题都会影响男孩的发展。其中一项有欠缺，也许还不会有太大影响，但若是有两项出现问题，那么，男孩是肯定不会成功的了。只有三者都具备了，男孩才能够获得丰硕的成果。

遭受一定的困难和挫折，对男孩的成长是有益的，但过度的打击不利于男孩健康的成长。

良机在握的男孩比没有机遇的男孩会表现得更加出色。

性格坚强有毅力的男孩更容易成功；如果阻碍不是很大，成果会更加显著。

有益的帮助更能使男孩成功；偶然的挫折可能激励人成功，但若困难太大就适得其反了；给予帮助太多也容易妨碍男孩的发展。适度的帮助和少量的挫折是男孩成功的有效助推器。

而男孩的社会关系、人际关系也会是成功的助推器之一。

男孩周围的事物对他的发展都有影响力。

男孩的父母若能成为他的朋友，那就再好不过了，但只有父母、没有朋友在身边，这是远远不够的。

男孩的成长离不开身边朋友的支持。若父母和学校能融入到他的社交圈、帮助他明智择友，无论对男孩还是对社会来说，都是件好事。

让男孩驾驶着友善之船驶向成功的彼岸，千万不要把意愿强加给孩子，束缚住他的手脚。

放开束缚，让他在自由的大海里任意地畅游吧。

Seven

初入职场

男孩最初的职业选择好不好，决定了男孩的将来是否成功。初入职场的男孩甚至比在上学时更需要父母的陪伴和家庭的温暖。

他们已经出发！让我们跟随他们的脚步一起前进吧！

男孩初出校门，步入职场，多数都是从最底层做起。大学毕业生步入职场可以以新人身份做起，也可以从职场的第二、第三层做起；即使是从最底层做起，他也不会在那里停留太久。从正规技术院校毕业的学生接受过正规培训，基本上不用从最底层做起。

男孩初入职场，很少有人能养活自己；几年之后，条件会有所改善。

男孩及其父母应该把工作的最初几年视为学校教育的延伸部分，刚毕业的头二三年期间，在老板眼中，他们缺乏经验，毫无价值可言。但这二三年的经验对男孩而言是极其珍贵的。无论在校期间他学得多么的好，理论和实践之间总是有很大差距的。

男孩在工作最初的状况绝对不能说明他的前途是怎么样的。刚开始工作时，一周只赚几美元，但却有很多发展机会，这要比赚得多、机会少强得多。

有些物质条件较好的父母目光短浅，要求孩子只顾眼前利益而牺牲掉远大前途。他们要求孩子把眼前利益放在第一位，宁愿低职高薪，也不愿低薪好前景。

我们需要再一次警告那些父母，不要违背孩子的意愿去做事。既然男孩已大到可以参加工作了，那么他也大到可以自己做主了。他拥有自主权，而且应该得到尊重。他正在为自己的前途打拼，为将来打基础。也许要学好久，他才会成功，但他不能轻言放弃，除非事实证明他当初的选择是绝对错误的。

男孩最初的职业选择好不好，决定了男孩的将来是否成功。如果男孩自己决定要成为杂货店主、机械师或投身其他某种行业，并且能说出择业的理由；那么，他很可能真的适合这个行业。热爱自己的职业，不等于说他就一定会成功；但对职业的热爱可以使他充满雄心壮志，蔑视一切艰难险阻。

热情加能力可以征服一切。没有热情只有能力也可以成功，没有能力只有热情也不一定会满盘皆输。但既有热情又有能力就一定会成功。

对某事的喜好或向往，暗示着某人具有做此事的能力。某人想做的事很可能就是他最擅长做的事。对于他不想做的事，他可以学着去做；但对于他不想也不

男孩成长书

能做的事或根本不想学着去做的事，他能做好的可能性不大。明确知道自己想要做什么的男孩往往能给出选择的理由，其中99％是正确的选择。

　　理智的家长会在很长一段时间里密切关注孩子，了解他的喜好，找到他的潜能。男孩即将长大成人，他已进入关键时刻，任何的错误选择都会让他付出惨痛的代价。此刻，家长应当给予更多的关注，和他谈心、提供建议、协助他全面认清所选的职业。

　　只要男孩选定某种职业，就把它的最真实的一面呈现给他，他会欣然面对的。成竹在胸的他会谨慎地权衡利弊，在有把握和热情的前提下做出决定。

值得注意的是，有的男孩总是朝令夕改、犹豫不决，这样特别容易失败。当然，随着条件的改变也有可能会改变主意，不过多数成功几率大的男孩都会目的明确，除非他后来发现当初的选择是错误的，否则不会轻言放弃。

男孩适合做什么才是最重要的，而不是父母想让他做什么。

他有充分的自主权，在父母的帮助下，理智的男孩会利用这个权利。当然，前提是父母做法得当，不会越权，若父母强行限制男孩、从不考虑他的理想和能力，这么做不仅是不正常的，而且可以说是一种犯罪。

我对那些粗俗无理的男孩一点好感也没有，也从不认为这样的孩子会为自己做主。他们必须遵循法律、尊敬师长，不然就应受到惩罚。不过决定他前途的权利掌握在他自己的手中，别人是插不上手的。

称职的父母考虑的是什么是最适合孩子的，而不是什么是最适合自己的。他们会尊重孩子的意愿不予强迫；帮助孩子做决定，并帮他证明他的选择是正确的。

无论男孩从事什么工作，他开始赚钱的第一年是最关键的一年，直接影响着他的将来，他将终生难忘。如果他的所作所为是对的，他离成功的距离就又近了一步，如果是错的，必须从头再来。

工作第一年很关键，这里指的不是第一年能赚多少钱，而是刚参加工作的头几年就像在学校实习一样，是积累经验的过程。在此期间不能指望能赚多少钱，当然前提是父母能在经济上予以援助，否则男孩就会很辛苦，他得既为眼前打算，又得为将来着想。若父母有经济实力支援他，能赚多少就无关紧要了。在工作的头几年，最重要的是积累工作经验。

无论孩子在念书还是在工作，父母都应该给予关注。初入职场的男孩甚至比在上学时更需要父母的陪伴和家庭的温暖。

Eight

人生路口，何去何从

培养男孩时要考虑的问题不是父母想让他干什么，而是他将来可能有能力做什么。男孩最应该做的事，是对人对己都有利的事。

深思熟虑，谨慎选择

广义上讲，做生意是指买卖行为；而职业可以指买卖才智，交流赚钱的心得或经验，也可以指不计酬劳地使他人受惠，促其发展。

若男孩只在乎钱，那他一定更适合在生意场上打拼。基本上所有有钱人都是生意人，或将生意和职业合二为一的人。多数在职场上打拼的有能力的人只能赚钱糊口，只有少数人能赚大钱。职场最底层的人为了温饱而奋斗，而职场高层的人则非常富有，丰衣足食。

对于多数指望依照常规努力爬上职场高层的人而言，其难度不亚于众人一齐挤着走独木桥。成千上万的律师、官员、作家、教授及从事其他职业的人，没有做生意的头脑，缺少魄力、意志力和能力，因而一生碌碌无为。据说只要有招聘者在闹市一站，就会有求职者蜂拥而至，因此可以说有好多人都是"失业专家"，这样说还是有一定道理的。

只有才华横溢、不屈不挠的人才能通过层层考验。

意志软弱没有能力的男孩不适合做律师。

职场上竞争激烈，有实力的人才能脱颖而出。普通男孩都选择做生意或学手艺。勤劳的人能靠做生意谋生，但是光有勤劳、体力、坚忍和抱负还不够，还需要有能力、学识并能适应社会。

教育本身并无价值，可是当知识在实践中得到应用的时候，教育就变得有价值了。

成千上万虔诚的牧师一心一意侍奉上帝，但却无法修成正果。还有些人野心勃勃，但因缺少能力而一事无成。他们既无技术，又无适应能力，根本无法参与职场竞争。有些不称职的律师有可能更适合当个生意人。他们做不了律师是因为空有满腹经纶，却缺乏基本的操控能力。

成功的职场人生来就是干这行的，再加上后天接受的教育、培训及抓住的机遇，成功便是水到渠成的事了。弱者变得强大，乏味的人则变得有趣，愚钝的人可以变得聪明，但职场上的成功，哪怕是一定程度上的成功，也要求人们必须具

男孩成长书

有先天的才能加后天的再造。

有抱负的男孩渴望出名，自然而然就会朝着职场努力。而他自负、愚蠢的父母却没有为他及时叫停。的确，商人很少能成为出色的政客。而有些政客却靠做生意起家。但必须记住的一点就是渴望政治上成功却不会交际的人，成功的几率不到万分之一。有若干因素导致了商人无法在政界成功：首先，商人无法适应政治环境，倘若他能适应，那他就不会成为商人了；其次，商人因已习惯于赚钱，而忘记了充分行使自己的公民权利。

文明的发展需要更多的商人来领导。高层次的生意人会认识到对高级人才的需求。当职业道德渗入到商业中，生意行为就提高了一个档次，从而更加接近文明的要求。

男大学生们埋头读书，却没有实际应用的能力，他们都认为既然自己有才干，就应该找到好职位，可是却忘了问自己是否真能胜任此职，也忘记了求职的人往往是供过于求。

教育程度高低和在工作中的表现并不成正比。男孩自己想做什么，是否等于说他就应该做什么？倘若他真能成功，还在接受基础教育阶段男孩身上就会显露出某种特质，让身边的师长、朋友相信他一定会在这方面成功的。

多数人在正式从事某职业之前就已显露出在此方面的才华。有着天赋的他充满信心和决心，小问题、小障碍根本难不倒他。

要想判断出男孩到底适合做哪一行，的确很难。但等男孩满16岁以后，决定他进入职场还是做生意就很容易了。

帮助他做决定的最好办法就是顺其自然。不过这需要家长密切关注男孩，否则很可能会因误解而做出错误的判断。

有时男孩对某事的渴望可能并不是出自天性的本身。不能强迫男孩进入职场或经商，应该让他客观清楚地看到两者的利与弊；并要弄清楚，他下这样的决定到底是经过深思熟虑还是一时的冲动。

父母不能根据自己的意愿进行判断，即使有再丰富的阅历也不足以用来决定什么是对男孩最有利的。

父母可以有选择性地提供合理的建议。

不过大多数男孩却不具有过人的能力，因此想成功非常困难。他们很可能不会从自己的角度考虑问题，而是采取随波逐流的态度。

　　若男孩的一个朋友立志要当一名律师，那么男孩就会认定法律是他的特长。若男孩最要好的朋友想从商，那么他又会改变主意想当商人了。男孩的老师和父母肩负着重大的责任，因为他们在很大程度上影响着男孩对前途的抉择。

　　对于男孩到底适合做什么，父母需要谨慎考虑，不能把自己的理想强加给孩子。

　　若男孩的能力很强，那就让他自己做决定；但若男孩并无特殊优势或喜好，则要对他施予关注，为他提供中肯的指导和建议，就算不能帮他成功，但也不至于眼看着他失败。

　　培养男孩时要考虑的问题不是父母想让他干什么，而是他将来可能有能力做什么。

　　男孩最应该做的事，是对人对己都有利的事。

Nine

雇主的利益 = 自己的利益

人们做任何事情都应该兼顾到个人利益与他人利益，做生意是如此，做其他事情也是如此。

打工中体现自身价值

成功的男孩也好，成功的男人也好，无论是工薪一族还是经理、老板，他们都在为自己打拼。工薪族如果不为自己打拼，将永无出头之日。我们既属于自己，也属于他人，而对自己要负的责任是自己的首要责任之一。**上帝创造了我们就是要我们为自己负责，为自己的所作所为负责。**

一个人如果对自己都不负责，那他就更别指望别人对自己负责了。管理不好自己的事的人，也不会管理好别人的事。满脑子只考虑自己、只对自己负责的人是自私的。真正有责任感的人必须善待自己，同时也善待他人。

只为自己利益考虑的人，个人价值不会很大。

为自己的利益而牺牲雇主利益的人，是不忠诚的人。

对雇主忠心的人会将雇主的利益同自己的利益联系起来，两者是一种互惠合作关系。

为他人打工等于在为自己工作；为自己打工的同时也是在为他人工作。这就是一种忠诚的体现。男孩按时上班并不是因为被要求如此，而是因为他就应该如此。

基于对人对己的责任，他在人前人后都是一样的忠诚、老实。

成功的男孩无论薪水高低都会恪尽职守。无论何时何地他都会诚实地面对。对自己的雇主不讲诚信的人，是不会对自己讲诚信的。他在为雇主努力工作的同时，也是在为自己奋斗。他有自尊，也珍惜自己的权利，但他绝不会吹毛求疵，也不会挑战商业规则。因为是为自己而努力，所以男孩在不影响健康的情况下愿意加班，努力向雇主证明自身的存在价值。他清楚地意识到若是自己在雇主眼中是有价值的雇员，那么在自己眼中也是有价值的。

从来不为自己而奋斗的男孩，在雇主眼中一无是处，毫无价值可言，这样的男孩总是在挑剔、抱怨、从不负责任，干活拈轻怕重，其结果注定是一事无成。

人们做任何事情都应该兼顾到个人利益与他人利益，做生意是如此，做其他事情也是如此。慈善家出钱出力，在付出之后，他会得到更多的回报，其价值远远超过他所付出的。

39

男孩成长书

Ten

为自己打拼

除非年轻人已确定自己不具备当老板的才能，否则每个年轻人都应该有单飞的梦想。等待并不意味着无休止的耽搁。做好了准备，就出发吧！

我的事业我做主

工作的人不是在为自己工作，就是效力于他人。成千上万给自己"打工"的人赚的钱还不如普通工薪族赚的钱多。反之亦然。不过，给自己打工的人前景应该更加光明些。事实上，所有的富商都是在给自己打工。

靠薪水谋生的好处是不必太过焦虑，也不必承担太大的责任。

拿薪水的人只要工作有保证，健康不受影响，就会年复一年地干下去，且拥有安全感。

给自己打工的人，收入不稳定，赚的多少要视生意好坏而定，但前景光明，他每天都有好多工作要做，每天都感到很充实。

多数最开始"打工"的人都是先为别人"打工"，然后赚了钱再为自己干。

给别人打工很容易，但给自己打工就不那么悠闲了。如果没有勇气承担责任，也不会处理问题，生来就是个拿薪水的人，那么他最好一直干下去，别轻易转行。这样的人若给自己打工很可能会失败，随时面临风险。

有的男孩能力强、精力旺盛、有抱负、积极进取、做事专注、锲而不舍；当积累了经验、机会来临时，就应该有单干的打算。这类男孩很难满足于一份简单的薪水，职位再高也不能令他满意。他乐于发号施令，要么成为经理，要么成为老板。

拿薪水的人能不能成为财政方面的专家是个未知数，但成功的独立经营者必须是个出色的财政专家。没有理财的能力就不具备单干的条件。

自己单干需要有一定的资金进行周转，没有资本就创业会变得越来越难。

缺少资金同缺乏做生意的能力一样是前进道路上的绊脚石。即使再有能力的人，若资金短缺，也会在竞争中败下阵来。

想单干必须等到时机成熟，已积累了足够的经验和资金，或者有雄厚的财力做后盾。

拆借资金到底可不可取，这要因人而异。许多商人因受借贷所累而失败；但也有许多人就是靠借贷起家。

借贷中存在着巨大风险。受客观条件影响极大，且情况各异。如无把握，不要借贷。

有的年轻人有经验、有能力、受过良好的训练，且具生意头脑，这样的人面临三个出路。一是他让公司感到自己的重要性，公司愿意给他提供一个领导职位或让他从中获利；二是结交某位富豪，让其愿意为他投资；三是传统的做法：借钱生钱。

如何借到钱与钱本身同样重要。贷方至关重要，实际上就是生意搭档。如果贷方是个吝啬鬼，那他会是个难缠的角色；如果贷方实力不足，又很可能从他那里借不来足够的钱。

除非年轻人已确定自己不具备当老板的才能，否则每个年轻人都应该有单飞的梦想。当时机来临时，他要能向所有人证明自己已具有单飞的能力。

成千上万的年轻人本可以单干，但却坐失良机。还有一些人失败了，是因为在时机未成熟时过早地单干。

聪明才智发挥到了极致就是成功。他若适合单干，那就再好不过了；他若对自己不太确定，别人也对他的管理能力表示质疑，那他最好不要单干。

成功的巅峰并不拥挤，但通往巅峰的道路却崎岖不平、障碍重重，路上遍布的不是淘汰下来的人的尸骨，就是失重的野心和没有得到的贪婪。

你做好准备了吗？如果做好准备了，那就出发吧；如果准备尚未完成，那就再等一等，让自己完全成长起来。

等待并不意味着无休止的耽搁。做好了准备，就出发吧！

男孩成长书

Eleven

雇主与雇员

成功从不光顾散漫的人。无论是在家、在学校还是在工作单位，约束与
服从是管理中的两大要素，是男孩要学习的首要功课。

能听令于人，也能施令于人

领导者的能力要强于被领导者。群龙无首就如同乌合之众。古往今来，缺乏领导的军队一见到敌人就会溃不成军。

做生意也需要有领导者。成功的领导者不是杂乱无章的驱使者，而是按章办事的人，他的指令既不强硬也不粗鲁。

在工作期间，若下级职员无视领导的权威性，那么工作就会做得杂乱无章，毫无效益可言。在生意运营过程中，领导者把受雇者看作是大众中的一分子是很必要的。

从商业上讲，雇佣者应当优秀于受雇者，两者地位不同。前者是操纵者，后者则是被操纵者。

优秀的雇员不会排斥章程的约束，也不会偏激地对待合理的要求。

不论在日常生活中，雇主与雇员的地位谁高谁低；在工作中，雇主是绝对的领导者，雇员必须尊重雇主的决定与安排。

从不听命于人的人也无法让人听命于他。领导者多是从普通的员工中脱颖而出的人。

不听从指挥的年轻人无法指挥他人。受不了约束的人是无法有升职机会的。总是对办公室的规章制度指指点点、说三道四的人只能永远留在原位。不愿接受合理校规的男生，上班后可能也会反抗单位规章制度的束缚，这样的人若不认识到服从也是一种基本素质，是永远也不能成功的。

在工作期间，雇员必须服从管理，否则就饭碗不保。只要雇主还在这个职位上，他就有权利得到雇员的尊重。照常理讲，雇主往往比雇员优秀，雇员要么服从领导，要么辞职不干。

若雇员在工作中总是心不甘、情不愿，与雇主磕磕绊绊，那么他的工作表现是不会好的。不能正视自己身份的雇员，不会得到别人的尊重。

成功从不光顾散漫的人。无论是在家、在学校还是在工作单位，约束与服从是管理中的两大要素，是男孩要学习的首要功课。

Twelve

为人父母之道

只有最称职的家长，才能培养出最优秀的男孩。在教导别人之前，先学会教人之道。

长者的睿智+朋友的关系
=成功的父母

因为父母比孩子年长许多，也因为他们阅历丰富，所以父母自然而然地被授以重任，负责教育培养自己的子女。

也许是出于对孩子的好意，人类发展规律赋予了父母可以随意支配孩子的特殊权利。除此之外，父母只服从政府法律和社会的规章制度。

可悲的是社会中的确有些父母——其数量可能与估计有所出入——既不能管好自己也不能管好孩子，对管理什么事都不在行。就目前的文明程度而言，我们对那些不负责的父母还无计可施，也不能阻止他们去行使自己的权利。

当然不能让没有自我约束力的父母去管理子女。

社会口碑不好的父母也不太可能受到子女的尊重，也无权受到尊重。

对于这样的家长，孩子可能会服从他们的命令，但绝不会尊重他们。

父母与子女对对方都负有责任，但父母应负有更多的责任，因为他们年纪大，社会经验多。

孩子受家庭影响很深。家庭好则孩子好，反之亦然。

相对于子女对父母的责任而言，父母对子女负有更大的责任，这一规律是一成不变的。

明智的父母很少武断地滥用权利，他们不想这样做，也从不这么做。他们给孩子建议和关爱，激发孩子的兴趣，同孩子交朋友，这么做对双方都有利。孩子在家里与父母是平等的，他的权利得到了尊重；家教也得到了贯彻，但这是通过平等、友善的手段得以实现的。

管教男孩是通过关爱与合作得以实现的。

越是明智的父母越愿意参考他人的意见，从不武断地进行主观臆断，总是利用大家的经验和聪明才智教导、培养孩子。

从不听取他人的经验教训、不分青红皂白、滥用权力的家长是愚蠢的，甚至可以说他们是在犯罪，有时会为天理所不容。独断专行的作风在家庭教育中是行不通的。

明智的家长是值得提倡的，他们在乎自己肩负的责任，既不自负也不顽固，在教育子女时会充分听取他人的意见和建议。

人们认为是正确的东西没有经过正确的论证就不是正确的；人们认为是错误的东西没有经过明智的鉴别就不是错误的。孩子并不是父母的奴隶，而是他们的朋友。在外面见多识广，回到家中可以对孩子进行适度的教育。这样的父母是最称职的——他们有知识、有判断力、有辨别力，还有经验。这些父母帮助孩子提高素质，促进下一代的茁壮成长。

如果家长可以辅导孩子的功课，他们就可以成为男孩学习的伙伴，并且为孩子提供良好的家庭教育，这对于孩子来说是非常有益的。

学校再好也不是学生教育的全部；而无论多么完美的家庭也都只是孩子教育的一部分。无论父母称职与否，都只是孩子成长过程中的导师之一，但他们对孩子产生的影响却是非常大的。父母必须深刻地意识到这种责任，除非万不得已，否则不必动用法律赋予的父母权利，只需因材施教，关爱和关注孩子，对他们予以指导即可。

男孩们会误入歧途吗？

父母要善于发现问题以及问题的根源。不能拘泥于片面，要全面捕捉到孩子身上的每一个细节。

家长培训机构应该和音乐培训机构或是一些其他机构一样多。

有许多家长获得的经验教训都是在教育孩子失败后总结得来的。好多家长都是在孩子受到委屈后才明白该如何教育孩子。随着文明的发展和进步，家长对这一过失应当予以弥补，并且应找机会了解自己的职责到底是什么。

除了母亲俱乐部以外，还应设有父亲俱乐部。

在孩子出生之前以及之后，父母应当懂得孩子的培养之道。

如果一个人不懂得如何养育孩子，又不愿意学习或是不打算学习如何去培养孩子，那么这个人就不应该结婚或打算结婚。

不断地有人提出新的教育方法。各种学校或教育机构也如雨后春笋般大量出现。这些学校教授的内容包罗万象，教家长如何做个称职的父母。

一个人想要学习别的什么知识很容易就能做到，无论是否有这个必要；不过，现在迫在眉睫的是大规模推广普及对父母的培训。

如何去构建家庭并且维持这个家庭，比如绘画、歌唱、阅读和书写经典之作都更加重要。

在倡导大众化、时尚化、文雅的消遣以及为我们辉煌的过去引以为傲的时候，我们都不可原谅地忘记了人性的重要性。

系统化、有经验的家庭教育对于文明来说是很重要的。

只有最称职的家长，才能培养出最优秀的男孩。

男孩的第一个学校就是他们的家庭，并且家庭学校像其他学校和教育机构一样重要。

如果"国家强盛的基础在于每个家庭"，那么人们就应该学会如何照顾好自己的家庭；政府就应该认真地守护力量的源泉。

父母的无能、愚蠢、懒惰以及冷漠都是导致孩子失败的罪魁祸首。

父母和孩子一样需要培训。

那些自己都没有进步的人，无论他们是否贵为父母，都无权去教育别人。

为了孩子着想，父母在教育孩子之前先审视一下自己，在要求孩子该如何去做之前，自己应先做到。

在教导别人之前，先学会教人之道。

Thirteen

守家待地还是远走他乡

个性强、能力出众的男孩在任何地方都会成功。"我的家乡是首选，其次才是其他的地方"是一句永恒的真理。

守家待地更安全

警世名言中有这么一句："留在原地，哪也不要去。"可是冒险能带来改变。对待警世名言应有鉴别地去分析、判断。

很多孩子远走他乡去发展事业，可能会非常成功；但是还有些孩子就守家待地，不去参与陌生的、残酷的竞争，反而更加成功。

男孩应该守家待地还是远走他乡呢？对于这个问题并没有一个很确切的答案。男孩想要远离家乡开始自己的事业吗？如果他们愿意并能给出充分的理由，那么他们在陌生的环境中成功的可能性就会更大。但是90％想离开家乡的男孩都没有一个明确的目的。他们常常迷失在城市的灯红酒绿中，并且认为业务繁忙的地方一定有很多机会。他们在认知不明的情况下就轻易做出了判断，并没有意识到业务繁忙的地方竞争也同样很激烈，并且常常有更多的申请者在竞争那些职位，出现了供大于求的局面。

能力显著的男孩需要在大一点的地方来发展自己。如果他的家乡又小又落后，他必须离开家乡进入到广阔的天地里施展拳脚。

如果头脑灵活的孩子生活在规模较大且发展很好的乡村地区，孩子在决定离开家乡奔向大都市之前需要认真地考虑。

相比大都市而言，一个进步的乡村小镇会给男孩提供更好的发展机会。都市里充溢着太多的求职者，所有的职位都有成群结队的人在排队等候应征。除非那个工作的薪水实在是少得可怜，否则在城市中求职要比在农村求职难度高出两倍到十二倍。

在大都市里，金钱往往要比人本身的素质更加重要；在小地方，人的素质和金钱一样重要。城市中最优秀的律师可能比乡村里最优秀的律师更加出色，但是即使两人能力相当，乡村中最好的律师名声会更大一些。在城市里人们只看重实力或财富。乡村中最优秀的人在离家最近的城镇工作，往往比当地99％的居民都出名。

都市生活压力很大，只有少数人可以经受住压力并且能够爬到社会最顶层。

乡村的优势在于人能更加容易地实现自己的目标并能够更加容易地维持下去。

如果在乡村拥有相同的机会，孩子选择在家乡发展是很明智的，并且他们可以充分利用他们熟悉的资源，使他们的能力发挥到极致。有太多的孩子放弃了家乡良好的前景而选择远离家乡到陌生的环境中寻求更好的开始。相比都市里的职位，乡村里的职位有更大的把握性和持久性。

家乡的条件如何呢？在家乡寻找机会，别急着放弃家乡。如果家乡实在不适合男孩的发展，那么这个男孩必须要离开。但是如果乡村是进步的，并且还有进步的空间，在把条件逐一与城市进行对比之前，男孩最好不要离开。城市的确可以给予你更多，但是也会有更多的竞争对手。

一个人不应当惧怕竞争，但是也不要追求竞争。对手常常使我们变得更加强大，但是当我们可以顺利发展的时候也没有必要非得人为地制造困难激励自己前进。生活是很艰难的，成功的获得也是异常艰难的。这些艰难险阻足以构成促进人前进的动力了。

如果乡村的孩子能够在乡下找到一些值得做的事情，他最好还是留在乡下。城市只是一个人发挥自己能力或履行必要职责的地方。在乡下获得的成功比99.9%的在城市里获得的成功还要好，因为他拥有更多的朋友，这种成功更贴近自然，更容易得到认可，也更实际。

都市所能提供的乡村所不具备的机会其实非常少，那么乡村所能提供给男孩的机会也就相对更多。

对于一个缺少乡下生活经验的都市男孩来说，他们是否应该放弃都市里的机遇而来到乡下开始自己的事业呢？如果他想且能说出理由，那就去吧。他们在都市里积攒下的经验能被快速地应用到乡村的生活中，这会使他们比在城市里更快地取得成功。虽然成就不大，但他们的成功看起来更加长久和令人满足。如果都市里的男孩要去乡下的想法非一时冲动，且能够说出自己所选择的原因，最好让他们去。如果都市里长大的孩子渴望生活在都市里，并且一旦离开拥挤的街道就会很不自在，那么他们待在乡下将会非常难过。都市可能就是最适合他们工作的地方。

个性强、能力出众的男孩在任何地方都会成功。在发达的乡镇可能更容易把自己的能力发挥到极致。

男孩们的喜好和本身的能力可以决定他们该在什么地方开始自己的事业。

都市里长大的孩子在乡村可能有些发展机会，而乡下的孩子如果离开乡村到那些陌生的大都市去的话，可能会有更多的机会。

乡下的孩子总是低估自己家乡的机遇而高估城市的优势，而都市里的孩子很少注意到乡下的优势。

或许最好的建议是：

哪里有公平的机会，就留在哪里；如果哪里缺少机会，就离开哪里；要知道你渴望去什么地方；人往往有好多方面连自己都意识不到。

无论是从乡村到城市还是从城市到乡村，都是一个极大的跳跃，都是进入到了陌生的环境中去。

一个人在一个地方居住久了，自然而然就会熟悉身边的环境，如果有机会，最好是妥善加以利用。

天才往往在任何领域都可以成功。如果一个领域不适合他，那么他会开拓出一片适合自己的领域。

普通的孩子大多要受到环境的影响。

彻底的改变是有风险的。

如果一个人没有十足的把握，最好不要离开自己的家乡，留在原地，直到他找到一个更好的地方和一个更好的机会。适合别人的地方并不一定适合自己。

男孩必须适应环境，而不能让环境适应自己。

因为当一个孩子在陌生的环境中取得了成功，并不意味着别的孩子同样可以成功。

让孩子在家乡尽最大可能去奋斗，如果无法达到目标，那么他就应该考虑换一个新的环境。

在没有十足把握的时候，他最好留在原地，不要轻易地改变自己的环境。

如果选择离开是明智的，那就不应该有任何异议。时机成熟的时候，他的父母、朋友都会觉得他的离开是对的。

"我的家乡是首选，其次才是其他的地方"是一句永恒的真理。男孩首先选择家乡，同时也给予了自己一个机会。如果有希望，还是在家乡寻找成功之道；等在家乡小有成就了再到其他地方去发展。

Fourteen

金钱的角色

几乎没有哪个成功人士是一贫如洗的，也几乎没有哪位伟人是富可敌国的，因为真正的伟人并不会把大量时间花费在敛财上。

谁是谁的奴隶

很久很久以前，有一个人这样解释了《圣经》中的一段话："你要尽力去赚钱。"这句话世世代代流传下来，鼓励人们去争取颇受质疑的成功，也阻碍了道德的发展。

现在善于思考的、乐观的人希望人们从过去一点点进化到不涉及金钱的文明状态，到那时就不再是毫无感情的金钱交易了。

《圣经》中所提到的罪，除了亚当和其他几个少数人的堕落外，都是直接或间接地由对金钱的狂热引起的。法院可以提供有力的证据说明金钱是罪恶的驱使者，或者说金钱是现代犯罪最本质的根源。

为了金钱，人们不惜毁掉自己的健康或出卖自己的灵魂。因为金钱，父子反目成仇；因为金钱，人们变得庸俗不堪。有了金钱做靠山，有权势的人成为了政府的领导人、生意场上的操纵者，甚至可以左右别人的生死。

只要有点头脑的人就相信，在人类的进化轨迹上，真理永远是胜利者。并且人类和上帝最终会建立起正义的、公平的、公正的以及仁爱的世界。只有等到真善美得到了伸张，邪恶完全灭绝，这一理想才能得以实现。金钱带来的罪恶，必须受到上帝和人们的审判和惩罚。但是今天，或者在未来的好多年里，无论钱是好是坏，都将是生活中一个必要的因素，因而被认为是生活和工作中的一部分。在文明得到进一步发展之前，一切还会依旧进行下去，金钱依旧是交换媒介。

很多人用金钱的多少来衡量成功。没有人会否认，目前金钱仍是现代成功的一个重要组成部分。

事实上，几乎没有哪个成功人士是一贫如洗的，也几乎没有哪位伟人是富可敌国的，因为真正的伟人并不会把大量时间花费在敛财上，如果他真的很富有，他也会合理地加以利用，不会让金钱成为自己的累赘。

当一个人拥有了各种能力的时候，大致来说这个人就拥有了足够的赚钱能力，并使自己过上高质量的生活。几乎每一个相当有成就的人都会获得足够的收入，没有哪个有能力的人会无法维持自己温饱的。

当财神回报那些精明强干的人的时候，通常都是很慷慨大方的，即使不是可口的黄油，也会是最起码的维持人生存的面包。

不管采取何种手段发家，那些富得只剩下钱的人，都不能算是成功的。过于富有的人往往没有真正的朋友。有人会效仿或奉承他，但却不会爱他、尊敬他。他所谓的那些朋友都只不过是在巴结他、奉迎他，想借他的钱、骗他的钱；也有的只是生意上的合作者，他们随时准备着在同他联手掠夺他人财富的同时也去掠夺他的财富。一旦这个富人死去，没有人会为他伤心，报纸只会寥寥几笔提及他的死亡，可能还未来得及下葬，就已经被人们遗忘。他的党羽对于他的死表示很难过，因为他们无法继续利用他。他的合伙人也更加放心，因为他的死减少了对自己的威胁。亲人的悲伤只不过是几滴清泪罢了。这种人代表着一种级别较低的成功，得不到尊重，也不能长久立足于世上。

级别较高的成功人士，无论是赚钱还是在其他的事情上一定是有所成就的人，他们关心的是自己和其他人共同的利益。这个人是富有的，不管他到底有多少张钞票。他是富有的，无论他是一个鞋匠还是铁路局长；他是富有的，无论他是一个专业人士还是一个传教士；他是富有的，因为他正在通过自己的努力逐步将自己的能力发挥到极致。

除了钱什么都没有的人是金钱的奴隶。他只会赚钱、管钱、花钱，毫无个性。他是一个只会赚钱的机器，浑身散发着铜臭，是最低级的成功者。他在某种程度上是取得了成功，但只要稍微思考一下，就会为之感到脸红。除非攒钱是为了做某事或知道如何加以利用，否则积累金钱就像囤积土地而不加以利用一样，是愚蠢的，不可取的。

任何事物的价值都在于如何被妥善利用。一本上了锁的《圣经》像一个未经开采的铁矿一样没有任何价值可言。

一个人若在一定范围内获得金钱、持有金钱并且使用金钱，让金钱始终为他一个人服务，这就是一种可耻的成功，是一种对社会的威胁，是高尚和公正面前的罪人。这样的人费尽心机，只是为了满足自己的私欲。他既不会受到别人的爱戴也不会受到别人的尊重；没有人会喜欢他，但有人会憎恨他；他在这个世界上没有朋友，得不到别人的怜悯，他是失败的。

成功的人，无论是否富有，都会努力做很多事，既为别人也为自己；他会尽可能地让别人和自己更加幸福；他并不看重金钱；他所做的对人对己都有利。这个人无论是否富有，无论是律师还是铁匠，无论是银行家还是木匠，无论是成千上万名工人的领导者还是一名普通工人，他都是成功的。这样的人拥有许多朋友，他们爱他不是因为他的金钱；他们尊重他不是因为他银行里的存款；他的朋友们会在生活中与他同舟共济，并且会在他的坟前留下伤心的眼泪。在他自己的领域内，他会尽自己的最大努力。世界将永远不会遗忘他，并且当他离开的时候，他曾经停留的地方将会因他的离去而变得黯然失色。他是亿万成功者中的一个，由于他帮助了别人，别人也会帮助他。这个人不是失败者，他注定是一个成功者。他活着的时候行善积德，在死后他的善行也不会大打折扣。他在世时所播种下的种子必定会获得永恒的收获。

Fifteen

勿以事小而不为

掌握大事情就是掌握小事情。一个粗心的男人或男孩是不会取得成功的。
成功者从来不会忽略小事。忽视小事会使我们的生活变得不那么完整。

万事皆重要

因为有些伟人会忽略小事，并且似乎觉得小事不会对事情的结果产生任何影响，所以许多不愿思考的人甚至很多会思考的人都拒绝承认小事的重要性，并不予理睬。

的确，大多数伟大的发明家、科学家、发现者、学者以及天才，在一方面学有所长，而在另一方面亦必有所短。伟大的人只是在某一方面有所特长，多数的知名学者往往在某一领域里是权威，而在其他领域里知之甚少。

天才所犯的过错和愚蠢的行为常常成为人们茶余饭后的谈资。新行星的发现者在数学领域很擅长，却可能在暴风雪的天气里不戴帽子、不穿外套就出门；会说十几种方言的语言学家可能会发现自己看不懂杂货店里的账单。

伟大的人常常也是很愚蠢的人。伟大人物的愚蠢不会使他们很伟大，但是他的伟大可能使他们有时候很愚蠢。

人可以拥有很多，甚至多于自己所能达到的程度。如果他对于一件事情知道得很多，那么他必然对另一件事情知道得很少。同样，伟大的人会戴着眼镜而去寻找眼镜，会忘记扣上自己的皮带，会用雪橇铲煤，用煤铲除雪；但是他们不会忽略工作上的每一个细节。他们的心思放在哪里，他们的注意力就会集中在什么地方，没有什么是小事，无论大小，每一件事情都是重要的。如果他是一个数学家，他会同等重视小数点左右两边的数据；如果他将最贵重的化学品和最廉价的化学品混合到一起，他对这两种药品会同样小心。他可能会忘记在冬天穿外套，或者在夏天忘了把外套脱下来，但是他却能记得把适当型号的软木塞放到合适的容器上来装试验用的混合物。他可能会在雨天带手杖而在晴天带雨伞，但是他的望远镜却绝不会被淋湿。他可能变成落汤鸡而浑然不知，但却会用身体去保护他的仪器。

掌握大事情就是掌握小事情。对于他来说，事情没有大小之分，任何事情都是大事。他可能在某一个领域里面很成功，只要是这个领域里的东西，他都能记住；而在其他的领域里，他在某种程度上来说和白痴没有什么区别。把他知道的东西放到天平的一端，而把他不知道的东西放在另一端。如果知道的东西一端下沉，那么他就是成功的；反之则说明他失败了。

　　通过关注细节，对最小的条目进行仔细分析，对每个细节仔细审查，构成完全事业上的成功。一个粗心的男人或男孩是不会取得成功的。成功者从来不会忽略小事。要想成功，就要不断地关注和留意小事。一个人可以去从事他不擅长的事情，只要他不会忽略他所从事的工作里的小事，就算是一种成功。忽视小事会使我们的生活变得不那么完整。

男孩成长书

Sixteen

成功切忌朝三暮四

没有更好的理由就不要轻易离开，是一条通向成功的准则。永恒是大自然的定律，也是成就事业的伟大定律。他适用于人类生活的每一个层面。

不要这山望着那山高

没有更好的理由就不要轻易离开，是一条通向成功的准则。朝三暮四的人永远都不会成功，只会获得短暂的利益。他们只能够勉强糊口，居无定所，不受人尊敬，过着起伏不定的日子。

如果一个人的家乡是落后的，那么选择留下来必然是不明智的。执意停留在一个劳无所获的地方是不会成功的。有判断力才能找到出路。多数人失败都是因为朝三暮四，经常改变心意。

一个天才的失败几乎总是归因于不能坚持到底。天才开始是正确的，并且会在工作中做短暂的坚持，但是他们常常不能坚持做到最后，因为工作有头无尾，所以毫无价值可言。

永恒是大自然的定律，也是成就事业的伟大定律。他适用于人类生活的每一个层面。

通常来说，除了特殊的原因，一个男孩最好完成每个阶段的教育，牢牢掌握所有的知识，然后再进入到一个更高学府或不同的院系去学习。教育上的变化就像搬家或换工作一样，影响是深刻的，代价也是巨大的。有时候，一个聪明的男孩会跳过一个年级直接毕业或直接升两个年级，但这并不是没有完成学业。如果他可以比别的孩子花费更少的时间来完成学业，很好，只要不会给他带来任何身心上的伤害就行。

尝试了一个又一个的学校，换了一种又一种的学习方式，那是在浪费时间、浪费精力，也是在浪费自己的前途。如果男孩克服了他朝三暮四的缺点，他就不必付出如此昂贵的代价了。

这一原则也同样适用于事业。男孩不断地变换自己的工作，将有可能永远都无法取得成功。

如果男孩起步就错了，且对此很肯定，那么他必须要改变；只要有充分的证据能证明当前的职位不适合男孩的发展就行。如果男孩渴望跳槽只是一时的冲动，或者仅仅是因为暂时的不满，那就不值得考虑了。

有些人，甚至有一半以上的男孩子在开始工作的时候都对工作不满，觉得工作的性质或工作的环境不适合自己。对业务不熟悉，他们把责任归咎于业务的种类和他们的职位，却意识不到什么工作都是一样的难做，其他职位的工作也同样不是很令人满意的。

按常理来说，男孩在他工作起步的地方会有更多的机会取得成功。自身的价值会逐年递增，在变动工作之前必须要三思。当他们逐渐成熟，变得经验丰富的时候，可能会觉得凭自己的能力和经验能获得更好的工作和待遇，这才是平等的；尽管如此，还是不如留在原地，因为那里的机会还要多于其他的地方。除非自己和能力很强的父母及有判断力的朋友一致认为应该变动工作，否则男孩最好留在原处，不要轻举妄动。

男孩成长书

Seventeen

充分利用零散时间

成功的男孩常常忙于学习，忙于工作，忙于娱乐，忙于休息。他所有空闲的时间都是忙碌的。零散时间对于成功人士来说是收获的时间。

任何时候都能有所收获

　　成功的男孩和有潜力成功的男孩在很大程度上或在某种程度上都会注意利用零散的时间。

　　很多人都是通过适当利用零散时间一步步走向成功的。

　　无论一个人在公司或学校多么忙碌，都会有些许的零散时间。要么加以利用，要么就白白浪费掉。

　　没有人会一直处于学习或工作状态或者处于玩乐状态的。

　　在学业和事业上取得成功取决于合理分配工作、娱乐和休息的时间。

　　对于任何时间或东西都不应浪费。

成功的男孩常常忙于学习，忙于工作，忙于娱乐，忙于休息。他所有空闲的时间都是忙碌的。他享受着每时每刻。每一时刻都有着特殊的意义。他分秒必争，要么是在做某事，要么是在为做某事而准备。

休息不等于虚度光阴，而娱乐与工作一样重要。

每天都会有足够的时间去完成每一项工作。一天对于一个成功的男人和守时的男孩来说已经足够了，因为他们会充分利用24小时里的每一分钟。

当他们工作的时候，他们就工作；当他们玩的时候，他们就玩；当他们休息的时候，他们就休息。每一分零散的时间都会被加以有效地利用。

成功的人永远都不会虚度光阴，他们不会浪费一分一秒。他们在做每一件事情的时候，无论是工作、娱乐或者是休息，都会全身心地投入进去。他们会利用所有的空闲时间去做点什么，使空闲的时间像工作时间那样过得有价值。

空闲的时间就是放松的时间，是行动完全自由的时间。它完全属于一个人自己。它不受任何责任的束缚。在这期间，人们可以工作也可以娱乐，可以利用它做更多的事。

当工薪阶层或学生在完成某些任务的时候，他们在工作时间里并不是自己的主人；但是值得庆幸的是，闲散的时间是他们自己的，他们可以自由支配。如果他们发自内心地、适当地并且不断地利用时间，而且从不浪费，他们一定会有所成就，而没有适当地利用闲散时间的人是不可能做到的。

零散时间对于成功人士来说是收获的时间。

男孩成长书

Eighteen

成功的基石——诚信

诚信对于永恒的成功而言是首要前提条件。诚信会给予你快乐，会给予你成功所需要的每一种元素。虚假永远没有回报。

诚信不会使人受到损失

诚信是成功的第一准则。诚信对于永恒的成功而言是首要前提条件。诚信是建立和维护任何事业荣誉不可缺少的条件。

如果撒谎者没有被戳穿，谎言就奏效了；但是谎言总是被戳穿的。相比之下，很少会有精明的人或者伟大的人会用不诚实的方式取得成功，并且这些人往往是因为太有能力而不屑偷奸耍滑。

不诚实的人在事业上频繁地获得短暂的利益，但是他们却很少能够长久发展，也不会获得最终的成功。的确有好多公司在公司成立的初期采用了一些不诚信的做法，并且这一明显的成功现象也更加使人相信诚信不是取得成功的必然因素；但是从任何负责任的立场来说，不以诚实为基础的事业根本不能算作是成功。

金钱是可以通过虚假的手段而获得的。严格的诚信和正直常常都不是财富积累的必然因素；但是只获得金钱不能算是成功，并且通过虚假的手段去获取金钱的男人既不尊重自己，也不会受到别人的尊重。他的生活很奢华；他以名誉和灵魂为代价换来了眼前的物质享受，但这不是真正的享受。

诚信是成功的一个基本因素。任何有辱诚信的人都会受到惩罚。回到25年以前，记录下来生意兴隆的店牌。再回到今天，再一次观察店牌。那些坑蒙拐骗的不法店铺的招牌几乎都不见了，那些不法商贩靠这些手段快速起家，但最后是蒙羞辞世。诚信的店铺依然屹立不倒。看看那些不讲诚信的公司，看看他们是如何一个接一个地没落下去。靠不法手段可能获利更快，但靠诚信赚来的钱要远远多于前者。

诚信或许不是敛财的最好方法，敛财者不凭良心办事；捞到了大把的钞票，但同时也不能获得成功。他把自己看得太过廉价。为了得到自己花不完的金钱，他抛弃了一个做好人的重要因素——名誉，他觉得自己是在享受生活，实际上他并不快乐。他是一个失败者，一个可怜的失败者。他没有朋友，没有家庭温情，找不到自身的价值，且令人厌恶。男孩们，如果你们想像他一样，那么你们将牺牲真善美以及无量的前途，然后你会从你的词典里将诚信删去，用了无生气的金钱去取代你所拥有的有价值的东西；如果你们这样做了，在今生今世，或者在来生来世，你将会受到严厉的惩罚：你将永远不会幸福；良知逐渐消失；一辈子都装腔作势地活着；永远都不会由衷地感到满意；你将孑然一身孤单地死去，无亲无故。

纯粹的赚钱和诚信是矛盾的。取得金钱上的成功不需要诚信，但是虚假的作为，永远也不会取得永恒的成功。小偷可以偷到金钱，但他不是成功的；赌徒可以获得赢利，但他也不是成功的，即使那钱是他自己赢来的也不行。真正的成功是讲诚信的。

男人的性格是在他孩童时期产生，在青年时期形成的。一个重名誉的男孩长大后就成了一个重名誉的男人。一个在学校作弊并且和自己的伙伴撒谎的男孩很可能会成为一个不诚实的男人，而最终成为一个失败者，这与他是否富有无关。

儿童身上的小毛病会在他长大以后成为严重的恶习。相对于让一个成年人改掉不诚实的习惯，让一个孩子改掉不诚实的习惯更加容易。

学校和家庭仅用一点点的时间和精力去教男孩们要做诚信、正直的人。在课堂上背诵作弊或考试作弊就是男孩开始堕落的第一步。工作上的虚假手段和学校里的作弊行为没有什么不同。男孩从学校步入社会也并没有什么本质上的改变。

在教授诚信和正直的时候不需要任何的虚假方式。权宜之计也是一种虚假方式。虽然许多父母和老师都知道不诚实的做法常常会快速获得金钱上的成功，但是会告诉学生不诚实永远都得不到回报，即使有也是暂时的。男孩带着这种信念进入到社会中，发现不诚实是可以得到回报的，不诚实的做法看起来是成功的，他开始怀疑之前所学到的是假的，并且也开始学着弄虚作假。

告诉孩子真相，他迟早都会意识到这点的。而早发现要好于晚发现。让他们利用诚实的彩笔绘制生活的蓝图。让他们看到不诚实的结果和诚实的奖励。坦白地告诉他们，不诚实会带给他们什么，而诚实又会带给他们什么。让诚信围绕着他，在他想清楚以后，让他睁大眼睛自己选择。明辨是非的男孩，相比那些看事情片面的孩子，会更加坚决地抵制邪恶。

不诚信的人，只要有一点点良知就不会快乐。当然如果他一点良知都没有也就不能算作一个人了。他只能受着虚假的刺激，享受虚假的快乐。无论他是否富有，他都是失败的。不诚信的人看起来似乎很快乐。作为一个畜生，而不是人的话，他可以沉醉在金钱的满足感中，但是他人性的一面是不会幸福的。诚实正直的人无论是否有物质上的收获，常常会有所回报。男孩们，你们正处在人格发展的起始期，面临着选择。你可以选择诚信和正直，因为这可以给予你永远的幸福；也可以选择虚假和不正直，那么你的人生将永远都不能享受到自然的快乐，并且，这种虚假的快乐不会持久。为了文明的进步，为了自己幸福，男孩们，请做个讲诚信的人吧！如果你之前不是一个诚实的人，就从现在开始讲诚信。让正直成为你今后人生道路上的启明星。现在你是一个男孩，将来你会成为一个男子汉。就在今天，你塑造了你的品格，明天将在今天的基础上持续发展。

诚信会给予你快乐，会给予你成功所需要的每一种元素。虚假会给予你假象，让你看起来更加富有，但是虚假的本质，无论它是否会带给人一座金山或是声誉之碑，都像小水坑那样浅显，既没有长度，又没有宽度，也没有足够的深度来度过干旱的季节。

虚假永远没有回报。

Nineteen

自尊与自负

谦虚是一种美德，适当的谦虚是一种非凡的品质；自尊的人，虽然有一点点自负，但是与过度谦虚的人相比更可能取得成功。

扬长避短

　　自尊和自负总是相伴而行。自负的人很少缺少自尊。绝对有自尊而不自负的人是没有的。没有自尊的自负没有任何价值而且很危险，但是适当地自负是成功的一个因素。

　　相对而言，很少有人能准确地评价自己。谦虚的男人或男孩常常过于自卑；而自负的人常常认为他自己在某一个方面要比实际更加优秀，但在另一个方面却缺少自信。绝对保持中庸的人根本不存在。如果他确实存在，他的中庸会阻碍他的前进。相对而言，很少有人会遇到比自己还要尊重自己的人。世界会像一个人审视自己那样去审视你，并且给予你客观的评价。

　　在谦虚的人中，有50%的人并不是真的谦虚。他们当中大多数人只是不想成为别人的话柄而已。真正谦虚的人常常过于内向，而缺少自尊或自负且没有霸道的性格。他们不会高估自己的能力，也不会给予自己应得的权利。

　　谦虚是一种美德，适当的谦虚是一种非凡的品质；自尊的人，虽然有一点点自负，但是与过度谦虚的人相比更可能取得成功。

　　自负的本身会阻碍人取得成功。

　　没有一个自负的人能胜过他人，他永远都是一个失败者，当然他自我感觉是强过他人的。

　　自尊是获得成功的一个很重要的因素。即使自尊中包含着一定程度的自负，也不会失去它原有的作用。

　　自信和自负常常是密切相关的。

　　能力、经验和忠诚是造就成功的三大基石。第四块基石就是自信或自尊，这可以让一个人充分发挥自己的才能。

　　如果不是过度自负的话，自负可以唤醒自尊，并且使自尊发挥出更大的作用。

　　有自尊的男孩子无论是否自负，都必然会成功。

　　过于谦虚的男孩天生就很内向，长大亦是如此。若不及时予以纠正，很可能

男孩成长书

会成为失败者。自负，并不让人讨厌。但绝对的自负就很危险了。自负可能是自尊的一种外在表现，是自然能力的一种流露。

不应当再鼓励自负的男孩继续自负下去；但是少量的自负是不会构成太大负面影响的。如果尝试强行将这种自负从一个孩子身上剥离开，结果往往是弊大于利。

几乎没有人不自负。也许没有自负就不能成功。无论如何，他总是伴随着成功。

据说不自负而有能力的人根本不存在。

没有伤害性的自负以及自尊，肯定比百分百的谦虚更有益。

没有自负的自尊会凌驾于自负之上，是无价之宝；但是纯粹的自尊又不存在，或者似乎不存在，而且自负是成功不可缺少的因素，明智的做法就是调节自负，与自尊适度结合，这对自尊也有好处。这会比消除自负的同时也消除了自尊的做法明智得多。

缺点常常会伴随优点，并且对于我们的优点是有利的。

如果我们不能够摆脱自负，那就让我们控制自负，有效地加以利用。

自负本身是个麻烦，但不等于说它不能被加以妥善的利用。

如果你没有办法抛弃自负，那就在以自尊为主的前提下尽其所用。

Twenty

坚持就是胜利

自然的力量在于她力量的持续。

运动的原则是永恒。

永远流淌的小溪也可以养出大鱼。

莫要轻言放弃

连续是一种力量，而间断则是一种失败。宇宙的创立者并不是在星期一建立世界而星期二不做任何事情；也没有在星期三创造万物而星期四休息；更没有在星期五再次开始，在星期六睡觉。他每天都在创造东西。他只会在他结束生命的那天停止一切。

自然的力量在于她力量的持续。

运动的原则是永恒。

永远流淌的小溪也可以养出大鱼。

这个月溪流干涸，下个月洪水暴发。这样的溪流流量不正常，只是一个泄水管，没有太大的利用价值。

一个人在星期一喂了马，星期二什么也不喂，星期三马就会变得很虚弱，星期四就可能会是一匹死马了。

一个男孩星期一去上学，星期二逃课，并且希望通过星期三的学习想要弥补星期二的课程，这是不利于进步的。

这个世界是勤劳者的天下，懒人是无法蒙混过关的。有的人违背了成功法则但是看起来却似乎成功了，这好比有的人跳下了大桥却仍旧活着。一个人违背了成功法则却获利了，因此他的个案成了人们争相模仿的榜样。这种逻辑脆弱得不堪一击。一气呵成比时断时续的效果要好。有的人学业和事业时断时续，但他却仍然很成功；有的人对学业采取敷衍态度；但明智的人绝不会这么做。不连贯是失败的一个重要原因。假设一个人滔滔不绝地说了半个小时，然后在一句话说到一半的时候停下了，一个星期之后，他又开始接着那句没说完的话继续说他的演讲。结果无论前半部分的演讲多么的精彩，这仍是一个失败的演讲。

成功的人一旦开始做一件有意义的事，就会一直坚持做下去。

成功的男孩，即便在年龄很小的时候，也会在一种连续的状态下学习和玩耍，他会想办法坚持把某事做下去。他的喜好很明显。当然，他还是一个孩子的时候，处在一种未发育成熟的状态，但是他的良好行为习惯已为将来的发展打下了坚实的基础。

　能坚持将事情做到底不半途而废，对成功大有益处，否则要么彻底失败，要么即使成功也会有缺憾。没有了这种持续性，势必会导致失败或不完整的成功。

坚持就是胜利

男孩成长书

Twenty-one

专心致志才能成功

任何人做事时一心二用的效果都不如一心一意地好。在一本好的小说或一部好的戏剧里面，永远只能有一个主角。

要专注做好一件事情

成功的力量在于一心一意致力于一件事。专一的好处就在于它本身的强大影响力。

两个法力相当的神同时发力，其效果不如让一个神单独倾力而出。一次只应做一件事，因为时间和空间不允许。

做事业也好，做其他的事也好，只有专注于一点，才能尽显其重要性和影响力。认为自己无所不能的人能骗得了自己，但骗不了别人。任何人做事时一心二用的效果都不如一心一意地好。在一本好的小说或一部好的戏剧里面，永远只能有一个主角。无论是在功劳簿还是在战场上，英雄只有一个。日光再强，灯光再亮，若两者同时照明，光线也未必会亮到哪里去。

钉钉子时，捶打钉子的侧面次数再多也不能将钉子钉入物体中；钉钉子只需捶打钉帽即可，且一个锤子就够了。

来复枪的子弹能射中靶心；散射的子弹命中率未必高。想射得精准，无论用什么枪也只能是一枪打一发子弹。

同理，生活中样样知晓但无一精通的人未必就能成功。最成功的人是那种样样在行，但有一样最精通的人。成功的买家会知晓一定的销售策略；而成功的卖家也会知道一些购买心理。但是最好的买家对购买更在行；而最好的卖家则对销售更在行。对任何事都提不起兴趣、没有明显偏好的孩子，成功的可能性很小。

成功的人都会精通某些特殊的事情，但也不会因此而忽视普通的事物。例如，即使是眼科专家也得通晓外科手术的基本原理。否则根本无法实施眼科手术。不懂基本经商之道的人做什么生意也不会成功，反过来说，只懂基本经商之道却无专长的人也不能成功。

的确，有些了不起的金融家似乎做什么都能获利，他们似乎是全能的。但是，仔细研究一下他们的生活，最终会发现，他们的成功是源于他们在某一个领域超群的能力以及他们对基本商业规则的把握。

想当专家的男孩，如果不学好各门基础课程，是无法在某个领域里独占鳌头的。地理学家再了不起，如果不通晓其他方面的知识，也无法把地球的构造形象地描绘出来。

无论男孩将来想干什么，都不能忽视他的基础教育。他需要接受最基本的教育，了解常识，这样他才可以把自己的注意力和能力聚焦在他的选择上。

男孩成长书

Twenty-two

建立正确的金钱观

节约，孩子，节约！适当、理智地节约；但不要吝啬，不要小气。要有主见，该花的花；不该花的就攒起来。要有计划地积攒。千万要节约！

今日的积蓄就是明日的资本

奢侈浪费是事业成功的天敌，做哪行都怕铺张浪费。奢侈和成功不能共存。挥霍者既没有意识到自己的浪费又没有收获的能力。他永远都不成功。吝啬并不是节约。守财奴的行为也不等于是节俭。守财奴和挥霍无度的人一样恶劣，都是傻瓜。真正的节约是合理地管理我们的财产，兼顾自己和他人的利益。

吝啬的男孩只考虑自己的利益，从不为他人着想，他对赚钱有种特殊的狂热。他可能会发笔小财，但最终除了当个了无生气的守财奴外，他将是个彻头彻尾的失败者。

慷慨的男孩或许不会赚到很多钱，但是他的慷慨不会使他成为失败者。

过于慷慨的人，过于为他人考虑却很少为自己着想，这种慷慨是不提倡的；但是由于这种情况非常少见，所以在这里就不做讨论了。

男孩应该明白什么才是金钱的价值、意义、用处及危害，这样他才能清楚什么是好的，什么是不好的。他应该研究金钱、分析金钱，如同做他每天必做的其他事一样。他应当学会如何正确对待金钱，使它发挥最大的价值。生活离不开金钱，男孩还在上学时就应该接触它。我认为，关于金钱及其使用的知识应该是正规教育的一部分。

就像我们滥用了很多其他东西那样，金钱的消费观很大程度上被误导了，因为没有人从获利和节俭的角度来教授我们该如何处理它。

忽视一件事情就会导致对它的使用不当。

了解某事物才能知道该如何利用它。

人们挥霍的秉性是从小养成的。

如果一个男孩没有学会如何花钱，他很可能做什么都赚不到钱。

商业的成功依赖于适当的积累和对收入以及资本的有效利用。

无论现在还是未来，金钱都有着自己的价值。因此，赚钱有两方面的价值，必须从现在和将来两处着眼予以考虑。

成功地获得金钱，或在其他任何事情上取得成功，都要求妥善处理物质财富。

所有证据表明，不懂节俭的人根本无法发财致富。

金钱是通过积少成多的办法获得的。

要想获利就得节省。

浪费的科学家不珍惜实验设备，很少会获得顶级的成功。

歌手不注重保护自己的嗓子就会失去他动听的歌喉。

节约是文明最重要的原则之一。

对金钱以及其他财产的节约对于成功而言是完全必要的。

浪费自己能量的人很快就会成为一个废人。

浪费是一切进步势力的天敌。

适当的节约对于任何成功的取得都是非常必要的。

如果没有节制、没有计划地使用资源，那么世界将会很快进入资源枯竭状态。

大自然是慷慨无私的典范，它蓄积能源，再源源不断地提供给人类使用。如果大自然也挥霍无度，那么人类将无法在世上存活。

无论金钱还是其他方面的物资都应予以节约使用，这对整个人类的发展和文明的进步都是很必要的。

吝啬是节约和进步的天敌。

节约的价值在于它是为将来的需要而提前进行的准备；但在急需某物时却存着不给，那不是节约而是吝啬；是一种犯罪，是文明的天敌。

他在夏天就储存动物的草料，以备在冬天使用。他储存部分食物，不是为了储存而储存，而是为了以备不时之需。在本能的驱使下他成了一个真正节俭的人。

除非一个人运气好，突然飞来一笔横财，否则不知道有系统、有计划地储存自己收入的人绝对不会生活充裕的。

男孩越早节约——积攒金钱、储存能量、保存实力，他们就会越快取得有益的结果。

攒钱是最重要的，其次就是如何管理好手中攒下的钱。

冒险的计划和被夸大的机会到处都是，诱惑着人们。他们承诺的收益比正常的投资收益要高出二倍到十二倍。

在孩子开始手中有钱的那一刻起，就应该立刻为自己建立一个储蓄银行账户。

储蓄银行是一个文明发展的产物；是我们保护自己财产的一个有力的机构。

孩子手中的第一笔钱就是原始的资本，他们会尽可能地让它像滚雪球一样不断变大。

相比没有计划的存钱，每月积攒一点是非常可取的。

孩子应当把手中每一分剩余的钱都积攒起来。

如果孩子迫切想要某种东西，他需要仔细地考虑是否值得为这个东西而花掉手中的积蓄。

储蓄银行账户的开设说明我们理财已经成功一多半了。

在银行里有存款的孩子，存款的数额再小，也算是个小资本家了，而且是经济有所保障的人。

积蓄是值得依靠的保障，它像军火库里的弹药一样，常常被安全地保存起来准备随时使用。

奢侈浪费是大多数商人失败的原因。

适当地节约是收获的开始。

有计划地节约是成功的一个重要因素。

节约者若是站在安全的岩石上；浪费者则处在危险的沙地上。

节约，孩子，节约！适当、理智地节约；但不要吝啬，不要小气。要有主见，该花的花，不该花的就攒起来。要节约；无论价值大小，该省的就省下来。无论你的父母是穷是富都要节俭；要有主见地去花钱；要有计划地积攒。千万要节约！

Twenty-three

天生我材必有用

孩子真的是一无是处吗？这样的怀疑事实上可能是不成立的，并且需要时间来验证它，因为外表看起来无能的孩子，实际上却并非如此。

同情他，帮助他，让他成为一个有
价值的人

　　某些孩子——希望只是少数——很显然是一无是处的。他们似乎没有崇高的理想，思想空洞，没有任何特别的能力，他们懒惰、冷漠又粗心大意，并且可能还有某些坏习惯。这些孩子被视为失败者，无一可取之处。他们有成功的可能，但也有可能无法取得任何进步。要趁孩子小的时候及早唤醒他们，激发出他们的潜能，否则等到他们长大了，就真的成为庸才一个了。他们开始显得一无是处，并且可能会平庸一生，除了能勉强糊口，别无其他的技能。那些天生本质坏且无能的孩子不会努力改正自己的错误，而且有可能锒铛入狱。如果他天生本质不错，具有常人的优点，一直遵纪守法，也许只能勉强维持生计。他很可能会成为亲属的负担，顶多也就算是个凡夫俗子。他像劣质的马，除了拉车，没有任何用途。如果尝试将有价值的人和没有价值的人分离开来，那是既浪费时间又浪费精力的，甚至更糟，因为对于被淘汰的人来说是很残忍的。如果一个人连能力都没有，那就更不要说他精通什么了。

　　注意到了吗？我在用"一无是处"来形容智力低下的人。每个人都有自身的价值，都会有所专长，这里所谓的"一无是处"其实是指他擅长的技能太少，需要在他人的指导下来完成。

　　适合这类人的职位要有一定的规则限定他们，并且对他们要一视同仁，要让他们充分挖掘自己的能力，但要量力而为。如果他们身体条件好，可以让他们去参加海军或陆军。在工作中，需要有人为他们做好大致的框架，然后让他们去做框架里详细的内容，而且他们可以利用有限的智力为别人提供称心的服务。

　　这类的人不适合结婚，且他们没有权利拥有自己的家庭。从生理的状况来说，他们是充满未知能量的发动机。他可以做体力活，但并不适合做管理工作。作为一个运转正常的机器零件，他是合格的。在陆军、海军和其他类似的领域里作为一个卖力气的帮手，他可以更好地为国家效命。试图打破他能力底线的父母会对他造成很大的伤害。

　　孩子真的是一无是处吗？这样的怀疑事实上可能是不成立的，并且需要时间来验证它，因为外表看起来无能的孩子，实际上却并非如此。

　　那些低估孩子能力的父母和老师应当仔细观察孩子，并且通过各种试验努力唤醒他们。他们应当反复地试验，试着帮助他们摆脱这种无能的状态。如果这些尝试失败了，孩子们仍然很冷漠且懒惰；那么就让他们去从事体力劳动，让他们接受基本的教育，并且在别人的管理下工作。

男孩成长书

Twenty-four

不要偏离正轨

每一个成功的人都是严格地遵守纪律、服从命令的人。让人们高举手臂，凝视天空的云朵，仰望着蓝天去规划自己的事业。这样做对于他们来说是大有好处的。

稳定是基础

在我年轻的时候，我曾参加过一次军训。我永远都忘不了当时的情景。我还记得那令人振奋的口令，就像是在尘土飞扬的路上走过，迎面吹来一股凉爽的小风一样："立定！枪放下！原地休息！"

只要还在队列里，人们就可以做自己想做的事。他可以和旁边的人交谈；他可以笑；他可以喝粉红色的柠檬水；他可以坐着或站着；他可以打呵欠或伸懒腰（如果他愿意），但是他必须使自己的一只脚一直留在队列里，这样当集合命令响起的时候，他身体的一部分还在原位，并且可以迅速让整个身体归回原位。

大家都应遵守军规。每一个成功的人都是严格地遵守纪律、服从命令的人。让人们高举手臂，凝视天空的云朵，仰望着蓝天去规划自己的事业。这样做对于他们来说是大有好处的。没有人在地球上可以长久地使双脚同时离开地面；但是可以允许他们把一只脚放在某处，只要另一只脚还踏在地上就足够了。

如果他愿意的话，他可以张开双臂，也可以再抬起一条腿，但至少要让一个部分留在原位，这样他会在听到集合口令时，迅速回到自己岗位上，保持原状。

Twenty-five

成功不能靠等运气

等待运气的人几乎没有走运的。

船只永远也不会靠岸去接那些在码头上游手好闲的人。

如果你拥有运气，利用它；如果没有，不要等待它

运气、能力和机遇一样，均有利于收获。失败的人常说自己很不走运，怪自己运气不好，却不想想是不是自己能力不够或是因为自己缺乏毅力。

成功的人很少会相信运气，他相信的是实力，认为所有的一切，都是靠自己的努力换来的。

两种观点都是错误的。叫作"运气"的东西应该换个更好听的叫法，它能帮助人们走好运。

运气到底是什么，没有人知道，也没人能控制得了它。不知它从何处来，也不知它到何处去，就像彗星一样一闪即逝。

不管运气到底是什么，人都不能寄希望于运气。

等待运气的人几乎没有走运的。

船只永远也不会靠岸去接那些在码头上游手好闲的人。

孩子，不要指望运气会帮你。你无法操纵运气，运气绝不会助人成才，因为它时断时续，不能长久，也不稳定。无论它是什么，都不会听从你的命令。不要期待它的出现，确切地说，不要依赖它。

运气既不公平也不公正；但是如果长时间地关注运气、并把它通过统计表的形式表现出来，你会发现运气并不是偶然的。它常常会拜访那些在乎它的人。

许多人从来没有得到过运气，这是因为运气拜访他们的时候，他们睡着了。

运气不会强加于某个人。它来拜访某人，如果受到欢迎，它就来到他的身边。

如果运气没有帮助你，就积极努力地去面对生活。

如果运气能帮你，那就积极地去利用它。

凡事只需要尽自己最大的努力就可以了。

如果你已尽力，没有运气帮忙，你也能应付得了；运气突然来临的时候，你会好上加好。

悲叹自己走霉运不会带来好运。

诅咒运气并不会使运气成为你的好朋友。

羡慕其他人的运气也不会把运气带给你。

请准备好在没有运气的情况下好好生活，并在运气来临时好好利用它。

寄希望于运气本身就是一种失败；等待运气会使男人失去男子汉的气概，使男孩成为懦夫。

当你没有运气的时候你做得很好；拥有运气时可以做得更好。但是想等待它、依赖它的人永远都不会得到它；所以不要总是想着运气；而要想想自己的职责；好好考虑自己的工作。

成功不能靠等运气

男孩成长书

Twenty-six

注重仪表

做事要像个男子汉，外表看起来也阳刚气十足。外表看起来像个绅士，实际上也要做个绅士。不要有过分的表现但也不要没有表现。

外表得体，气质也会随之改变

我们的母亲常说，美丽是肤浅的。从清教徒的观点来看，母亲是对的。我们的母亲住在老式的房子里，这就是她们的生活环境。在那时候，只有实在的东西才被认可。在母亲的那个年代，披着羊皮的狼装得再像小羊也常常会被识破。事实就是事实，谎言就是谎言。那时的竞争比现在要光明磊落、要纯净得多；仿真科学和赝品的现代艺术在那时根本无法蒙混过关。

我们现在讨论的是目前的状况。外在的就是外在的，内在的就是内在的。因为外在的东西显露在外，人们先看到的往往是人的外在。大多数的人，无论正确与否，都会从外在的表面来判断一个人内在的东西。在取得成功的过程中，外观会产生一定的影响。内在的价值还需要有一个好的外表来装饰。食物就是食物，但食物的消化吸收还和食物的外观有关。若食物看着就能引起食欲，再被装在精美的餐具里，那吃它的时候一定消化得很好。同样的食物，同样的营养成分，如果外观做得不好看，餐具也是普普通通，那吃起来的感觉肯定不如前者，正所谓"美味不如美器"。

不为人知的好有什么用？看不见、摸不着也不为人知。这样的好没有机会展示其作用，而为人所知的好却可以做到。

良好的外表可以提高事物本身的价值。将一件事情做好是很重要的。良好的外表，加之精心的打理，不仅可以提高事物的价值，而且还可能成为一种典范。

适度的自尊并不包含自负。一个人的能力被适当地表现出来，就好比适当表现出事物的内在价值，这对于成功的取得是很必要的。

外表本身并无价值。

事物本身有价值，而它的外表则可以增加事物本身的价值。男孩也好，男人也好，都无权去歪曲他人形象，更无权歪曲自己的形象。人常常会低估自己。

诚实的外表对成功来说是很重要的。不诚实的外表迟早都要误事。

展现出你最好的一面，但不要过分修饰。因为你干净，所以看起来干净。掸去衣服的尘土，擦亮你的皮鞋；梳理好你的头发；注意自己的脸部，手部和指甲

男孩成长书

的清洁；要看起来总是干净、整洁，千万不要不修边幅。做事要像个男子汉，外表看起来也阳刚气十足。外表看起来像个绅士，实际上也要做个绅士。把你最好的一面展示给别人。不要有过分的表现但也不要没有表现。

　　如果你想赢得成功的话，就要做最好的自己，尽最大的努力，展现出最好的外表。

男孩成长书

Twenty-seven

健康是成功之本

孩子有权拥有健康，这是上帝和大自然赋予的权利，健康是成功的一个重要因素。孩子健康，民族才能强大。

符合自然规律才健康

健康既可以与生俱来，又可以后天获得。大自然没有把疾病和不健康列入考虑范围之内。根据自然的规律，男人生来就很健康，并且可以一生都无病无灾。最后要么死于意外事故；要么等到身体自然老化了，他才会因衰老而死去。

健康是成功的一个重要因素。没有健康就无法取得完全的成功。的确，很多身体虚弱的人都已功成名就，但是倘若他们身体很健康，他们会更出名，成就也会更大。

疾病和衰弱影响了自然规律的运作，并且是对文明进步的重要妨碍。

人小的时候很健康——是的，从古至今俱是如此，且未来的健康也源于过去和今天。

儿时虚弱的身体可能会伴随一个人一生。人们若不有意地去保持健康，天生健康的身体也会患上疾病。

遗传是很重要的因素，大多数的孩子，生来不健康或者遗传先天性疾病，可以通过后天的保养和照料享受健康。没有良好的环境，再好的遗传也无法保证身心健康。

父母有义务给予孩子健康的体魄，同样，父母也有义务像保持自己的健康那样去保持孩子的健康；孩子也有责任在他们足以自立的时候，去照顾自己，使自己保持健康。

许多孩子都违背自然规律；如果大自然不是那么宽容和仁慈，有一半的男孩可能早早就夭折了。无论年长还是年幼，很少有人懂得如何健康地生活；而有些人即使了解，也很少去那么做。

直到我们找到了灵魂的寄托并给予同样的关注，文明才会取得重大进步。如果我们打理我们的店铺、办公室和其他的工作地点，就像我们对待自己的身心健康那样漠不关心、粗心大意，那么我们的生意就不会兴隆。我们很在意汽车发动机——给它上油、维修保养，使其保持良好的状态，然而我们对待我们的灵魂之窗所用的心思还不如对机器所花心思的一半。

男孩成长书

90％的孩子在吃饭的时候速度很快，咀嚼不充分会使他们患上慢性消化不良。

很多孩子都缺乏运动或运动不当。他们要么运动过度要么运动不足。

同理，很多孩子没有合理的膳食。他们的饮食结构很单一，容易造成偏食。他们吃了太多的肉，过多的糕饼以及难以消化且没有营养的食物。年轻人经常食用的白面包，常作为"主食"来食用，其营养价值很低。小麦的营养物质有一半以上在加工过程中流失。全麦面粉富含许多营养物质，并且是最适合加工面包的小麦粉。

孩子需要食用多种食物，而不应该挑食或偏食。他们的膳食应该包含身体所需的所有营养成分。他们可以吃小麦以及其他的谷物、蔬菜、水果、牛奶、鸡蛋、鱼，以及适量肉类，或者不吃肉也可以。许多男孩不爱吃清淡的食物，因为他们已吃惯了大鱼大肉，还因为这些有营养的食物做得不合胃口。

如果一个母亲不擅于烹饪、不会鉴定食物品质；那么，这个母亲就是不称职的。

所有的父母都应该用心研究食物，不仅要让他们的孩子吃得饱，还要让他们吃得好。

对餐饮学校、餐饮俱乐部和烹饪课程应予以大力提倡。

女人不懂膳食就不能做个称职的妻子、母亲和主妇。现在还不懂的，应抓紧时间赶快去学。

每个家庭应该不只有一本烹饪的食谱，还要有一些权威易懂的食物"宝典"，每个家庭都应该有一本或者更多，并且父母双方及负责采买、料理的人一定要能够理解这些"宝典"的内容。踏入饮食学校，尽管可能只是为了追求时尚，但却是迈出了正确的一步。应当建立更多的饮食学校传授真知，把食物的成分及准备工作统统教授给学员。

食物对身体，像燃料对发动机一样重要。然而这个世界却给予铁锅和燃料更多的关注，忽略了食物的重要性。对事物的挑剔很大程度上是由于食物不合胃口。而不好的胃口常常是由食物不可口、准备不妥当和服务不周到引起的。

人们吃很多他们不该吃的东西，因为他们应该吃的东西没有被好好地准备。

从自然的角度说，人们不该暴饮暴食，也不该多吃难消化的食物。因为他们吃不到自己想要的，并且不知道自己需要吃什么，所以他们的口味变得怪异，想要一些特殊的刺激性饮料和食物。有节制的饮食和有节制的饮酒一样重要。自然、快乐、健康和作息有规律的人从不暴饮暴食，做其他事亦是如此。自然有节制的良好习惯亦是从小养成的。

男孩子需要做户外活动，并且应尽可能多地从事户外运动。室内也应保证空气流通。他们晚上不该在封闭的空间内睡觉，也不应该在不通风的地方学习、玩耍。

夜晚，新鲜的空气不会伤害身体；而不新鲜的空气对身体则是有害的。混浊的空气可以引起感冒和疾病。

呼吸大量的新鲜空气可以使身体更加强健。在风口处吹风容易生病，但是良好的通风却是必要的。

洗澡是很必要的。人患感冒是因为皮肤代谢受阻。

保持健康的皮肤会阻挡疾病的侵袭。不爱洗澡和穿得过多的男孩不会很健康。

男孩的学习负担不应过重，学习不应该影响正常的体育锻炼和良好的卫生习惯。但不学习会使他们无所事事。终日嬉戏玩耍没什么好处。强制性地过度学习很少会有所收获，会使他们得不偿失。孩子应该自然地生活，并且尽可能接近自然。保证食物摄取的充足，但不要过多；保证充足的睡眠，也不要过多；并且一年四季都应该到室外去活动；夜晚要保持室内通风；他们应该按照自然的规律去生活。

父母不仅应该了解如何喂养孩子，还应该懂得生理卫生知识。他们不应忽视人体的生理学，并且应该知道对孩子健康有益的每一件事情。他们可以从书本上学，凭经验办事；也可以从他人那里学到这样的知识。

人没有任何理由忽视健康。任何父母都没有任何理由去忽视健康，因为他们可以从图书馆以及其他的信息渠道来获得健康的知识。

除非万不得已，否则自己救治是不被提倡的。如果可以找到名医出诊，就不该自己治疗。不对症吃药确实是很危险的，并且几乎不会有显著的效果。它常常会损害孩子的健康。

如果有任何的怀疑，请给医生打电话。

男孩成长书

即使孩子只是偶感风寒，家长也不要予以诊治。无论从哪方面讲，父母都无权医治自己的孩子。

正确的方法是给医生打电话，向医生求助。

经常和医生保持联系是十分有益的，因为这样方便医生了解病人的身体状况。

通常来说，一个负责的医生常常会因为及时的出诊而让患者节省很多不必要的金钱。

医生是文明最高尚的产物。在医生的群体中也不乏一些庸医。我们经常会发现责任心差且专业技能不高的医生；但是，医生作为一个群体代表了最高级的智慧。

在我看来，一个合格的职业医生必须是经过实践并且接受过专业培训的。只有技术过硬的人才能从正规的医学院毕业。

我个人认为，医生代表着人类最高尚的品德。他们是脑力劳动者、学者，同时还是实际操作者。他们愿意为了人类的健康而牺牲自己安逸的生活和财富。

不合格的医生毕竟是少数，不会抹杀整个行业的光辉形象；医生的水平再低，也要好于那些缺乏专业知识的父母。

医生是会犯错误的；世界上没有不犯错误的人；但是误诊并不会经常发生，其后果也不如外行的误诊失误那么严重。

为了自己和孩子的安全着想，父母有责任与优秀的家庭医生保持联系；并且任何人，无论身体有多健壮，都应当定期去最好的医生那里做身体检查。

相对而言，保持健康要比治病省钱得多。

一个优秀的医生常常有着丰富的经验。他们客观地看待这个世界，并且他们对普通的事情以及健康和疾病，都能提出可靠、明智的建议。

孩子在父母的精心照顾下也有可能因病死亡或者患上严重的疾病，但是如果在患病早期，一个优秀的医生或许可以挽救他们的生命并且使他们健康起来。

没有医生的指导，不要随便乱服药。有疗效的好产品自然会博得业内人士的推荐。

有些专利药品都是由一些廉价的醇类、药剂和其他的药品配置而成；即使这些药品是无害的，它们也不会有任何医药价值。

不管药品是好是坏，随便乱吃药是很危险的，应予以坚决制止。

当孩子生病的时候，粗心的父母会自己配点药或买点药给孩子吃。孩子的病好了，可能是药物起效了，也可能是天然免疫力起作用了。隔壁的孩子病了，病症与第一个孩子相同。无知的父母会给他吃同样的药物，认为药物对前一个孩子有效，也会对别的孩子有效。第二个孩子的病情或许与第一个孩子的病情相似，但是两个孩子体质不同，第二个孩子可能需要另外一种药物才能够痊愈。一个人的灵丹妙药可能是另一个人的毒药。治病应对症下药、因人而异。

只有受过教育和专业培训的医生才能够完全诊断出病因。这是医生的工作。尽管他们有时候也会误诊；但是大多时候，他们的诊断是正确的，并且他们开出的药方也是有效的。

药瓶外面的标签是没有生命的，不能通过标签就判定它能治什么病。

大约有15%的房子是不适合居住的；90%的房子并不是完全符合健康标准的；通风状况良好的房子还不到20%；其中干净整洁的房子还不到50%。

有相当比例的小孩是死于父母的疏忽和无心的过失。我说得很直白，或许我不应该这样说，但是理智的父母会赞成我的说法。

孩子有权拥有健康，这是上帝和大自然赋予的权利，谁剥夺了他的健康，谁就是小偷，是谋杀犯。

孩子应该懂得健康的法则。

学校对健康知识的宣传没有给予足够的重视。

健康课程应该成为学校教育的一部分，应该从小到大一直学。

老师和家长应该共同教授孩子健康常识，告诉他们健康是什么，健康的价值是什么，这样他们才会注意保持健康。

孩子健康，民族才能强大。

Twenty-eight

虚心听取建议

经常不假思索地采纳别人建议的人是傻瓜，而固执己见的人比傻瓜还要傻。一个人的一意孤行是很危险的。群策群力才能成功。

互惠互利

任何建议、提议、规则和经验都无法建立完全正确的法律。最好的意向、最丰富的经验和最强大的判断力也可能使孩子误入歧途，让他们走上不该走的道路。我们的世界充满了不确定，世上没有绝对确定的事。任何规则都会有例外。

孩子不清楚自己的价值所在，也无法决定自己未来的发展方向。父母、老师和其他人都不能保证自己的建议是绝对正确的。指南针也有不准的时候；但即使是指南针有偏差，它仍然是水手最安全的向导。因为相对来说，可能性最大的往往是最接近正确的。

指导孩子四个重要的因素是：孩子本人，孩子的父母，孩子的老师，经验和外界公平的判断。心智成熟的孩子选择未来的权利，可被看作是他们主要的权利，其前提条件是他们的选择是合理的。

明智的家长对于自己的孩子是非常了解的，如果他们没有任何偏见和好高骛远的想法，孩子的意见是值得认真考虑的。

老师的观点通常是非常有益的。有时候，老师会比家长和学生本人还清楚孩子到底适合做什么。

各行各业都有许多出类拔萃的人能够提出准确的判断和预测，并且能够给出合理、明智且有实践意义的建议。父母请他们测试孩子，给孩子以中肯的意见。这些人的建议可能会拥有不可估量的价值，即使他们无法告诉孩子该如何去做，但是至少他们可以给予孩子和家长准确的行业信息。他们所说的都是经验之谈，而不是书本上的理论。

建议并不需要很权威，但是有建设性的建议可以当作事实来接受。失败的商人和专业人士的建议不可取。有价值的建议常常源于成功者的经验，并且这些人都曾多多少少经历过失败。失败者不适合给予建议，而且未经证实的建议最好不要采纳。

建议本身似乎没有什么价值，有些建议的确是这样，但是人们都是听取合理建议后才成功的。每个正直的人之成功心得都是值得人们参考的。

聪明人会虚心接受有价值的建议，并会一直如此。他经常和有判断力的人保持密切的联系，相互交换意见，这样，好的建议就会滚滚而来。他是自己的主宰者，因为他们了解自己。对于自己知之甚少的部分，他会采取别人的信息作为自己的补充。他是信息和经验的"交易所"。他有自尊，也有自信，因此他也尊重别人的观点。他清楚地知道靠自己一个人是无法取得成功的，所以他一直在向他人学习。他有自己的想法和信念，但总是与他人公开交换意见，验证自己的观点，所以他最终得出的结论都是几经推敲的，具有一定的水准。

经常不假思索地采纳别人建议的人是傻瓜。

而固执己见的人比傻瓜还要傻，因为他的固执会伤害到所有的人，包括他自己在内。

一个人闭门造车成不了气候。

群策群力才能成功。

一个人的一意孤行是很危险的。

不经众人明智地判断，孤立的观点在任何地方都没有任何价值。

给予建议和采纳建议是文明最强大的两大支柱，并且是进步的基本环节。

男孩成长书

Twenty-nine

守时是美德

"守时"是进步的呼喊。"迟到"是失败的感叹。成功的民族是守时的，成功的男孩是守时的，成功的男人也是守时的。

迟缓和失败息息相关

　　"守时"是进步的呼喊。"迟到"是失败的感叹。成功的民族是守时的,成功的男孩是守时的,成功的男人也是守时的。

　　在生活的每一个领域,守时都是很重要的;在商业领域中,更是如此。

　　当你最需要某物的时候,适时出现的它最具价值。

　　艺术家可以迟到,律师也可以迟到,对此人们都予以谅解。但是对于大多将要步入商业领域的男孩来说,迟到是不可容忍的行为。没有人愿意长时间地等待,也没有人等得起。

　　守时只要做到不迟到就行。守时的习惯一旦养成了,是很容易保持的。"守时"无需任何代价,每个人都可以做到。除非遇到天灾人祸,偶尔失约虽是正常的,但多数情况下还是应该守时。

　　守时的男孩长大后会成为守时的男人,而守时的男人不会在等待中获得成功。

Thirty

如何对待“坏习惯”

如果一个人的优点远远多于他的缺点，那么这个人是成功的。人应该发扬优点，克服缺点。但是为了克服自己的小缺点而耗费自己过多的精力是不明智的。

不要丢了西瓜捡芝麻

坏习惯，无论怎么掩饰，永远都是性格的污点，但是有些不良习惯在这个不完美的世界中还不足以算作是坏习惯。

人应当远离不良习惯，但摆脱不良习惯不能付出过高的代价，否则就不值得了。

夸夸其谈的男孩和口若悬河的男人一样，可能成功，也可能失败。说的过多固然是不好，但却不能算作致命的缺点。许多高智商的人会谈论一些不敏感的话题；许多善谈者都是失败者；许多愚蠢的人不会说话。每个人都有这样或那样的缺点，完美无缺的人是不存在的。如果是致命的缺点，那就会给人带来大麻烦；如果是微不足道的缺点，完全可以被优点给掩盖，那它就不会给人带来伤害。

有时候为了改掉诸如信口开河之类的小缺点，往往要付出额外的代价。例如，一个人为了克服一个小缺点花费了大量心思，这样会阻碍他能力的发展。

孩子以及成年人都应该使自己的优点多于缺点。有的男孩所学的功课有一半以上都很优异，多数功课都比较不错，只有个别一两个科目学得不好，有的男孩各门功课都一般，没有特别突出的地方；前者比后者更容易成功。有些有能力的男孩有缺点毛病，只要不是犯罪或本质邪恶，且对身心健康没有太大影响，就比那些全面发展却毫无专长的孩子要好。

再微不足道的坏习惯也不利于发展。如果他们可以改掉这些坏习惯，应尽快改掉。没有缺点无论怎样都是值得提倡的，并且在改掉这些陋习的时候，付出的代价不会得不偿失。

无论是男孩还是男人，都应该努力做些对他人和自己有益的事情，让自己的优势得到最大的体现。

人不可能是完美无缺的；任何人都会有些缺点，但是缺点少优点多的人要好于那些优缺点不明显的人。

一个孩子的书法可能不是很出色。书法差是一个"缺点"；尽管他写的字还看得过去，但不会成为知名的书法家。如果书法不是他事业的一部分，也找不出

理由说明为什么非得写出一手好字；那么培养他成为一个书法家或艺术家就是完全愚蠢的做法，付出的代价一点都不值得。写字不好不要紧，千万不要把宝贵的时间都用在超出能力范围以外的事物上。培养一个人的能力是有好处的，但过度强调不擅长的方面有百害而无一利。

凡事要全方位综合地来看，而不应该计较每一件事情的得失。

如果一个人的优点远远多于他的缺点，那么这个人是成功的。人应该发扬优点，克服缺点。但是为了克服自己的小缺点而耗费自己过多的精力是不明智的。

男孩成长书

Thirty-one

成功的源泉——勇气

真正的勇气是平静的；它总是在需要的时候出现。在理智的驱使下，它是取得成功最有效且最必要的武器。勇敢，但不要鲁莽。

在和平的勇气中奋进

心理承受能力差的孩子缺乏勇气，平时总是提心吊胆，这样他是不会取得成功的，充其量成为一个毫无男子气概的书呆子，或者学些看似有用的东西。

真正的勇气是成功的一个重要因素。不理性的勇气是莽夫之勇，并不属于文明的一部分。勇气是让人做出正确事情的决心。如果做事付出的代价过大，那就不算是正确的事了。勇气真正的定义是克服万难去做正确事情的意志力和努力。

职业拳击手的勇气不是真正的勇气，那是种粗暴。从道德角度来看，他是个懦夫，因为他没有足够的勇气成为一个文明人。

当有机会反抗时，放弃反抗需要付出更大的勇气，除非做出有价值的反抗。

与失败抗争或是不畏死亡是种纯粹的鲁莽，并不是真正的勇气。

经常寻求刺激并且受到挑衅就打架的孩子只能算是个恃强凌弱的人，是缺乏勇气的。他凭借自己人高马大欺负弱小，在强大的对手面前却不敢还手。

对自己的信念有坚定不移的勇气，对成功来说是很重要的。

一个不了解自己、缺乏自信、做事畏首畏尾的人，除了得到一份薪水和无足轻重的工作外，不会有任何收获。

嗜赌成性的人就是傻瓜，不会有任何好的前景。

不计后果的投机者只能算是个赌徒、懦夫，因为他缺乏正当地征服对手的勇气。

理性的忧虑、对不公平机会的不屑同勇气一样重要，都是获得成功的要素。

有勇有谋才能赢得胜利。

有勇无谋是莽夫。

有谋无勇是懦夫。

勇敢的孩子积极倡导和平，但不是为了和平而不惜一切代价，而是付出适当的代价换取和平。他们喜好和平，不喜欢冲突，也不喜欢打架，除非迫不得已或是为正当的利益而战。

真正的勇气是平静的；它总是在需要的时候出现。在理智的驱使下，它是取得成功最有效且最必要的武器。

勇敢，但不要鲁莽。

不能委以重任的男孩只会吹牛，不敢接受任何挑战。

有勇气去做自己认为是正确之事的人才能成功。

男孩成长书

Thirty-two

和谐促进成功

和谐是取得成功的方法。许多成功都是在和谐的状况中获得的。没有和谐，力量只是力量，而和谐的力量威力无穷。

和谐是拼搏的润滑剂

和谐是取得成功的方法。

舵手和帆配合不协调，船就无法行驶。如果火不够旺或者水量不够足，那么蒸汽机就无法转动起来。

许多成功都是在和谐的状况中获得的。没有和谐，力量只是力量，而和谐的力量威力无穷。

能力一般的男孩在适合自己的岗位上工作，成功的几率更高；而能力出众却在不合适自己的环境里工作的男孩成功几率相对较低。

很多生活和工作里的浪费现象都源于不和谐。

孩子在适合自己的领域里发展能够将成功的可能性最大化。

孩子在不适合的地方往往因找不到适当的方法而很难取得成功。

很多无法使自己融入和谐环境中去的孩子常常会失败。这样的孩子常常对什么事情都不满意，并且他们不满的情绪会阻碍他们的前进。他们也无法和谐地处理任何事情。他们应该为此负责。

有理由的不满还情有可原。

不满反映的是某种事实真相。但是有相当一部分所谓的不满是源于生性懒惰、冷漠不和谐或是其他更糟糕的事情。

懒惰的孩子与任何事情都不会协调一致的。他缺乏理想，不愿意付出努力，对所有事情都缺乏兴趣。

和谐往往就守候在我们的门口，只要有需要，它就会随时进来帮助我们。

不注重细节，欠缺缜密的心思，粗心大意是导致失和的原因。

有些不满的产生是有一定理由的。

没有理由的不满和不和谐是导致失败的主要原因。

事业的成功和日常生活都离不开和谐。

如果孩子在工作中不顺利，并且又找不出原因；那么先别着急改变，直到有理由证明错不在男孩，而是在于人力无法控制的客观条件，再采取行动。

一般说来，男孩更容易适应环境，而不是让环境去适应男孩。

和谐是必要的，没有和谐，很难取得成功。

和谐能增加工作的乐趣，使工作变得轻松；和谐可以使人获得更好的结果。

Thirty-three

为成功增色的礼仪

礼貌是商业黄金法则中的一条。你怎么对待别人，别人也会以同样的态度对待你。讲礼貌不必付任何代价，但却可以受益良多。

优雅之中见成功

商务礼仪是一种商业的产物。在市场交易中，得体的举止可以给商品增值不少。质量差服务好的商品等值于质量好服务差的商品。说话的方式和说话的内容同等重要。

奉承是不诚实的，但是真正的礼貌不是奉承。

不懂礼貌的人很少能够取得成功。适度的礼貌会帮助男孩取得成功。

礼貌是商业黄金法则中的一条。你怎么对待别人，别人也会以同样的态度对待你。当你走入公司或专业机构时，你会发现，在那里进步最大的男孩都是那些讲礼貌的孩子，而那些总是带有不满情绪的男孩，看起来就是在走向失败，他们对待别人总是一副粗暴的样子。

确实，有些学者可能会缺乏对礼貌的洞察力。他们生活中只有科学。作为专家，他们完全是成功的；但这些人大多行为古怪，不适合在商业领域发展自己。

在男孩小的时候就该开始培养礼貌习惯了，它会伴随人一生，是取得成功的重要因素。

讲礼貌不必付任何代价，但却可以受益良多。

Thirty-four

农场的给予

农场给予人们的虽然不多，但却是有保障的；都市许诺给人们的很多，但却没有保障，人们可能随时随地会变得一无所有。

农场是大自然赐予人类的礼物

万物皆产生于大地，最终又回归到大地上。自从有了人类，就有了农民这一职业。股市可能会关闭，但生活仍继续着。铁路可能会停止运行，但是民众继续生活着。生意可能全都终止，各行各业可能全部歇业，但是人类仍在繁衍后代，生生不息。但是当世上不再有农业劳动，人类将不复存在，因为整个人类将因饥饿而灭绝。

农场是人类维持生存很重要的一个因素；而农民则是必不可少的。你不会从贫瘠的土地上获得任何收获，因为它是贫瘠的；肥沃的土地只要合理加以利用，就会为你带来巨大的收获。

很多土地没有良好的收成，原因是这块土地没有经过良好的侍弄。很多农民不精心耕作，而是任其自行生长。客观条件取代农民成了主导因素。

在农场里工作是很辛苦的，但是所有的工作做起来都不那么容易。或许农场里的工作做起来相比其他职业更加辛苦。任何一种工作都会有一点单调、辛苦，但是过度的辛苦乏味就是由做工的人造成的了。

农民不应被认为是一种低级的劳动者。如果农民拥有属于自己的农场，那么他是在进行独立经营，独自经营自己的土地以及分配自己收获的成果。相比那些商务人士，他的工作可能更加辛苦，工作时间可能更长，但是他没有过多的担心、焦虑，也没有过重的责任。他在健康的环境里劳动。他和都市里的工人也不相同，不必每天关在屋子里干活；他能够接近自然，享受乡村独有的快乐。如果想要在都市里享有相同的乐趣，那么需要付出高昂的代价。

农民应该是上帝所赐予的最神圣的工作。他在上帝的土地上工作，在上帝的蓝天下生活，合法地收获大自然的硕果，远离拥挤的都市、虚假的刺激和无法躲避的诱惑。

农民这个职业应该得到应有的认可，再没有比它更高尚的职业了。

如果人们将应用到其他事业上的精力应用到农场的经营上，辅以同等的教育和培训；那么，事情将会事半功倍，农场的收益也会更好。

许多对农场的看法是不正确的，因为农场也需要人们的苦心经营才能够收获丰硕的成果。

不喜欢农场的男孩绝不会喜欢种植和收割，他也不会成为一个称职的农民。如果强迫他从事农场里的劳动，那将是一个很糟糕的决定，而且是没有任何意义的。孩子有权利不喜欢农场，他也同样有权利不喜欢其他的工作。

许多男孩离开了农场，是因为他们认为农场的工作是很低级的，而且他们认为自己可以从事更好的工作。如果他们能够像他们的父母那样尊重农业劳动，那么他们很可能会成为成功的农民。

不成功的辛苦劳作的农民只是个没有出息的掘地人，他只有长满杂草的园子和破旧的房屋，他不能指望孩子喜欢农场。因为父亲的失败，孩子有充足的理由认为经营农场不利于理想的实现，并且无法获得高质量的生活。

农业劳动应上升到本身应有的价值水平。

农业教育应该像其他的科学、艺术和专业那样得到同等的重视，而当今农业教育机构远远无法满足实际的需求。

应该出版更多农业方面的书籍，把农业真实的一面呈现给读者，书中不应该只有一些枯燥的统计数字，还应该有对生机盎然的土地的描述。

让农民的孩子大量地阅读，读农业类的报纸，看农业方面的书籍，让他用心钻研，这样不仅可以让孩子看到农场的表面，还可以看到农场的本质。

农场未来的发展掌握在当代孩子的手中。

农民的孩子与其将自己的命运寄托在陌生的都市里，还不如把自己的兴趣和精力投入到农场的经营中，从而得到更好的机会。农场可能不会给他带来可观的收入，但是如果他能够用心经营，他可以获得更多的满足和舒适，而这些都是都市不能给予的。

生活在农场里的孩子应当对农场情有独钟，并且显示出很强烈的兴趣，他不应该离开农场，除非经过仔细地考虑之后，他可以给出合理的理由说明自己更适合生活在其他的地方或从事其他的职业。

世界需要更多、更优秀的农民。对于成功的农民而言，他们和那些在陌生城市里苦苦挣扎的人们拥有相等的机会。农场给予人们的虽然不多，但却是有保障的；都市许诺给人们的很多，但却没有保障，人们可能随时随地会变得一无所有。

Thirty-five

运动的好处

适当地身体锻炼是保证身体健康的必要条件。在户外从事运动是极好的选择。大自然是进行体育运动的极好场所。体育运动应该是理性的，高雅的。

保证身体机能正常运转

生命在于运动，缺乏运动很可能引起疾病或最终导致死亡。从不锻炼还要保持健康是不可能的。适当地身体锻炼是保证身体健康的必要条件。

人的身体就像机器引擎一样，锈蚀的速度要快于磨损的程度。

锻炼对于孩子保证身体健康是完全必要的，而且室外活动要好于室内活动。

幸好，孩子们并不反对积极的锻炼，而且也愿意锻炼。他们的问题不在于锻炼的主动性，而在于锻炼是否规范。

孩子们对体育锻炼缺乏了解，要么运动过度，要么运动不足，很少达到规范的标准；相对而言，父母对此也是知之甚少。

家庭和学校都应该有关于体育文化的书籍，而且应该使之变得像教科书一样重要。

父母应该了解自己和孩子的身体状况。如果他们不了解，他们就是太无知了，要为人的身体虚弱负大半的责任。

所有的父母都应该了解人体生理学和基本的卫生学，并且应当了解一定的体育文化。

关于体育文化的书籍有很多，并且医生也会很愿意去传授这方面的知识。

过度的运动能使强壮的孩子变得虚弱，而适度的运动能使虚弱的孩子变得强壮。

做哪类运动和运动量需要多大同样重要。

危险的因素应当被彻底排除。

绝不应该进行有伤害性的运动。有危险性的活动尽管很刺激也很有趣，但它是野蛮文化的遗风遗俗，是不会被老师和家长接受的，也不会被政府允许。

人们不喜欢那些没有趣味的运动，但也绝没有理由从事任何野蛮的运动。

在户外从事运动是极好的选择。大自然是进行体育运动的极好场所。

体育文化俱乐部的出现是个好现象，但俱乐部的数量不宜太多。

对体育运动的研究像研究其他知识一样重要。

男孩成长书

身体的运动和思想的运动是密切相关的，而有趣的锻炼形式是值得提倡的。

体育运动应该是理性的，高雅的。

不加选择地进行运动是很危险的。

良好的、享受的、合适的体育运动既没有危险性，也不野蛮；不会伤害身体，也不会影响思想的进步。

男孩成长书

Thirty-six

有作为的孩子和聪明的孩子

孩子，不必做个聪明人，顺其自然就可以；做个有用的人；要经得起时间的考验；不要只要一时的小聪明；要胸怀大志，精力充沛，充满热情。

聪明成就不了伟大

在聪明和伟大之间有很大的差异。伟大是永恒的，但是聪明是瞬间的本质。伟大可以成就某事；但聪明也就是偶尔有点小作为。

早熟的孩子很少会有所成就。他只是比较聪明，经常是灵机一动，但却不会很好地利用自己的能力有所作为。

聪明只不过是空壳炮弹。它能够发出巨大且短暂的火光，但很快就会消散，并不会形成真正的热量或威力。

聪明的孩子不仅早熟，而且常常自负、莽撞且难以亲近。

如果孩子身上出现了早熟的迹象，无论如何也要让他摆脱早熟，通过正确的引导使它变成更好的品质，帮助他将这种聪明转化成有益的才能。

如果处理及时，早熟的孩子很容易变成意志坚强的孩子；但是如果对他的早熟不予制止，任其发展下去，这对于他取得成功是非常不利的。孩子，不必做个聪明人，顺其自然就可以；做个有用的人；要经得起时间的考验；不要只耍一时的小聪明；要胸怀大志，精力充沛，充满热情。

Thirty-seven

人不可能劳而无获

责任需要经验。而这些经验正是男孩所缺少的，直到他获得了这些经验，才能独立承担起自己的工作。在任何领域，承担责任的能力都比工作本身更有价值。

劳而无获是违反自然规律的

　　只要是有价值、有意义的事都不会"劳而无获"的。事实的确如此，甚至给予朋友的礼物也不是"劳而无获"的。因为收到礼物的人会予以回礼，向你表达谢意或回赠点小礼物，对以往的交情予以肯定。

　　任何事物都在不停地循环发展着，周而复始。而其优点在于事物相互关联，给予的一方也会得到回报。这个世界是有补偿的，尽管表面上看来许多人似乎无法获得自己应得的东西，但是从事件的结局来看，这个世界里的任何事情都是相互联系的，付出必然会有回报，没有付出就不会有收获。

　　任何一家企业最终许诺支付给应聘者的报酬都不会高于他自身的价值，他们会根据员工在日后工作中的表现给予员工相应的报酬。

　　刚刚步入社会的孩子会惊奇地发现他干的活和别人一样多，但收入却比别人少，或者目前的收入比在原来工作单位的收入还要少，他们对此常常感到不满。

　　在开始工作后的很长一段时间，男孩一边学一边干，他的雇主便是他的老师。尽管他的工作像他的前辈一样多，但是他却无法像前辈那样在工作中获得同样的报酬。

　　责任需要经验。而这些经验正是男孩所缺少的，直到他获得了这些经验，才能独立承担起自己的工作。男孩可能做了很多工作，但是在他成熟之前，他的雇主或者主管领导需要对他进行监督和指导，在此期间，男孩的工作价值就会大打折扣。

　　责任需要经验。在任何领域，承担责任的能力都比工作本身更有价值。

　　大型远洋货轮的总工程师很少去视察，工作也没有什么具体内容，他甚至很少到机房走动，他的助手几乎包揽了所有的工作。但是他所得到的报酬要远远高于忙碌的助手。总工程师得到报酬不是因为他做了什么，而是因为他有能力去做，而且他的能力能够承担重大的责任。

　　男孩在开始工作后必须不断积累自己的经验和知识。

　　在知名的机构工作，可以让男孩获得与价值相对应的收入。当他经验丰富、足以承担相应责任的时候，职位的提升就是对他能力的一种认可。

　　任何事业上的成功都依赖于利益的相互关系。刚刚开始工作的男孩不要认为赚到的工资就是对自己工作的酬劳，他赚到的钱可能还不到实际工作价值的四分之一。他正处于学习过程中，边学边干，学习所得同样是他的报酬。

男孩成长书

Thirty-eight

关于成功的讨论

在孩子有自己的喜好、想做适合他的某种工作的情况下，家长还强迫孩子违背自己的意愿选择其他职业的做法是不明智的。这可以被看作是一条"定律"。

众家之言

以下内容是对319位杰出男士的答案和观点的概括，他们就如何取得成功的话题回答了25个问题。以下内容简称"名家之谏"。

对众多权威性的回答进行分析，分析结果以简单的表格形式罗列出来。

在这样的表格中，完全的准确是不可能的，除非那些只有"是"或"不是"的答案。个别轻微的误差并不是那么重要，并且不会影响结论的正确性和价值。

问题1

你认为成功的要素是什么？

回答这一问题的总人数⋯⋯283

如下内容将会简短地说明答案要点，那些选择少于5人的答案除外。要完整地阅读答案，否则即使有下表的说明，也无法完全理解其价值和意义。

坚定不移，有耐心，不屈不挠等等⋯⋯66

专注⋯⋯59

努力工作，有能力，有爱心等等⋯⋯54

勤奋⋯⋯28

诚信⋯⋯25

热爱自己所从事的工作并且适应它等等⋯⋯23

忠诚⋯⋯22

身体健康⋯⋯22

良好的训练⋯⋯21

专心⋯⋯20

有真正渴望成功的决心、理想或其他明确的目标（未详述）⋯⋯19

迅速地抓住机遇⋯⋯19

教育和准备充分⋯⋯17

有责任心⋯⋯16

无不良习惯⋯⋯16

先天素质好⋯⋯16

自力更生⋯⋯15

勤勉⋯⋯14

环境适宜、有朋友相助⋯⋯13

充分利用已有的能力⋯⋯11

节俭⋯⋯10

深谋远虑⋯⋯10

有崇高的理想⋯⋯10

有决心⋯⋯8

有精力⋯⋯8

懂常识⋯⋯6

有贤妻的支持⋯⋯6

有贵人相助⋯⋯5

良好的环境⋯⋯5

"持之以恒"，"有工作能力"，"热爱工作"，"投入"，"努力工作"，"坚定不移"，"不屈不挠"，"勤奋"，"诚信"，"适应性强"，"健康"，"良好的训练"，"专注"，"忠诚"，"有成功的欲望"，"有理想"以及"目标明确"总共被提到359次，并且还有许多类似的理由。这些便是成功的要素，当然还有其

他的因素。尽管仅有25人认为"诚信"是成功的因素，但是这并不说明事业成功不需要"诚信"，在上述的各因素中几乎都包含了"诚信"的因素在里面。例如，不诚实的人是不可能忠诚的，也不可能有责任心；诚实是坚定不移的一个因素。只有3个人提出运气是成功的因素。

问题2

在男孩择业时，你会建议他根据自己的喜好选择职业吗？

回答这一问题的总人数⋯⋯312

肯定的态度

"是的"⋯⋯162

"是的"，并予以强调⋯⋯16

相当于"是的"，"绝对"，"通常"等等⋯⋯37

"是的"，有限定条件的或予以说明的⋯⋯74

否定的态度

倾向于"不"，但并不确定⋯⋯9

态度不明，既不是"是的"也不是"不"⋯⋯14

除去那些"态度不明的"，剩余人的观点是：

允许孩子根据自己的喜好选择职业⋯⋯289

完全反对⋯⋯没有

部分反对⋯⋯9

那么，允许孩子根据自

己的喜好去为自己选择职业可以被认为是"成功的定律"。

问题3

依你之见，对某行业的偏好是促使人在此行业成功的必备条件吗？

回答这一问题的总人数……314

肯定的态度

"是的"……56

没有说"是的"，但意思等同于"是的"，如"完全如此"，"绝对是"等等……31

"是的"带有某种说明和条件……28

持肯定态度，但没明确说"是的"……16

否定的态度

"不是"……86

持否定态度，没说"不是"，但意思等同于"不是"……38

持否定态度，"不是"有条件和说明，及"没必要，但有益"，"偶尔"等等……14

倾向于否定态度，但没明确说"不是"……42

态度不明……3

除去那些"态度不明"，剩余人的观点是：

坚信在任何领域里偏好对取得成功都是必要的……131

完全反对……124

部分反对……56

完全以及部分反对……180

131人认为在任何领域里工作的偏好对取得成功都是必要的，有180人不倾向于这一观点，那么对工作的偏好可算是成功的"必要条件"，但可以理解为"建议如此"或"对成功有益"。可以看出这一问题的结论与问题2中的结论是不矛盾的：一个是有益的，另一个是必要的。

问题4

在明知男孩对某行业有偏爱或适合做某工作的情况下还强迫他违背意愿进行择业，你认为父母这么做是明智之举吗？

回答这一问题的总人数……11

肯定的态度

"是的"……没有

承认有可能是明智的……7

态度不明……7

否定态度

"不是"……202

"不是"，强调"绝对不是"……24

相当于说"不是"……39

"不是"，有条件和解释的……27

建议说服孩子……5

除去那些意见"不明"的，剩余人的观点是：

赞同家长的做法……没有

认为可以向孩子提出建议……7

反对……297

在孩子有自己的喜好、想做适合他的某种工作的情况下，家长还强迫孩子违背自己的意愿选择其他职业的做法是不明智的。这可以被看作是一条"定律"。

问题5

如果男孩生长在偏远、贫穷的地区，发展事业的机会微乎其微，你建议他去大城市发展吗？

回答这一问题的总人数……264

肯定的态度

"是的"……66

相当于"是的"……0

倾向于"是的"，"是的，除非孩子在乡村可以创造价值"，"如果他具备成功的素质"，"有能力的孩子可以"，"如果他不喜欢农场"，"如果孩子想去城市"，"如果孩子有理想有能力"，"如果孩子有能力开创自己的事业"，"这是唯一成功的机会"，"如果孩子既聪明又勤奋"，"通常来说，是的"，"为了取得成功，是的"，"如果他能够勤奋工作和耐心等待，是的"，"毕业以后"等等……63

否定的态度或有前提条件的

"不"……5

倾向于"不"，"除非他特别出色"，"资质一般的乡村孩子，不"，"通常来说，不"，"只为赚钱，为了得到比事业更好的东西"，"只要有机遇"，"如果个性已经形成"，"只要适合更大的领域"，"只要他起步的时候有人援助他"，"有时候可以，不是经常"，"如果他渴望获得更大的成功"等等……67

"首先去小城市"……16

"首先去繁荣的小镇"……11

"去最好的地方寻求发展"，"成功与否主要还在于人本身，而不在于所处的环境"，"或许吧，但远离城市是很明智的"，"许多男孩在家乡会发展得更好"，"是，但不一定去大城市"，"如果城市竞争太激烈，孩子就应该去乡村"，"在了解城市环境之前别轻举妄动"等等……13

态度不明……13

除了"态度不明"的，其余的观点是：如果男孩生长在偏僻贫穷的地区，发展事业的机会微乎其微，在不附加任何前提条件的情况下，同意乡村的孩子到城市里发展……76

在有前提条件的情况下……63

完全反对……5

部分反对……107

在264个人的回答中，有5个人明确表示"不"；76人完全赞同去大城市；63人认为"如果孩子聪明，又有能力、有抱负，并且希望离开，有头脑又勤奋，不喜欢农场"等等，建议男孩离开家乡。67人不赞同去大城市，并且建议孩子：在某些特定的情况下，再选择到大城市去发展；16个人建议首先到小城市去发展；11个人建议到繁荣的小城镇；13个人态度不明确；13个人建议"到有发展机会的地方去发展"等等。但并不一定是大城市。

看起来统一的意见是：如果家乡的发展机遇不是那么多，完全赞同男孩离开家乡；但是这个观点并不意味着男孩在没有仔细研究、确定在家乡的确没有机会之前，就贸然去大城市。如果孩子不是绝对不喜欢农场生活，这个结论也不是在暗示应该离开农场。除了在西部个别地区外，多数乡村地区都距离中心地带和小城市很近，当地的商业中心也并不像大都市那样拥挤，而且无论从事业起步阶段还是长远发展来看，提供的机会都比大城市要多。从人口稀少的乡下迁至拥挤不堪的大都市是一个完全

的变化，许多孩子在适应城市的生活以前，身心健康受到了严重的影响。

唯一的问题就是生活在人烟稀少、发展机会也少地区的男孩，如果理由充分可以离开农场去其他的地方寻找发展机会，但是大城市并不是孩子们的最佳去处。请看问题6的答案。

问题6

如果男孩生长在一个繁荣的小镇或小城里，有发展事业的机会，你建议他去大城市发展吗？

回答这一问题的总人数……286

肯定的态度。

"是的"……4

相当于"是的"……2

"是的，如果他愿意"，"如果他已经做好了决定"，"暂时可以生活在大城市，但是以后要回到乡下来"……8

否定的态度

"不"……119

相当于"不"……20

倾向于"不"，"只有当他知道朝哪个方向走前景更好的时候"，"在家乡再无法有进一步发展的时候再去"，"如果家乡有很好的机会就不要去"，"通常都不赞同"，"通常来说，不"，"除非特别合适"，"在家乡起步"，"只在例外的情况下"，"长大了再走"，"在家乡会更加开心"，"只要能力出众，就可以走"等等……105

态度不确定的

"视机会而定"，"哪里需要到哪里去"，"三思而后行"，"只要有机会，哪都一

样"，"首先在农场学习"，"顺其自然"等等……28

286位成功且有实际经验的代表发表见解讨论，生长在繁荣的小镇或小城市里且有发展机会的男孩是否应该去大城市发展这一问题，其中只有4人建议孩子离开家乡到大城市去；8人在有限定条件的前提下建议孩子这样做；139人建议孩子待在他本来的地方；105人似乎有这种打算；28人态度不明确。又有一个法则被确定了下来：生活在繁荣小镇或小城市的孩子，在家乡拥有很好机会的时候，比起前往城市里寻找发展机会，留在家乡是更加明智的选择，除非孩子有明确的理由离开自己的家乡。

问题7

若男孩是个农民的儿子，但他却不喜欢务农，依你之见，他应该留在农场吗？

回答这一问题的总人数……290

肯定的态度

"是的"……3

倾向于"是的"，"对大多数人而言是最好的职业"，"或许男孩需要在农场磨炼一下"，"农场对于男孩子来说是个适合发展的好地方"，"小时候不喜欢可能只是一时的顽皮"，"通常来说，是的"，"农场应在适当的指导下变得有吸引力"等等……19

否定的态度

"不"……147

相当于"不"……11

倾向于"不"，"如果真的不喜欢，不应该"，"如果从农业大学毕业后或在科技培训后仍不喜欢乡村生活，那

就不要留下了"，"除非他知道自己想要做什么"，"不要强迫他留下"，"通常来说，不应该"，"不应该，如果自己的职责不在那里"，"除非他更胜任其他工作"，"如果生性懒惰，农场是不适合他的"，"除非他有能力、有理想、还勤奋"，"个性已经形成再走"，"除非在其他的地方能取得成功"，"是，除非他确定自己很讨厌这种生活"，"遇到其他好机遇再走"等等……89

态度不明确的

"看机遇和能力而定"，"试着让他们喜欢它"，"不喜欢并不是一个改变的好理由"，"让他们选择自己的生活和履行自己的职责"等等……17

态度不明确……4

排除"态度不明"的，其余人的观点是：

如果孩子不喜欢农场，不赞成他们留在农场……158

有同样的想法，但是却有一些限定条件……89

如果孩子不喜欢农场，赞同让他们留在农场……3人

如果孩子不喜欢农场，倾向于将他们留在农场的……9人

大家几乎一致的观点是，如果孩子不喜欢农场，就不赞成将孩子留在农场；而在290人中，只有3人除外，他们主张让孩子留在农场。所以，这样看来，任何父母、监护人或其他人都不该让不喜欢农场的孩子留在农场。

问题8

你认为诚实守信是事业成功的要素吗？

回答这一问题的总人数……312

肯定的态度

"是的"……115

"当然"，"我是这样想的"，"完全正确"，"非常肯定"，其他的答案也表示"是的"……99

"是的，为了取得最大的成功"，"真正的成功"，"诚实还要机智"，"做个合格的公民"，"金钱并不意味着成功"等等……6

"是的，为了寻求永远的成功"……18

"不仅是在赚钱的时候，做任何事都应如此"……12

否定的态度

"不是"……7

"没有诚信可以发财，但是诚信对于真正的成功来说是很必要的"……3

"不仅是为了赚钱"……4

"严格的诚信对于做生意的成功来说不是很必要；但生意的成功不是必要的，而诚信确实是必要的"，"不是，但是诚信是最好的手段"，"不，但雇员除外"，"不是，但对于自尊来说是必要的"，"我认为不是这样"，"不是，但是不诚信的人是不会被尊重的"，"不是，但诚信应当是准则"等等……20

态度不明确的

"小事上，是的；大事上，不常是"，"不经常"，"应该是这样"，"难说"，"事业上的成功常常来源于不诚实"，"是的，商业范围内的诚信"……8

除去那些"态度不明的"，其余人的观点是：

认为严格的成功对于事业来说是有必要的……14

同意，但在特殊的限定条件下……56

认为严格的诚信对于事业的成功没有必要……7

好像有这样的想法，但是有限定条件……27

因为有这么多人认为严格的诚信对事业的成功来说是有必要的，那么事实似乎是这样的，不诚实的生意手段，如果不是意外的（命中注定的），对事业上的成功来说是不利的。还有少部分人认为，诚信对于事业的成功来说不是必要的，那么这部分人的观点值得进行更加深入的思考。值得注意的是，大家共同认为诚信对"成功"很必要。他们看起来似乎感觉诚信对于"事业的成功"不是很重要，那只是对于赚钱来说不是很重要；但是这些人强调的是，诚信对于任何值得做的事来说是必要的，没有诚信的成功不是真正的、永恒的成功或是值得为之奋斗的成功。

问题9

你认为锲而不舍的精神是成功的要素吗？

回答这一问题的总人数……313

肯定的态度

"是的"……181

相当于"是的"，"极其重要的要素"，"通常是这样"，"明智的做法"，"99%是这样的"，"为了取得巨大的成功"等等……125

否定的态度

"不是"……1

态度不明确的或者有条

件的，"成功会随着时间的流逝而取得"等等……6

除去"态度不明确的或者有条件的"，其余人的观点是：

锲而不舍对于成功是必要的，回答"是的"，"等同于是的"等等……306

反对……1

态度不明确的或有限定条件的……6

313人中306人投了赞同的票，认为锲而不舍的精神对于成功的取得是必要的，只有1个人不赞同，还有6个人态度不明确，因此"锲而不舍对于成功是必要的"可以被认为是取得成功的法则。

问题10
你认为一个人只有热爱自己工作才能取得事业上的成功吗？

回答这一问题的总人数……314

肯定的态度

"是的"……126

相当于"是的"……18

"在最大的意义上（为了最大的成功）"……26

"99%是这样的"，"是的，通常来说是"……19

"必须热爱自己的工作，或者学着去热爱它"……11

"是的，或者意识到它的有效性"，"值得的"……4

否定的态度

"不是"……20

"不是，除非是有益的事业"，"不是，只要适应它即可"，"除非勤奋且有才华"等等……4

有限定条件的

"不必要"……25

"不是，但是成功可能性会更大，更容易或更好"……16

"不一定"，"不是，但对于孩子来说，他必须热爱自己的工作才能成功"，"是重要的，但不是必要的"，"他可以把他最喜欢的做到最好"，"如果不是特别热爱但是感兴趣，也可以成功"，"成功可能性会更大"，"在一定程度上是"，"有益于成功"，"如果尽职，不一定非得热爱"等等……45

一致的观点：

完全赞同，一个人必须热爱自己的工作才会取得成功。……126

与之相同的观点……18

倾向于肯定态度……60

"不是必要条件"，"但是成功的可能性会更大，更容易或更好"等等……41

有条件的……45

一个人不热爱自己的工作也会取得成功……20

倾向于否定态度……4

204人赞同或大致赞同一个人热爱自己的工作才可以取得成功；只有20人反对；25人认为"不必要"；61人在特定条件下赞同；看来一个人必须热爱自己的工作或者应该喜欢自己的工作才可以取得成功，如果不热爱自己的工作，想实现最大程度上的成功是不可能的。

问题11
依你之见，能力和经验，哪个对成功更有帮助、更重要？

回答这一问题的总人数……289

能力

"能力"……105

相当于"能力"……29

"有能力，经验也有益"，"通常是能力"……9

"能力很快会获得经验"……11

"都重要，能力更重要"……9

经验和能力都重要

"两者都重要"……9

相当于"两者都重要"……50

"初期是能力重要，后期是经验重要"……1

经验

"经验"……30

相当于"经验"……4

"两者都重要，经验更重要"等等……15

"经验可以促进能力的形成"……8

态度不明确的或模棱两可的……9

除去"态度不明确的"，"模棱两可的"，以及"两者都重要"，其余人的观点是：

完全赞成"能力"……105

类似的观点……29

倾向于赞同"能力"……9

完全赞同"经验"……30

类似的观点……27

163人赞同能力比经验更加重要，57人认为经验更加重要，从中可以明显看出，能力更加重要。大多数人赞同能力，但并不意味着经验就不重要。问题问的就是两者比较，哪个相对更重要些，多数人认为能力相比经验更加重要，但并不是低估经验的重要性。毫无疑问，两者都重要，并且成功依赖于两者的相辅相成。下一个问题的答案就与这个问题有关。

问题12

你认为只有能力没有经验的人会成功吗？

回答这一问题的人数……294

肯定的态度

"是的"……60

"是的，有能力很快会获得经验"……33

相当于"是的"……9

"是的"，并附加了解释……25

"是的，尽管经验也很重要"等等……24

否定的态度

"不"……37

相当于"不"……5

"不常见"，"很少"，"难说"等等……17

"成功伴随经验而来"等等……11

"两者都重要"……23

"能成功，但不会很大"……13

"偶尔"，"有时候"等等……16

"必须有经验"等等……21

观点如下：

有能力而没有经验能取得成功……151

持相反的意见……70

两者都重要……23

能成功，但不会很大……13

偶尔等等……37

可以看出有能力但没有经验可以取得成功；但是两者对于取得完全性地成功来说是很必要的。有能力自然会积累经验，然后在取得成功的过程中，经验会成为能力的合作者，与之相辅相成。然而大多数人的观点认为，两者孤立来看单一的能力要比单一的经验更加重要，经验对能力有补充作用；也就是说注意能力的培养和提高。显然，没有能力的经验只能做出一般的成绩。

问题13

如果孩子想经商，你会建议他去上大学吗？

回答这一问题的总人数……300

肯定的态度

"是的"……87

相当于"是的"……25

"是的，如果可能，如果他有时间、金钱"等等……53

"如果他能够适应"……13

"如果他愿意且喜欢学习"……12

"如果他有能力"，"是的，通常来说是这样"，"学院或技术学校"等等……33

否定的态度

"不"……38

相当于"不"……5

"不一定非得这样做"，并且"没必要"……10

"商务课程"或者"高中就足够了"……6

模棱两可

态度不明确……7

"除非在他毕业后，有人能够帮助他"，"获得了良好教育"……11

除去那些"模棱两可"，其余人的观点是：

绝对赞同想经商的男孩去上大学……112

基本赞同……111

完全反对……43

部分反对……16

300人中，有223人建议孩子去上大学，59人反对，看起来建议孩子上大学是无可争议的，除非有充分的理由予以反对。对于必要性的问题不需要讨论；要考虑的是应该或是不应该建议他去上大学。大学课程对于经商来说不是非有不可，但很显然的是人们还是建议他去上大学。

问题14

如果孩子想从事技工行业，你会建议他去上大学吗？

回答这一问题的总人数……294

肯定的态度

"是的"……50

相当于"是的"……22

"是的"，"如果可能"，"如果他有时间"，"如果他有金钱"等等……69

否定的态度

"不"……80

相当于"不"……6

"通常来说，不"，"没必要"等等……24

"科技学校"（而不是大学）……38

态度不明确的……5

除去"态度不明确的"，其余人的观点是：

赞成想学技术的男孩去上大学……141

反对的……148

反对的人多于赞同的人。然而很多人都赞同想要从事技工行业的孩子应该接受高等教育。而在持否定态度的人群中，38人赞同孩子去技术学校学习，而非高等院校，并且完全反对的人并不是反对大学教育本身。在问题15中，大家几乎意见一致地赞同技术院校。因此，大家比较能接受的观点就是建议那些想学技工的男孩去上大学，最好是技术院校。

问题15

如果男孩想从事技工行业，你会建议他去技工学校学习吗？

回答这一问题的总人数……305

肯定的态度

"是的"……186

相当于"是的"……45

"通常来说，是的"，"如果他有能力"等等……58

否定的态度

"不"……8

倾向于否定态度……2

"有时候"……3

不确定的……3

除去那些"不确定的"，其余人的观点是：

如果孩子想要从事技术行业，同意他去技工学校学习……289

反对……10

部分赞同或不确定……6

观点几乎一致地认为，对于那些想要从事技术行业的孩子来说，应该去技工学校学习。

问题16

如果男孩想从事某专业，你会建议他去上大学吗？

回答这一问题的总人数……309

肯定的态度

"是的"……198

相当于"是的"……38

"是的"，并予以强调，"绝对必要的"等等……46

"是的，如果可能"，"几乎总是"，"如果他有能力"，"大学教育是有益的"

等等……24

否定的态度

"不"……1

"不"，有限定条件……2

除去那两个有限定条件的"不"，其余人的观点是：

赞同孩子去上大学……306

完全反对……1

毫无疑问，对于想要从事某专业的男孩来说，选择到大学接受教育是明智的。

问题17

你认为违背男孩意愿强迫他上大学是明智之举吗？

回答这一问题的总人数……301

肯定的态度

"是的"……10

相当于"是的"……6

"如果孩子懒惰，是的"，"很有可能是"等等……10

"有时候"……11

否定的态度

"不是"……161

相当于"不是"……44

"通常来说不是"等等……13

有限定条件的

"劝说，影响，施加压力，指导"……23

"让他理解家长的意图，并且让他自己做选择"，"他将永远都不会后悔"等等……23

除去那些"有限定条件的"，其余人的观点是：

完全赞同"违背男孩意愿，强迫他上大学"……10

有几分赞成……27

反对……218

只有10个人同意违背男孩的意愿强迫孩子去上大学，看来强迫孩子、违背孩子的意

愿是不明智的做法。然而，不反对诚心的劝告，适当地影响和建议。

问题18

如果男孩只是个普通人，既无特殊喜好，又无雄心大志，你建议他是学手艺、经商还是从事某专业呢？

回答这一问题的总人数……278

"学手艺"……97

相当于"学手艺"，有限定条件……37

"经商"，毫无疑问地……13

相当于"经商"，有限定条件和解释……7

"学手艺或者经商"……14

"学手艺或者经商"，有限定条件……18

"从事某专业"……3

"学手艺或从事某专业"……1

"唤醒他们，唤起他们的野心"……13

"从事农业和到农场去"……6

"陆军或者海军"，"体力劳动者"等等……49

态度不明确的……20

人们的观点是：

赞同学手艺……134

赞同经商……20

赞同学手艺或经商……32

赞同从事某专业……3

看来，学手艺最适合资质一般、没有抱负的孩子。

问题19

假设一个年轻人能力强，经验丰富，手中资金充足，目前薪水待遇也不错，你建议他在熟知的领域开创自己

的事业吗？

回答这一问题的总人数……284

肯定的态度

"是的"……141

相当于"是的"……39

"一般来说，是的"……4

"是的，如果环境更有利"，"如果他有能力"，"如果他有抱负"等等……56

"首先，他自己想去做"……245

否定的态度

"不"……3

"通常说来，不"……4

"不"，"给大公司打工获利更多，也更可靠，等找到适合的伙伴再去"……7

态度不明确的或模棱两可的……5

除去"态度不明确的或模棱两可的"，其余人的观点是：

赞同这个人到熟知的领域经商……180

在特定条件下赞同……65

完全反对……3

部分反对……11

假设一个年轻人能力强，经验丰富，手中资金充足，目前薪水待遇也不错，建议他在他熟知的领域开创自己的事业。

问题20

假设一个年轻人能力强、经验丰富，目前薪水待遇不错，你建议他在熟知的领域借钱开创自己的事业吗？

回答这一问题的总人数……273

肯定的态度

"是的"……40

相当于"是的"……12

"在特殊的环境下"等等……24

"自己有一定资金再做"……11

"只要他能力出众"……8

"债务有时候是好事"……7

"是的，如果条件成熟"……6

"如果他自己有很好的理由"……6

"如果他有勇气、健康和能力"，"在有专家指导的情况下"等等……15

否定的态度

"不"……58

相当于"不"……27

"通常不，或许不，不经常的"等等……16

"除非他有很高的收入"，"愿意冒大风险"，"很少"等等……16

不确定地

"看情况而定"，"难说"等等……7

除去那些"不确定的"，其余人的观点是：

完全赞同的人……40

在某些情况下赞同……89

完全反对……58

部分反对……59

52人完全赞同，85人对这一行为持完全反对的态度；129人有条件或无条件地赞同；117人有条件或无条件地反对。正方和反方的人数基本持平；但是所提出的前提条件、解释和建议表明借来的资金有安全和不安全之分；可取和不可取之处；经常伴有风险。因此，通常可以看作资金不应当向别人借，除非借钱者有财产作担保或者前景大好，并且有能力、够稳重。虽然借钱但收益颇丰，只有这样，这一行为才是安全的。

问题21

什么是导致失败最重要的因素？

回答这一问题的人数……287

由于观点差异极大，用完全精准的摘要或表格来回答这一问题是不可能的。很显然回答这一问题不能使用"是"或"不是"，并且这些回答也不会用华丽的辞藻表达出来。以下的要点重述基本概括了主要的回答内容。在编辑整理过程中，类似的内容被合并在一起，例如："缺乏持续性"和"不够持之以恒"都被合并到后者的说法中去；类似于不良习惯的表达，都被划分到"不良习惯"这一组；以及一些"缺乏诚信"和"不诚实的表现"，等等，都被划分到"缺乏诚信"或者"不诚实"的这一组。每组词后面的数字表示理由出现的次数，理由是用某个词或是用具体话语来表述的。

不良习惯……18

霉运……1

不守时……1

借来的资金……1

粗心……11

环境……2

竞争……3

信誉……3

债务……5

依赖运气……2

急功近利……11

炫耀成就……5

缺乏诚信……10

铺张浪费……33

妄自尊大……2

愚昧无知……7
轻率……1
效仿他人……2
不注重细节……5
无能力……7
优柔寡断……2
冷漠……2
虚伪……1
放纵……9
缺乏能力……3
适应性差……1
没有抱负……6
不够投入……54
没有头脑……2
缺乏业务能力……1
资金不足……9
不够谨慎……1
没有个性……5
缺乏专注……4
不够谨慎……2
缺乏勇气……6
缺乏鼓励……1
缺乏精力……12
缺乏经验……14
缺乏远见……4
缺乏良好的建议……1
缺乏健康……2
不够正直……2
缺乏兴趣……1
缺乏判断力……36
缺乏耐心……4
不够持之以恒……18
缺乏礼貌……1
缺乏自控能力……1
缺乏独立……3
缺乏理性……4
缺乏责任感……2
缺乏稳定性……4
不能坚持到底……5
缺乏机智……1
缺乏严密性……4
缺乏节俭……1
缺乏训练……12
懒惰……27
说谎……1

管理不善……2
母亲的溺爱……1
不注重经营……8
不适合……1
好高骛远……1
自负……7
缺乏系统性……1
自私……3
缺乏谋略……2
不团结……1
投机……14
愚蠢……1
朝三暮四……2
欠考虑的……1
发展过快……1
不忠诚……3
不愿为了成功而付出……1
虚荣……3
误入歧途……2

问题22

你认为最适合男孩读的六本书是什么书？

回答这一问题的总人数……191

每一本书名或人名后面的数字是推荐这本书或作者的人数。下面的书目是根据推荐的频率进行排列的。书名和作家名是按照推荐者的叫法列出来的，如果推荐者没有提及作者名，作品的后面就没有标示其作者是谁。

《圣经》……125
莎士比亚……81
美国历史……43
古代史和近代史……24
英国历史……22
《林肯传》……20
《鲁滨逊漂流记》……19
伟人和成功人士传记……18
《天路历程》……18
《华盛顿传》……16
《希腊罗马名人传》……15
司各特……14
狄更斯……13
《富兰克林传》……12
关于男孩就职方面的书……11
丁尼生的诗……11
美国诗人，朗费罗，惠蒂尔，霍尔姆斯，布莱恩特，罗威尔……10
《悲惨世界》……10
《自己拯救自己》（斯迈尔斯）……10
《汤姆·布朗求学记》……10
《论文集》（爱默生）……7
麦考利……7
《新约全书》……7
《天方夜谭》……5
词典……5
《艾凡赫》……5
《皮袜子故事集》（库珀）……5
弥尔顿的作品……5
诗歌佳作……5
萨克雷……6
《论说文集》（培根）……4
《宾虚》……4
《论习惯法》（布莱克斯通）……4
《伊利亚特》和《奥德赛》（翻译版本）……4
《约翰·哈利法克斯先生》……4
查尔斯·金斯利的作品……4
《奋力向前》（马登）……4
关于科学的一些好书……4
《汤姆叔叔的小屋》……4
《超越奴役》（布克·T.

关于成功的讨论

155

男孩成长书

问题23

你认为男孩有必要养成每天读日报的习惯吗？

回答这一问题的总人数……310

肯定的态度

"是的"……185

相当于"是的"……90

"首页和评论"，"略读"等等……13

否定的态度

"不"……6

相当于"不"……2

"15岁以前不用"等等……14

观点：

赞同每天阅读报纸……288

完全反对……8

部分反对……14

大多数人建议孩子每天阅读报纸，几乎完全一致地认为"这是一个积极且必要的建议"。好的报纸指的是那些"进步的报纸"。养成这个习惯，人们将向进步的方向发展，并且人们可以交换信息。好的报纸，无论是否完美，都代表着大众的观点，他是人类强大影响力的体现。

问题24

按常理来说，你建议男孩参与父亲的事业吗？

回答这一问题的总人数……275

肯定的态度

"是的"……79

相当于"是的"……57

"是的，如果孩子喜欢这样做"……35

"是的，如果父亲的事业很成功"等等……18

否定的态度

"不"……30

相当于"不"……21

不明确的，模棱两可的，"有时候"，"让孩子选择"等等……35

除去"态度不明确的"，其余人的观点是：

赞同孩子参与父亲的事业……79

在某些特定条件下赞同……110

完全反对……30

部分反对……21

结果表明，人们几乎一致赞同孩子参与父亲的事业；但这并不说明孩子就一定会取得成功。

问题25

假设有人请你致电给在校男生，为他们提供些建议，你会说些什么？

这不是一个问题，无法予以归纳总结，以表格的形式体现出来。然而这些回答从各个方面来看都是最有价值的，并且这些回答都是深思熟虑的结果。每个回答全面或部分地对于成功的取得进行了指导，总之，它们是经验的浓缩和精华。

关于成功的讨论

男孩成长书

Thirty-nine

名家之谏

没有哪两个飞行员会沿着一模一样的航线飞过水面，他们飞行的路程、方向基本一致，但不会绝对相同。本书涉及的成功人士所遵循的都是大家公认的发展规律。他们的肺腑之言值得大家借鉴，以便早日驶向成功的彼岸。

经验胜于臆断

明智的人会博采众长，与别人互通有无，选择做对人对己都有好处的事。

置身于群体当中，我们才能生存，才能发展。保持独立的个体不与外界沟通，我们就会回归原始状态，与动物毫无差异了，阅历丰富的人提供的建议主张相当宝贵，都是他在实践中学来的经验之谈。

集众家之长得出来的主张几乎可以被当作真理来看待。比如说，如果大多数学识渊博、阅历丰富的专家认为某个理论是正确的，那么社会群体就会予以认可。若各界精英中有一半以上的人认为某种因素是成功的要素之一，那么它就会成为人们认可的真理。

许多专家在经过多年反复试验后，认为某种方法可行，此时若谁对此提出质疑，那他就是不明智的。个人观点可能是错的，好几个人的观点可能与真理相距甚远。但对相当多的人在反复研究、实验探索后得出的结论，人们不用再持怀疑态度。若谁再不接受这个结论，那他就太无知了。

我向得到公认的成功人士提出了若干切中要害的问题，接下来我会尽量列举实例，不再空谈理论，向美国男孩及其父母展示一下他们是如何回答这些问题的。

这些成功人士之中，有的是社会各界的精英分子，有的富可敌国，有的手握重权，有的学识渊博，有的阅历丰富，有的见多识广，有的家世显赫，有的白手起家，有的一帆风顺，有的历尽沧桑，有的善于思考，有的侧重实践，有的是各方面的专家，有的是从工矿企业到政府委员、各界的代表。大家根据自身的经历各抒己见，每个人的答案都是对他本人成功的最真实的写照，也是对世界杰出人物的全景概述。

各位成功之士知无不言，句句都是中肯之语。他们自己已然获得成功，所以他们完全有资格对别人提出有关成功的建议。

每个人的答案都值得人们深思，都是有关成功的经验之谈。

这些人士都是照规律办事，很多人都把成功归因于某一特殊因素，因此个人的答案各不相同。没有哪两个飞行员会沿着一模一样的航线飞过水面，但优秀的飞行员会沿着以往的航线飞行，或沿着中线飞过；如果远离中线会更安全，那他就会远离中线飞行；但无论怎么飞他都会避开障碍物。他们飞行的路程、方向基本一致，但不会绝对相同。本书涉及的成功人士所遵循的都是大家公认的发展规律。他们的肺腑之言值得大家借鉴，以便早日驶向成功的彼岸。

问题如下：

1. 你认为成功的要素是什么？

2. 在男孩择业时，你会建议他根据自己的喜好选择职业吗？

3. 依你之见，对某行业的偏好是促使人在此行业成功的必备条件吗？

4. 在明知男孩对某行业有偏爱或适合做某工作的情况下还强迫他违背意愿进行择业，你认为父母这么做是明智之举吗？

5. 如果男孩生长在偏远、贫穷的地区，发展事业的机会微乎其微，你建议他去大城市发展吗？

6. 如果男孩生长在一个繁荣的小镇或小城市里，有发展事业的机会，你建议他去大城市发展吗？

7. 若男孩是个农民的儿子，但他却不喜欢务农，依你之见，他应该留在农场吗？

8. 你认为诚实守信是事业成功的要素吗？

9. 你认为锲而不舍的精神是成功的要素吗？

10. 你认为一个人只有热爱自己的工作才能取得事业上的成功吗？

11. 依你之见，能力和经验，哪个对成功更有帮助、更重要？

12. 你认为只有能力没

有经验的人会成功吗？

13．如果男孩想经商，你会建议他去上大学吗？

14．如果男孩想从事技工行业，你会建议他去上大学吗？

15．如果男孩想从事技工行业，你会建议他去技工学校学习吗？

16．如果男孩想从事某专业，你会建议他去上大学吗？

17．你认为违背男孩意愿强迫他上大学是明智之举吗？

18．如果男孩只是个普通人，既无特殊喜好，又无雄心大志，你建议他是学手艺、经商还是从事某专业呢？

19．假设一个年轻人能力强、经验丰富，手中资金充足，目前的薪水待遇也不错，你建议他在熟知的领域开创自己的事业吗？

20．假设一个年轻人能力强、经验丰富，目前薪水待遇也不错，你建议他在熟知的领域借钱开创自己的事业吗？

21．什么是导致失败的最重要的因素？

22．你认为最适合男孩读的六本书是什么书？

23．你认为男孩有必要养成每天读日报的习惯吗？

24．按常理来说，你建议男孩参与父亲的事业吗？

25．假设有人请你致电给在校男生，为他们提供些建议，你会说些什么？

访谈内容

问题都被编上了号码（P160-P161），在每套答案前只标上相应问题的号码，不再写出问题。有些人没有对问题一一作答，没有答案的题号被直接省略。

受访者的名字没有按字母顺序排列，而是为了公平起见随意排列；同时在此也向那些为我们提供宝贵资料的幕后英雄表示感谢。

约翰·麦考尔

纽约市。纽约人寿保险公司董事长。

1．决心。

2．是的。

3．是的。

4．不是。

5．是的。

6．不是。

7．不是。

8．当然。

9．是的。

10．是的。

11．经验。

12．偶尔。

13．如果他能上大学，他还是应该先上大学。

14．我觉得大学教育非常重要。

15．是的。

16．是的。

17．我发现多数男孩都不喜欢读太长时间的书，但凡是上过大学的男孩很少有后悔的。

18．学手艺。

19．是的。

20．如果他有决心偿还，那么负债累累有时反倒会成就他的事业。

21．胸无大志。

22．《圣经》；美国历史；莎士比亚的作品；《希腊罗马名人传》；《萨特·瑞萨托传》；《托马斯·阿奎那传》。

23．当然。

24．父母的生意很好，儿子可能会继承父业。但若生意不好，那就要看时间、环境及条件了。

25．做人要冷静、诚实、讲信用、有活力。

查尔斯·史密斯

宾夕法尼亚州费城。费城报社总编、前任美国邮政局局长、曾任美国驻俄罗斯公使。

1．专注、坚韧不拔、有常识。

2．是的。

3．是的。

4．不是。

5．如果有机会的话，可以。

6．想去就去吧。

7．不是。

8．很必要。

9．是的。

10．是的。

11．都重要，但是能力更重要。有能力可以获得经验，经验却不能获得能力。

12．是的，时有发生。

13．不。

14．建议接受此行业的专业培训。

15．是的。

16．是的。

17．不是。

19．是的。

20．有风险，但也不是不可行的。

21．不能专心致志。

22．美国历史；斯迈尔斯的《自己拯救自己》；《汤姆·布朗求学记》；《林肯传》；《奋力向前》和《悲惨世界》。

25．真实面对自己，诚实面对他人。

名家之课

查尔斯·弗林特

纽约市。美国橡胶公司财政官、机械橡胶公司财务委员会主席、多家银行和公司的理事、前任驻尼加拉瓜和哥斯达黎加总领事。

2. 是的。

3. 不是。

4. 不是。

5. 那得视男孩的条件而定。男孩能力很强就可以搬去城市，若资质一般就不去了。

6. 若不是特别出类拔萃就没有必要去。

7. 看他能力如何吧。

8. 是的。

10. 虽说如此，但不常发生。

11. 能力。

12. 不会。

13. 对于条件允许、并且刻苦读书的男孩来说，高等教育是很必要的，他会从中获益匪浅。他会学到知识、磨炼能力，并达到一种心理平衡。教育能为他将来建立人际关系打下良好的基础。但如果自身条件和家庭条件不允许，那他应早些开始赚钱，使物质上得到满足，这可能会比上大学的结果更好。即使这个年轻人出身于富有的家庭，大学教育也不一定非有不可。如果他致力于学术研究，那他最好是上大学。否则他直接去工作就行了，按常理来说，大学教育不成功的人做生意也不会成功，毕竟成败在很大程度上取决于他从大学教育中到底学到了什么。关键问题不在于他是否念过大学，而在于大学教育对他有什么影响。

14. 他若是个勤奋、有抱负的孩子，上不上大学都会成功。

16. 对于牧师、律师或医生来说，要想在事业上有所建树，必须接受高等教育。

18. 学手艺。

19. 是的

20. 是的

21. 能力差；有能力但状态不稳定；挥霍无度。

22. 《圣经》；莎士比亚的戏剧；麦考利的诗歌集；美国历史；开发想象力的书；戈申的《论想象力的培养》。

24. 开始时不行，稍后可以。

评述：成功的机会有很多，轻易就成功的人毕竟是少数。我要重申的是多数年轻人能力一般、家庭状况中等，他们应该上大学。十七八岁以前上中学，18岁以后上大学。也许会有些不利因素，但这并不影响他走向成功，奋斗本身就是一个培养能力和塑造个性的过程。他会对此感到心满意足的。有条真理亘古不变：不是机遇成就了人，而是人创造了机遇。

查尔斯·埃利奥特　法学博士

马萨诸塞州剑桥。哈佛大学校长、作家。

1. 良好的先天素质，身体健康，工作专心致志，从很小就开始奋斗。

2. 是的。

3. 不是，但对事业的热爱有助于成功。

4. 不是。

5. 是的。

6. 视他的机遇而定。

7. 不。

8. 是的。

9. 是的。

10. 是的

11. 能力。

12. 能力可以创造机遇。

13. 是的。

14. 不。

15. 上学一直上到18岁。

16. 是的。

17. 不。

18. 经商。

19. 是的。

20. 自己手中没有资本是行不通的。

21. 缺乏判断力

23. 快速地略读。

24. 是的，只要他自己愿意就好。

亨利·克鲁斯　法学博士

纽约市。银行家、美国地理协会及动物保护协会财务官、纽约工会联盟俱乐部创始人之一、多家学会成员。

1. 保持谨慎，锲而不舍，专心致志。

2. 当然。

3. 不全是，在很大程度上是这样的。

4. 不是。

5. 是的。

7. 不。

8. 是的。

9. 是的。

10. 是的。

11. 能力。

12. 是的。

13. 不。

14. 不。

15. 是的。

16. 是的，无论如何也要这样做。

17. 当然不是。

18. 这样的年轻人或许比较适合学手艺或经商。

19. 如果为人打工的前途一片灰暗的话，可以这样做。

20. 是的，不过前提是他

能筹到三五年内不作他用的资金。

21．能力差，不能持之以恒。

22．《圣经》；莎士比亚的作品；本国历史；好的传记文学；我写的《在华尔街的28年》及《华尔街的视点》。

23．是的

24．最好不要。

25．找一个适合自己的工作，努力工作；在扫清一切工作中的阻碍后，你会发现自己身居社会上层，发展空间很大，前景光明。

约翰·布什 医学博士

纽约市。精神疾病权威、医学类丛书作家。

1．我总是在义不容辞地履行我的职责。倘若我已获得人们眼中的"成功"，我会把所有促使我成功的因素归结为"效率"。

2．通常是这样的。

3．不必要。

4．我不会这样做。

6．一般说来不会。

7．农业劳动本来就应该是吸引人的、收益颇丰的劳动，这样才会使我们的年轻人愿意留在农场。我们想让年轻人从事农业劳动就应为他们提供良好的交通、良好的教育、还有良好的农业专科院校。

8．依我之见，认真与诚实缺一不可。

9．必须要有锲而不舍的精神。

10．是的。没有热爱就不能获得真正的成功。

11．才疏学浅、缺乏经验、没有天赋的人在工作中不会表现出色的。

12．经验与能力是事业

成功的两大要素。

13．是的。

14．是的，思路越广，思维越活跃，工作成果就会越令人满意。

15．是的。

16．从教育角度讲，应该上大学。

17．我绝对不会这么做的。

18．这得视情况而定。现如今胸无大志的平庸男孩，很可能会发展成为一个青年才俊。

19．不以世俗的眼光来衡量某人的能力通常是明智之举。

20．不。

21．判断失误。

22．一部精彩的小说——《亨利·埃斯蒙德》；

一个动人的爱情故事——《洛娜·杜恩》；

一台精彩的戏剧——《威尼斯商人》；

一段精彩的历史——格林的《英国历史》；

一首精彩的诗歌——丁尼生的《公主》；

还有爱默生的《论文集》。

23．毫无疑问，读一份好的日报相当于找到了一个好老师。

乔治·凯布尔

马萨诸塞州北安普顿。作家、故乡文化俱乐部创始人。

1．我把成功的要素归纳为三个方面：一是不需要投入很多时间和财力就能获得的某种特殊才能；二是勤奋的精神及严谨的工作态度；三是在校期间，全身心地投入，充满对知识的热爱。

2．没必要。他的喜好只

是要考虑的若干因素之一。

3．不是。许多人成功的领域都不是他们的第一选择。

4．恐怕结果会很糟糕，至于为什么，有很多原因涉及其中。

5．先在附近的繁华小镇中试一试，再依情况而定；或回到老家，或去更远的地方。

6．我建议他大胆尝试，但要经过深思熟虑、权衡自身能力后再做决定。要记住："三思而后行。"

7．关键在于："他为什么不喜欢农活？"

8．诚实守信对于做人来说很必要，但对于事业成功来说未必见得如此。

9．不是，天才就不需要。不过成功对于普通人来说更加得之不易。没有锲而不舍的精神还能成功的人少之又少。

10．热爱自己工作的人，成功的几率是90%；不热爱自己工作的人，不成功的几率也是90%。当然凡事都有例外。

11．这要视具体情况而定，要看这个人自身的情况，两者无法用来比较。

12．没人能转瞬间就获得成功，经验是通过积累得来的。

13．那得看他从事的是什么生意及男孩的个人素质如何。

14．同上。

16．是的。

17．不是。还是让愿意读书的孩子去上大学吧。

19．我建议最好不要问太多人的意见。

20．视具体情况而定，要看时机是否合适，地点是否适宜，是何种生意等等。

名家之谏

21．莽撞行事后，没有勇气迷途知返。

22．没有"最佳"的读书建议。该读什么书要依男孩的具体情况而定。不过"开卷有益"是不会错的。

23．15岁以下的男孩没必要天天读报。那么大的孩子应该做的是读些书，培养好习惯。

25．内在的成功更重要。没有内在的主观意识上的成功，外在的客观条件上的成功是不稳定的。

约瑟夫·布雷肯里奇 将军

华盛顿哥伦比亚特区。美国军队总监察官、美国革命之子协会副会长、坎伯兰陆军协会及田纳西陆军协会副会长。

1．我能小有所成，主要是因为工作比较简单，身边有朋友们的鼎力相助。我是个南方人，受亨利·克莱和《独立宣言》起草人的影响，反对奴隶制度。1861年内战爆发后，我毅然入伍，从此一步一个脚印地走下来。

2．对于多数年轻人来说，能用一生的时间去追求自己的理想是件极其幸运的事。每个人都有义务去履行自己的职责，事成之后，自然而然就开始对它产生兴趣。

3．人不可能对什么都了如指掌，而在不了解的情况下产生的兴趣，不见得有多重要。成功的偶然性很大，并不是完全取决于个人的兴趣和喜好。

4．家长的判断往往比孩子的判断要准确。家长是不会把没有必要的东西强加给孩子的。

5．男孩做事情应该先做好充分的准备。

6．工作称职的人坚持下去，会表现得更加出色。如果对自己的前途很有把握，那就换个地方发展。

7．农场是个有利于男孩成长的地方，即使他不满意也没关系。多数男孩都不喜欢农活，也不喜欢需要毅力的工作，但是孩子必须具有持之以恒的精神，不能轻言放弃。

8．不是，但最好还是做到诚信，对此我深信不疑。

9．锲而不舍是获得成功最好的保证。对于少数的天才来说，很难说什么是成功的必要条件；天才也能做辛苦的工作，比如像拿破仑那样的天才就能做到锲而不舍、孜孜以求。

10．热爱自己的工作或全身心地投入当然更好，不过获得成功的过程中运气的成分更多些。

11．能力。经验对能力和机遇是个很好的补充。

12．会的。也许在这个世界上，美国人就是最好的证明，他们没有经验，但却成功了。

13．是的。《名人录》显示出大学毕业生成功的几率有多大。中学和大学的教育如果利用得当，能训练人的大脑思维，拓展人的思路。不过这一切都需要时间、金钱和机会。当然很多人无法提供这些条件以获得上大学的机会，但最后也成功了。

14．不，他可能会没有时间。但如果他想上大学也得到了这个机会，我建议他在大学学些与技工行业有关的科目。德国人就是这么做的。

15．有机会就去吧。

16．是的。

17．如果他在大学里能够适应，就应该强迫他去；否则，再好的机会也没用。

18．有机会就从事某种专业吧。

19．是的。

20．是的。

21．缺乏准确的判断力，运气不够好。

22．《圣经》；莎士比亚的作品；本国历史；了解三个领域的常识：（1）世界历史；（2）科学；（3）法律。读这些书是因为多数为成功而奋斗的人都对以下五方面有所了解：宗教、文学、历史、科学和法律。几乎每个人除了了解自己的行业知识外都应或多或少对以上五方面有所了解。

23．是的。

24．是的。

25．工作要勤奋；爱上帝；爱祖国；对朋友真诚相待。

罗伯特·奥格登

纽约市。约翰·沃那梅克公司零售商、作家、弗尼吉亚州汉普顿大学监管委员会主席、联合神学院导师、阿拉巴马州托斯卡机大学董事、纽约州宾夕法尼亚协会首任副会长。

1．我无论在财力上还是在智力上都不能算是最成功的人士。我个人的成功要归因于奋斗、目标明确、持之以恒和勤勉刻苦。我身体健康，生活有节制，这一点很重要。我从教育程度比我高、比我有才华的人那里学到了很多东西。

2．是的。但是遵从个人喜好的同时还要考虑个人的才能如何。

3．不是。很多男孩都在择业后才明白自己喜欢什么。

4．如果男孩的喜好对选择一个好的职业有利，而且他明白自己想要什么，那么强迫他的行为就是非常不明智的。

5．如果男孩居住在偏远地区，他应该考虑到城市或环境较好的城镇去谋求发展。

6．不，除非他有过人之处。

7．还是应该使他热爱农业劳动。他不爱干农活，说明对他的教育还不到位。

8．是的。

9．是的。

10．是的。

11．相对而言，经验比较重要，但积累经验很容易。

12．不会。

13．是的，前提条件是他有能力接受并消化高等教育。

14．是的，让他去着重学习一些有关技术类的课程，多了解些行业常识，这对他大有好处。

15．是的。

16．是的。

17．不是。

18．还是经商吧。

19．应该慎重考虑。在大企业往往比在小企业有更多的发展机会。

20．不。

21．盲目发展和涉足不熟悉的行业。自负则是两者的罪魁祸首。

22．《圣经》；莎士比亚的作品；有关美国历史的书；有关英国历史的书；麦克马斯特的《美国人的历史》。

23．是的，大有益处。

24．不。大多数情况下，他在父亲眼中永远只是一个儿子。

25．信奉上帝，待人真诚。学好英语，永远不要入不敷出。将祖国人民的光荣历史铭记在心，尽最大努力报效祖国，"上帝和国家的利益高于一切。"

查尔斯·帕克赫斯特　神学博士

纽约市。麦迪逊广场长老教会牧师、作家、改革家。

1．天赋及努力工作。

2．是的。

3．不是。

4．不是。

5．是的。

7．不应该。

8．不是。

9．是的。

10．是的。

11．能力。

12．不会。

13．是的。

14．是的。

15．大学和技工学校都应该读，多多益善。

16．当然。

17．不是。

18．做哪行都无所谓。

19．当然。

20．风险很大。

21．缺乏商业常识。

23．是的。

24．是的。

25．勤奋工作；充满热情；信仰上帝。

弗雷德里克·克伦多　文科硕士

密苏里州圣路易斯。圣路易斯公共图书馆图书管理员、曾任华盛顿大学教授、美国图书馆联合会前任主席、经济及社会学作家。

1．聪明、勤勉、不屈不挠。

2．当然。

3．是的。对于从事艺术工作的人来说这是成功的必要条件。

4．极其不明智。

5．是的，如果他是个有能力、有抱负的男孩。

6．不建议，除非小镇真满足不了他的需要。当领导者是成功的一种体现。在小地方，更容易当上领导者，可以为将来在大地方工作打下良好的基础。而对于胸怀抱负但能力一般的男孩来说，情况则恰好相反：从大城市迁到一个规模小、较发达的新环境工作，更容易成功。因为在那里，能力和教育程度方面的竞争相对较小。

7．不应该。千万别把男孩束缚在一个他不喜欢的地方工作。要是男孩全部留在农场工作，那要政治家和领导人又有什么意义呢？

8．是的。不过这里的"诚信"是指在生意范围内的"诚信"，而非道德意义上"诚信"。

9．它是最基本的要素之一。只有天才才不用做到锲而不舍，不过没有这种锲而不舍、孜孜以求的精神，即使有天赋也不能得到充分的发挥。"天赋是一种可以无限发挥的能力，是伟人们想要力争达到并保持的一个高度。"

10．按常理来说，是的。不过，当然也有不少例外。不热爱本职工作的人往往会错失良机。

11．有能力的人自然可以获得经验。

12．不会，除非他的能

力近乎于天才。不过如上所述，有能力的人想积累经验很容易。

13．视男孩自身条件和生活条件而定吧，自力谋生的男孩能念完高中就已经很不错了。

14．按常理来说，不建议。学手艺要趁早，比开始经商或专业培训都要早。所有的孩子在12-14岁之间都应该进行手工劳动培训，然后再分流，决定将来的发展方向。

15．要是由我决定的话，我会让所有6到12或14岁的孩子在校接受手工劳动培训，然后想从事技工行业的男孩继续接受培训，直到完全具有实际操作能力为止。

16．如果代价不是很大的话，我还是建议他上大学。如果以健康来交换大学教育，那就得不偿失了。

17．绝对不是明智之举。可以劝告，但绝不能勉强。劝他先试读一年，多数情况下，男孩会在一年后选择继续读下去；如果不行，一年之后再放弃。

18．无论做什么都要看男孩自身具体条件如何，其次还要看周围环境如何。

19．倘若男孩的经验够丰富，有何不可。

20．那得看男孩有多大，素质如何，还得看机遇怎样。倘若男孩年龄尚不足25岁，那就要等积累了一些经验和资本再说；但若恰逢良机，那就另当别论了。

21．能力不足；其次是缺少活力，不够勤奋。

22．总统埃利奥特在一次演讲中曾说过："孩童时代的教育应使孩子们热爱文学，这对孩子将来的智力发展大有益处。这方面的培养可能不是系统化的，但已经能够达到初级教育的目的；倘若达不到此目的，那就是教育失败。"推荐的书目：《天方夜谭》；《鲁滨逊漂流记》；《伊利亚特》（布莱恩特译）；《林肯传》；《希腊罗马名人传》；莎士比亚的作品（或8-12部戏剧）和《悲惨世界》。还应读一读《圣经》；喜欢自然科学的男孩可以读一读自然科学的书籍或在此领域有所成就的人物传记，他会受益匪浅。读阿拉贝拉·巴克利写的《自然科学的奇境》，可以引起男孩对科学的兴趣。

23．没必要，尽量别让他养成读日报的习惯。每周读一次高质量的周刊就足够了。

24．可以，他对此感兴趣就行。他若是个做事认真的孩子，这对父子俩来说都是件好事，不过最好还是在别的地方练手。

25．孩子们，你们不可能都成为成功人士。成功指的是尽自己所能，即把生理上、心理上、情感上的力量发挥到极致。注意健康，通过做运动来强健你的体魄，但别为此忽视学业。养成读书的好习惯，这不但有助于你获得成功，还会像安东尼特洛罗普说的那样："通过读书你可以获得最大的快感，这是上帝赐予你的礼物。"为前途做好打算，锁定自己的目标。志存高远，胸怀大志，别低估自己的实力。有自信的凡人可以比缺乏自信的天才更有成就。千万别说："我不能"或"有什么用呢？"之类的话。读一读悉尼·史密斯的"论勤奋与天才"。用年轻人的力量和活力除掉前进途中的障碍。成功的事业基础是在人年轻的时候打下的。你们这些15岁的男孩现在正在进入人生的关键时期。你人生的事业如何，取决于你在今后十年中的所作所为。在这十年中，你可能发达也可能没落。是成是败，是幸福还是不幸，你会做何选择？

约翰·德赖登
新泽西州纽瓦克。美国参议员、美国信诚人寿保险公司董事长。

1．我的成功归因于我对人寿保险的过去、现在和将来的理论研究；归因于我的尽职尽责、细致入微；归因于我无视艰难险阻，对实现奋斗目标的一如既往的信心；还归因于我对生意伙伴的信心和绝对的信任。没有他们的精诚合作及超凡的能力，就没有我今天的成功。

2．毫无疑问。

3．确实如此。

4．父母在这方面的干涉是不合理的。应该让男孩自己来主宰自己的命运，即使不幸失败了，也应自己来承担后果。总而言之，决定权应掌握在孩子手中，而非父母手中。

5．通常情况下，在小一点的农村发挥才智要比在大城市里成功的可能性大。总之，男孩在农村可以充分利用当地的条件进行发展，表现肯定会更加出色。

6．农村的男孩在发达的小镇或是小城市里发展会比在大城市里发展更加成功，因为在大城市里，人才往往是供大于求。

7．对男孩不能强人所

难。家长应弄清楚孩子是否真的非常讨厌干农活。倘若他是真的对此反感，那就让他在别的领域里寻求出路吧。

8．在做生意时要遵守"诚信"这一点，这是毋庸置疑的。用偷奸耍滑的手段换来的物质利益只是暂时的；只有用诚信换来的成功才能持久。

9．没有持之以恒、锲而不舍的精神，不可能获得真正的成功。

10．不是全身心地投入，就不可能成功。

11．没有经验哪里能获得能力呢？当然也有人与生俱来就有能力，但即便如此，也需要久经考验以获得丰富的经验作为能力的补充。

13．坚决支持大学教育，它在迈向成功的过程中起着不容忽视的作用。

14．那要看他选择的到底是哪个行业。不过大体上说来，高等教育对男孩的进步是利大于弊。

15．在技工学校学习有很多好处。但在积累了若干经验后再学理论要比先学理论再做事更好。

16．是的。

17．再没有比这更糟糕的事了。即使有所得，在男孩的整个成长奋斗过程中也是弊大于利。

18．这样的男孩当然应该学手艺。虽然条件有限，但容易成功；然而在经商或其他行业中，男孩注定要失败。

19．单枪匹马闯商海的人中没几个会成功，而在最需经受磨炼的时候一味要求独立，就会遭受失败。

20．在有某些前提条件限制的情况下，我较赞同年轻

人借钱开创自己的人生。借钱仅用作扩大经营，绝对不能用作有风险的尝试。这类的尝试十之八九会以失败告终，而且也会为将来的成功带来不必要的负担。

21．经验不足。

22．首先要读的是本关于人类生理卫生的教科书。健康、长寿是保持持久成功的前提。第二本书是斯波尔丁的《教育与优质生活》。生活的道德基础预先决定了在将来的成功道路上男孩是想变得更好，而不是想要得到更多。没有这样的思想基础是不可能获得真正成功的。第三本书是赫伯特·斯宾塞的《社会学研究》，它可以帮助人们理解社会进步与堕落的规律。第四本书是布赖斯的《美国共和体》，它有助于人们了解美国政府及其组织机构。第五本书是《总统信函集》（或是《美国历史》），它有助于人们了解美国的政治发展和政策。第六本书是《美国年度统计摘要》，它可以帮助人们了解美国的经济和社会的进步情况。

23．是的。

24．是的。

25．孜孜不倦地工作，永远不要丧失勇气，对自己和自己的前途充满信心。钻研本专业，每天更上一层楼。热爱、尊重自己的工作，对上司忠诚。坚信：三百六十行，行行出状元。不要轻视物质上的成功，也不要利欲熏心。成功的基础是聪明、勤奋加每日一省。

大卫·乔丹 医学博士，哲学博士

加利福尼亚州帕罗奥

多。斯坦福大学校长、作家。

1．我的成功首先归因于我珍惜时间，分秒必争；其次归因于我做事专注，心思从不浪费在抽烟、喝酒之类的事情上；还有就是我做事细致入微，注重细节。

2．积极向上的爱好是可以的。我不会因为男孩爱吃糖就让他成为糖果商。

3．是的，但也有人可以同时致力于几个方面。总之，工作需要有热情存在。

4．应该不是，但也有例外。

5．个案可以。

7．如果他有特殊爱好，情有可原。

8．是的。

9．是的。

10．在一定程度上是。

11．能力。

12．会获得经验。

13．如果他是个可塑之才，当然应该上大学。

14．同上。不过他在大学要学的是工程学，不是手艺。

15．有培养价值就去。

16．如果他有头脑、有个性，我会送他去大学，因为那里可以有多种选择。

17．如果男孩值得培养，就让他认识到培养的价值所在。通常情况下，不爱上大学的男孩都不喜欢拉丁文。不过他可以找出自己喜欢的学科。多数人都不喜欢拉丁文，但也有喜欢的。

18．视情况而定，学手艺的可能性较大。

19．视条件而定。同样的生意，大公司做就比小公司获得的利润多。

20．基本不赞同，但也有例外。

21. 缺少道德。

22. 可以看的好书有很多。

23. 是的。

24. 这得取决于父子的具体情况。

25. 每天都要不懈地努力，以免日后后悔；加强自控力。

俄亥俄·巴伯

俄亥俄州巴伯顿。钻石火柴公司董事长、金融家。

1. 受父母的影响，我对自己的事业有着浓厚的兴趣。父母教导我如何做事，告诉我要专注于自己的事业，不仅是为了赚钱也是为了在工作中获得满足感。

2. 是的。

3. 不是，认真的态度要比对某事的喜爱之情更重要。

4. 我认为不是。

5. 如果他有这个雄心壮志就去做吧。开阔视野、见多识广是很必要的。

7. 要是因为懒惰而不喜欢农活的话，就让他一直留在农场，直到他不再懒惰为止。

8. 是的，特别重要。

9. 是的。

10. 是的。

11. 有能力的人就能成功，而经验会让他如虎添翼。

12. 是的。

13. 良好的教育根本不会对成功造成妨碍。不过，两个能力相当的男孩在高中毕业后一个直接开始经商；另一个先上大学再开始经商。其结果往往是先开始经商的那个男孩更加成功。

14. 掌握的知识越多，达成目标就越容易。不过，年轻人若在大学毕业才开始学手艺就有点太晚了。想学手艺

想法在大学毕业后通常都会发生改变。

15. 是的。

16. 是的。

17. 不是。

18. 我会送他一把铲子，务农吧。

19. 是的。

20. 是的，只要他有勇气、有精力、身体健康就行。

21. 不注重细节。

22. 《圣经》中有很多有用的知识，不过对于正处在这样一个年龄段的人来说想要不落伍，成为生意场上的多面手，必须广泛阅读。男孩应该多读多思考。生物学书或许对男孩会有所帮助。

23. 难说。如果男孩读书时善于思考，那就有必要养成每天读报纸的习惯；否则，只要每天读读新闻就可以了。

24. 是的，因为父亲的经验和建议对男孩大有帮助。

25. 诚实、正直，执着于自己的理想。不要养成恶习，交友要谨慎，因为"近朱者赤，近墨者黑"。做个堂堂正正的男子汉，像尊重自己的母亲一样尊重女性，这样才可以赢得芳心，抱得美人归。

托马斯·布赖恩

伊利诺伊州芝加哥。律师。芝加哥士兵之家主席，格斯蓝公墓及忠诚托管公司创始人。哥伦比亚特区市长，曾任世界哥伦比亚博览会副主席。工会联盟俱乐部前任副主席。

1. 要在一生中坚持不懈地努力，去获得成功。这里的成功不是指家财万贯、地位显赫或是大权在握，而是指在生活琐碎之中获得的幸福，指从大自然、书籍及朋

友那里获得的快乐与幸福。我唯一认可的成功就是这种成功，它不掺杂丝毫野心，正如人们所说："芸芸众生普通而平凡却又各不相同，各自活出各自的精彩。"

2. 是的。

3. 不是必备条件，但是会有一定帮助。

4. 不是。

5. 如果有精力也有生意头脑可以试试。

6. 所谓的"大城市"有着种种优势，但前提是年轻人得有能力和准确的判断力。否则还不如留在繁华的家乡小镇中发展，因为那里有亲朋好友的鼎力相助。在家乡成功后可以再考虑换个新地方谋求发展。

7. 在他已经能明辨是非之后就不应该再强留他了。

8. 也许运用不正当手段可以发笔横财，但要想获得真正丰厚的利润还得依靠诚信。

9. 通常来说，是的。我用一首诗来回答：

不思不做无所获，还需热忱与执着。

10. 在执着的追求过程中获得的喜悦感，可以激励人们进一步取得成功。

11. 能力。真正有实力的人一定会取得成功；而经验就不如能力那么重要了。

12. 会的。因为能力比经验更重要，有能力是获得经验的基础。

13. 是的，调查数据表明教育是人们通往成功的桥梁，但大学教育并不是必不可少的。

14. 是的，原因在上面已经说过了。

15．是的。

16．是的。

17．不是。

18．在学手艺和经商之间选择，除了考虑家庭及其他方面的条件外还应考虑男孩是否有动手能力或其他才能、他的品位如何及脑筋转得快不快等因素。但对于一个"无雄心壮志的普通男孩"来说，还是不要选择从事某种专业为好。

19．若是个"既有能力又有经验"的男孩，他完全有能力自己做出决定；若发现前景不错，他可能就会去做。

20．通常来说不建议他这样做，因为在商界失败的多，成功的少。一个"能力强且经验丰富，薪水待遇也较好"的年轻人会谨慎处理手中的资金，决不会完全依靠"借来的钱"。股票投资很普遍，如果男孩够谨慎、够精明，应该是很安全的。

21．做事不谨慎，过于草率，急功近利。

22．在男孩小时候，他的品位和理想会影响他对书的选择；长大成人之后，仅次于《圣经》的书就是关于如何"生存于世"的书籍，它对男孩的发展大有帮助。要想培养读书的习惯可以先从《鲁滨逊漂流记》和桑福德与莫顿的书读起，然后是《堂·吉诃德》、蒙田的著作以及拉伯雷的作品等。要想读严谨的宗教类的书，莫过于马蒂诺的《基督徒的奋斗史》。

23．是的。

24．是的，如果条件合适可以这样做。父亲会是一名最尽职的导师，他的经验对于做同样行业的儿子来说是无价之宝。

25．有信仰，杜绝恶念；崇尚良知，追求真理；不拖不欠，永不赌博；谨慎细致，绝不酗酒。

评述：

我对参军入伍的年轻人所说的肺腑之言同样适用于即将投入到战斗生活中的年轻人。我要说的是：你们当中大多数人都是初涉"战争"，觉得自己不会随波逐流。穿着军服的你已不再是普通百姓。注意你的言行，不能恶言恶语。你可以毫不留情地对待你的敌人，但绝不能伤害你的朋友。心有恶念才会出口伤人。直言快语就像硬饼干一样可能不是什么好吃的东西，但却不会伤人；但粗言秽语就像让人倒胃口的东西，令人难以下咽，接受不了。**你要像卫兵守卫营地一样捍卫你的美德。记住，勇气需要日积月累的磨炼，虔诚的信仰就是最有效的"避弹衣"。让美德成为你的指路明灯，即使是面临枪林弹雨，仁爱之光也会依然照耀着你。让良知成为你最可靠的忠告者，即使在军队的铿锵声和隆隆的枪炮声中，你依然会听到它的忠告：冷静，别冲动。无论何时何地，永远记住：最大的胜利就是战胜你自己。**

爱德华·惠勒 文科硕士

纽约市。《文摘》总编。韦斯特雷大学秘书、贷款协会会长、方克&魏格纳公司经理、作家。

1．归功于对工作的热爱和对烦琐、枯燥工作的耐心。古代的拉丁姆人就曾告诫过后人：耐心和坚忍可以征服一切。有能力又有耐心的人无论做任何事都会是最后的大赢家。

2．没必要。择业时主要考虑的是个人素质而非个人喜好。

3．对于一般的成功而言不一定是必备条件，但对于高层次的成功来说则是必备条件。

4．这是不明智的，除非迫不得已。人一生中的乐趣主要来自于工作；否则就太可悲了。

8．若是以金钱的多少来衡量"成功"，就未必是。

9．当然。

10．通常来说是的（当然也有例外）。

13．视情况而定。马萨诸塞州州长威廉·E.罗素曾说过："做什么都可以谋生。但别忘了还有比'谋生'更重要的事，那就是'生活'。"大学教育可以教会人们如何去生活。

15．是的。

16．是的。

17．通常来说，不是。

18．那得看男孩的父亲是从事什么行业的，还要看父亲能为儿子打下什么样的基础。

19．是的，如果有合适的机会可以试一试。

20．不太可能。

21．缺乏常识或是在实践中不能正确应用常识。

23．是的。

25．我会对他们说刚才在第13题中提到的威廉·E.罗素所说的话。

乔治·梅尔维尔 海军上将

华盛顿哥伦比亚特区。美国海军总工程师、北极探险家、发明家、美国机械工程师协会会长。

1．归因于坚韧不拔的精神和努力的工作。健康的父母给了我一个强健的体魄。

2．是的。

3．并不总是。

4．不是。

5．是的，因为若留在农村，除了干农活别无其他出路。

6．不会。

7．不应该。

8．是的。

9．它是必不可少的。

10．是的。

11．能力。

12．会的。

13．是的。

14．是的。

15．是的。

16．是的。

17．不是。

18．量体裁衣，根据个人实际情况做出决定。

19．是的。

20．是的。

21．懒惰。

22．研究一下历史、物理和数学。

23．是的。

24．是的。

25．做人要诚实、勤奋；待人要真诚；努力工作。

约翰·希尔
缅因州奥古斯塔。缅因州州长、奥古斯塔国家银行行长、克奈伯克储蓄银行及多家电气铁路公司董事。

1．尽可能利用一切机会，并要坚持不懈地努力。简而言之，就是努力工作。

2．是的。

3．不是。

4．不是。

5．具体情况具体对待。如果他是一个有抱负、有能力的男孩，那么他可以在大城市里大展宏图。

6．若是在家乡就有良好的机遇，就不建议他迁进大城市。

7．不应该。

8．并不是绝对地必不可少，不过，若以名誉扫地为代价换取成功，那成功又有什么意义呢？

9．是的。

10．不尽然。不过可以促成成功。

11．能力。经验可以后天积累，但是能力是与生俱来的，后天的努力不能创造出能力。

12．是的。没有人生来就有经验。

13．不。不过主要还是要看他到底对哪一行感兴趣。

14．如果他只是想当技工，就没必要上大学了。

15．是的。如果他是个聪明、有理想的孩子，一心想成功，就应该去。

16．是的。

17．不是。

18．学手艺。

19．是的，机不可失。

20．不建议，除非是天赐良机。

21．荒废生意，判断失误及挥霍无度。聪明、有恒心的人才容易成功。

22．《圣经》，《天路历程》，班克罗夫特的《美国历史》，《英格兰历史》，华盛顿·欧文的《华盛顿传》及《鲁滨逊漂流记》。

23．是的。

24．是的。

25．要想成功就应该诚实、勤劳，充分利用机会。

霍李斯·博特
内布拉斯加州俄马哈。太平洋联盟主席。

1．勤奋。工作，工作再工作；工作，工作再工作。

3．不是。

7．不应该。

8．是的。

9．是的，是的，绝对是。

10．不见得。

12．是的。

16．上大学对于多数行业来说还是有用的。

21．不够勤奋。

23．是的。

25．目标明确、持之以恒的奋斗可以使你克服一切艰难险阻，最终取得成功。此外，不管上不上大学，都应该接受一定的必要的教育，以确保成功。

乔治·苏厄德
纽约市。忠诚意外伤害保险公司董事长、威尔森铝制品公司副总经理。外交官。前任美国驻华公使；政治、经济专题作家。

1．做什么事都力求做好。对自己有信心，对工作伙伴也有信心。力争做个有用的人。目光要长远一些。任何情况下都要有耐心。对人宽容，做事方法得当。绝不投机。

2．作为家长，我会尽量考虑自己的孩子到底适合做什么，会全面考虑孩子的爱好，因为它有时可能会暗示我们孩子到底适不适合某种工作。

3．不是。真正有能力的人做什么事都能成功。人的性格对成功有很大的影响，就像

男孩成长书

能力的高低会影响努力的程度一样。

4．通情达理的父母不会强迫孩子做任何事。父母可以指导孩子，但不能采取家长制作风。

5．别去大城市，但可以去大一点的城镇；稍后再去大城市也不迟。

6．同上。

8．这是最基本的。

9．勤奋工作并持之以恒，但不要操劳过度。

10．一个人即使对手头上的工作没有特殊的热爱也会愿意做它。不过，如果不是对某事有特殊的兴趣，很难会成功。

11．缺乏经验则能力上略显欠缺，反之亦然。

12．会成功，因为有能力的人可以向有经验的人学习。

13．良好的教育很必要，能读还是读吧。

14．是的，因为这可以使他有能力做到更高的职位。

15．当然。

16．当然。

17．不要强迫孩子，引导他，指导他。

18．最后，事业有成的人往往是那些曾经很普通的男孩，只不过在启蒙阶段他们需要有更多的引导。

19．通常来说最好是单干。

20．有的时候这是个不错的选择。

21．缺乏实际判断能力，并且性格上有缺陷。

22．选择最适合他行业的书来读。

23．是的，要有选择性地读。

24．按常理来说，是的。父亲当然会比其他人更能提供

帮助。

25．入行要谨慎。做人要诚信。尽忠职守。做有意义的事。学会付出辛苦，学会耐心等待。做一个全面发展的人。懂得"守得云开见月明"的道理。"祸兮福所倚，福兮祸所伏。"

保罗·达纳

纽约市。纽约《太阳报》和《太阳晚报》主编。

1．有利的条件，适当的培训及才能。

2．为什么不呢？

3．不是。

4．也许是吧。

5．成功源于其他方面，而非所谓的"事业"。

6．同上。

8．骇客算是"成功"的吗？

9．未必见得。

10．不是。

11．两者缺一不可。

12．也许吧。

13．是的。

14．是的。

15．是的。

16．是的。

17．在很大程度上是。

19．也许会吧。

20．可能不会。

21．正如贵格会教徒说的那样，不考虑自身的能力就贸然从业。

22．只要是他没读过的书就行。

23．是的。

24．是的。

25．凡事努力做到好，并一直坚持这样做下去。

威廉·克拉普

马萨诸塞州纳贝德福。

万速达棉纺厂总经理、纳贝德福储蓄部总经理。

1．事前精心策划，做事信心十足，工作时自动自觉、持之以恒、全力以赴。

2．是的。

3．是的。

4．我不会那样做。

5．要根据男孩自身的性情、能力及理想而定。

6．不。在繁荣的小镇或是小城市里的机会要比大城市里多得多。如果男孩在小镇里都不能成功，那在大城市里境况会更糟。

8．非常必要。

9．是的。

10．不热爱本职工作的人是不会成功的。

13．是的。如果时间等条件允许，上大学会使他受益匪浅。

15．是的。

16．是的。

17．不是。如果男孩上大学心不甘、情不愿，只是为了使家人高兴或是被指望он从中获利，那他就是在浪费时间和金钱，结果是弊大于利。

18．学手艺。

19．是的，他会因此而变得更加认真和独立。

20．不要完全依靠借款。他最好是等一段时间，自己攒些钱再做。

21．做事不够专注；无知。

23．是的。

24．父亲不要做他的顶头上司。受不熟悉的人领导反而更容易学会遵规守矩。

25．要想成功就要遵纪守法、做个好公民，要有健全的人格，还要做个虔诚的基督徒；要想成功就要吃苦耐劳、头脑聪明；还要有一颗勇敢、

171

纯洁的心。

乔治·威廉

纽约市。国家化学银行行长、多家金融慈善机构董事。

1．诚实。
2．是的。
3．并不完全是。
4．不是。
5．如果他能有足够坚强的意志抵抗都市的诱惑，那就去吧。
6．不。
7．不。
8．绝对必要。
9．是的。
10．只要忠于职守就好。
11．经验。
12．只要他有积累经验的想法，就能成功。
13．条件允许的话还是去吧。
14．不。
15．是的。
16．是的。
17．不是。
18．学手艺。
19．是的。
20．不。
21．不忠实。
22．《圣经》、《失乐园》、欧文的《见闻札记》、莎士比亚的作品、《富兰克林传》、《古老的宗教崇拜探究》）。
23．是的。
24．是的。
25．无论何时何地都要刚正不阿。

埃德温·西弗

马萨诸塞州波士顿。波士顿公立学校总监。

1．执着于自己的事业，尽自己的最大所能把它做到尽善尽美。但要注意"贪多嚼不烂"。
2．是的。
3．不一定。有时候事情并不像想象中那么乏味。
4．不是。
5．如果去到大城市后形单影只、无亲无故，还是不要去；如果情形较好，可以去。
6．同上。
7．那得看他为什么不喜欢。如果处理得当，多数男孩还是会愿意留在农场的。
8．你所说的"事业成功"是指什么？凭借诚信可以换来真正的成功；但投机取巧也可以赚来大把的钱。
9．是的。
10．是的。
11．两者缺一不可。
12．不会。
13．还是得视男孩的自身条件和身处的环境而定。
14．不。
15．是的。
16．是的。
17．不是。
18．对于这样的男孩不用提什么建议，他能干点什么就干点什么。
19．是的，除非其他方面的条件不允许。
20．不，除非真是天赐良机。
21．太急功近利。
22．《圣经》、莎士比亚的作品、司各特的诗、丁尼生的诗、《双城记》、《汤姆叔叔的小屋》。另外，还要读希腊历史、罗马历史、英国历史及美国历史。
23．只要不花太多时间在这上面就行。
25．对工作认真负责，诚实守信；尽力做好每件事；尽可能地对他人伸出援

助之手。

托马斯·巴德

加利福尼亚州怀尼米。美国参议员。

1．工作勤奋，懂得适时抓住机遇。
2．是的，不过事先要征求一下父母、监护人或是好友的意见。要弄清是"喜欢"还是"一时的冲动"。
3．不是，这种情况只在艺术界例外。
4．不是。
5．不，除非大城市有培训或教育方面的优势，机遇也很多。
6．不，除非如上所说。
7．个人喜好不足以作为择业的凭据。
8．完全必要。
9．千真万确。
10．有些工作就不需要。不过他得对工作用心。
11．经验。
12．有时会。
13．若是时间和金钱上不是问题，还是读吧。他若是确定将来即使在接受专业培训后也要子承父业，那就可以用些时间来学习。
14．不。
15．是的，要趁早。
16．当然。
17．有时是的。
18．经商。
19．当然。
20．不，除非有难得一遇的机会。
21．没个性。
22．首选是《圣经》。
23．是的。
24．是的。
25．**真实面对自己。真诚做事。多存点钱，但别太吝**

啬。合理支配金钱，不要浪费一分一毫。工作之余要学会享受生活，杜绝一切不良嗜好，充实精神生活，培养文学、音乐、艺术等方面的爱好。

爱德华·劳特百奇

纽约市。律师。劳得利、劳特百奇＆强生律师事务所成员；莫里斯·格劳戏剧公司副总经理兼董事、太平洋邮船公司副总经理兼律师、多家纽约公共汽车公司董事。

1．有一批弄潮儿创业致富，我观察了很久，也成了其中的一员，并从中得到了甜头。

2．当然。

3．不是必不可少的。

4．不是。

5．是的。他也可以去其他国家去寻找更广阔的前景。

6．不。

7．如果在农场工作有较好的发展前景，就不用过多考虑去大城市发展。

8．当然。

9．当然。

10．是的。

11．经验。

12．有时会。

13．是的。

14．课程若不是很冗长，可以。

15．当然。

16．毫无疑问。

17．不是。

18．学手艺。

19．是的。

20．是的。

21．缺乏锲而不舍的精神，面对困难的挑战不是去克服它而是选择屈服。

22．《圣经》；莎士比亚的作品；帕森斯的关于合同的

著作；本杰明的关于营销学的著作。即使男孩没想当律师，读读这类的书也大有益处。还有就是狄更斯的作品及美国历史丛书。

23．当然。

24．是的。

25．择业时要考虑的是你的自身条件而非个人喜好；并且要不懈地努力下去。面对挫折不要灰心丧气，而是要乐观面对。

威廉·穆迪

华盛顿哥伦比亚特区。海军部长。

2．是的，首先要看自己是否符合条件要求。

3．是的。

4．不是。

7．不应该。

8．绝对是。

9．是的。

10．是的。

11．能力是必备条件，而经验只是起到推波助澜的作用。

12．不会。有了能力和机遇后可以获得经验。

14．不。

15．是的。

16．是的。

17．有时是，要视具体情况而定。

21．不够勤奋，这可能是由多种原因造成的。

23．是的。

24．如果能受到一视同仁的对待、不搞特殊化，可以。

雅各布·里斯

纽约市。新闻作者、作家、改革家、慈善家、纽约政府慈善组织执行长官。积极倡导自治运动，主张施惠于民。

1．首先要感谢我的妻子；其次要归功于我坚韧不拔的精神。如果从做生意赚钱方面讲我并不成功，因为我依然是个穷人。

2．他若有个人喜好可以考虑。

3．不是。

4．当然不是。

5．人贵自立。他要是觉得有必要走就让他走吧。

6．我本人讨厌"去大城市"，不过我的想法不能左右他人。他如果一定要走，我也不反对。

7．让他爱上农场吧。

8．毫无疑问。

9．我就是这样做的。没有这种精神将一事无成。

10．应该是吧。

11．能力。

12．有些情况下是可以的。

14．不。

15．是的。

16．是的。

17．当然不是。这也是为什么现在会有这么多从高等学府出来的人都是"白痴"。

18．学手艺。

19．我觉得可以。

20．不，决不。

21．缺乏进取精神，终日里游手好闲、精神空虚。

22．《约翰·哈利法克斯先生》是其中之一。而最应该读的书应是《圣经》。

23．是的。

25．罗斯福的忠告："不要退缩，不要自欺欺人。凡事要勇敢面对"。他的人生法则是："做事要诚信，名利则如过眼云烟"。

查尔斯·西蒙顿

南卡罗莱纳州查尔斯

顿。美国巡回法庭法官、城市公立学校委员会会长、律师、作家。

1．当初我孤立无援，全靠上帝助我成功。

2．是的。

3．不是，很多没有明显个人喜好的人也都成功了。

4．极端地不明智。

5．是的。

6．我觉得还是应该从家乡做起。

7．不。

8．我就是这样来做的，靠诚信获得一个更广范意义上的成功。

9．这是最重要的因素。

10．要想做到最好当然需要。

11．能力，因为经验可以后天积累。

12．不会。

13．不。

14．是的。

15．是的。

16．必须要这样做。

17．不是。

18．学手艺。

19．是的。

20．是的。

21．奋斗过程中目标不明确，不会很好地自我控制。

22．《圣经》；莎士比亚的作品；《天路历程》；格林的《英国历史》；《汤姆·布朗求学记》及麦考利的作品。

23．是的。

24．视父亲的性格而定吧。

25．一旦认定了自己要做的事是正确的，就勇往直前地坚持到底。

约瑟夫·杰斐逊 文科硕士
马萨诸塞州秃鹰湾。演员、作家。

1．归因于我对职业的热爱，充分认识到它的作用；尽己所能地忠实于大众。

2．是的。

3．是的，非常肯定。

4．当然不是。

5．是的。

6．不。

7．不，没人能把自己不喜欢的工作做得很出色。

8．的确如此。

9．是的。

10．是的。

11．都重要。

12．不会太成功。

13．是的。

14．不。

15．当然。

16．是的。

17．不是。

18．学手艺。

19．如果他清楚自己在干什么，可以去做。

20．不，借钱不利于发展。

21．懒惰和虚荣。

22．赫伯特·斯宾塞的《教育》；吉尔伯特·汉默顿的《知性人生》；成年人应该读莎士比亚的作品；波普的作品；《可兰经》；孔子的著作及《圣经》。

23．是的。

24．一般说来，是的。

25．不受不良风气影响；心中始终充满热情；不要伤害任何人，尤其是女人。真理是最有力的武器，它使人们获得尊重与勇气。在保障自身安全的前提下尽可能地做好事帮助别人。读一读在《哈姆雷特》中波洛涅斯给他儿子的忠告。

莫里斯
宾夕法尼亚州费城。芝柏信托公司董事长。

2．是的。

3．不是。

4．不是。

5．是的。

6．不。

8．当然。

9．是的。

10．是的。

13．不。

14．不。

15．是的。

16．是的。

17．不是。

19．是的。

25．先决定好自己要做什么，仔细钻研它并坚持不懈。

塞缪尔·莱姆利 上校
华盛顿哥伦比亚特区。美国海军军法处处长。

1．我目前的职业如果算作是一种成功的话，那要归功于运气好、能力强及不屈不挠的精神。

2．是的。

3．是的。

4．不是。

5．男孩若有勇气就去吧。

6．不。

7．他若有其他才能或喜好可以离开。

8．是的。

9．是的。

10．是的。

11．经验。

12．个别情况下可以成功。

13．不。

14．不。

15．是。

16．是的。

17．不是。

18．如果干什么都不能取得巨大成功的话就经商吧。

19．是的。

男孩成长书

20．是的。

21．缺乏勇气。

22．《圣经》；哈乐的《没有国籍的人》；《势利小人集》；萨克雷的作品；莎士比亚的作品；马克·吐温的《傻子国外旅行记》和关于本国历史的书籍。

23．是的。

24．如无特殊兴趣就不要这样做。

25．热爱祖国。

詹姆斯·坎菲尔德 文科硕士，法学博士

纽约市。哥伦比亚大学图书管理员。曾任俄亥俄大学校长、堪萨斯州和内布拉斯加州教师协会及全国教育协会前任主席。

1．机遇始终眷顾着我；父亲对我的谆谆教诲；我的妻子时时激励着我上进；还有，我的朋友们对我的关爱和激赏让我无以言表。

2．是的，因为男孩过了16岁就开始有了自己的想法，当然也有例外。

3．我认为不是。美利坚民族是一个善于思索的民族，一个人在尝试过几个地方之后很容易就能找到真正适合自己的位置。

4．极个别的情况下也许，其可能性几乎为零。

5．或许在繁荣一点的小镇工作会更好一些；如果有要去大城市发展的理想，等长大去也可以。

6．同上。

7．不。

8．是的。

9．是的。

10．如果想获得最大的成功是得这样。

11．两者缺一不可。刚开始起步时可以没有经验（这是很正常的）；但是若没有能力，则寸步难行。

12．没有积累的经验，能力很难得到发挥；两者不可割裂开来看，只不过有的人这方面多些，有的人那方面多些。

13．总体说来是的。主要还是取决于男孩自己。

14．上大学或是技工学校。

15．是的。

16．是的。

17．若是强人所难，则不是明智之举。

18．我会建议他多接受些教育，这样可以更加认清自己。很多杰出人士都曾经是"普通男孩"。

19．是的。如果他在一所大企业里身居要职，所能达到的成就与自己单干的成就没什么差别，那就没这个必要了。

20．虽然我认为正常的企业资本与贷款没什么区别，但还是要小心谨慎。参见第19题答案。

21．想成就大事却无知、怠惰且缺乏耐心，就会导致失败。

23．是的，读报时取其精华去其糟粕。

24．如果父亲不会干涉儿子的正常工作和人际交往，或是父亲的确需要儿子的帮忙，可以考虑这样做。等儿子在别的地方有所成就后再和父亲联手也不迟。不过即使是这样，我仍对此抱有怀疑的态度。

25．无论何时何地都要相信你自己；无所畏惧，谨防邪恶与卑鄙；做任何事都要全力以赴。

评述：

参见本人撰写的小册子《困扰大学生的问题》，麦克米伦出版社出版，纽约。

查尔斯·萨克斯顿

纽约州克莱德。纽约州索赔法院庭长、纽约州前任副州长。

1．这个问题很难用三言两语来回答。现在我所取得的小小成就似乎是归功于早年大量广泛的阅读。那时我还很年轻，不到20岁，服役期间正赶上内战，在战争中我亲眼看到了什么是人性及人生真实的一面。当然这样的经历不是人人都有的。我提到它只是想说明对成功有帮助的东西不仅可以从书本里学到，还可以从与人的交往中及对日常生活的观察中学到。

2．如果男孩对某行业有特殊的兴趣而且不是一时的冲动，那么在他择业时，就应该把他的兴趣考虑进去。不过我们不能对男孩的期望过高，指望他能对自己做出完全正确的判断。通常来说，经验丰富的人更容易对男孩做出公正的评判，对于男孩的兴趣、喜好应该审慎对待。

3．不是。年轻人可能对某种事物有着浓厚的兴趣，但却可能更适合从事另外一种行业。

4．不是。

5．这完全取决于男孩自己。今天的都市中有很多成功人士都是出生于农村，他们凭借道德、精神方面的良好素质，克服一切艰难险阻取得成功，当然他们毕竟还

是属于少数。不过，依我之见，普通的男孩最好还是留在农村发展较好，在那里他们可以做点小生意。

6. 不，除非他对自己了解得十分清楚，确信自己能成功。

7. 不。

8. 毫无疑问。

9. 当然，否则无法成功。

10. 是的，一个人若是不喜欢他的工作，十有八九会采取逃避的态度。

11. 天生的能力是基础，上层结构则由经验所包含的知识与智慧来形成。

12. 不会，只有在有了经验并用经验使能力得到提高以后，才能成功。

13. 视情况而定。我认为即使教育不能直接使人赚大钱，但它能拓宽人的思路，从而使人把握更多的机会，得到更多的幸福。如果一个人想凭借大学文凭找到满意的工作，还不如多花点时间积累经验，这对将来大有好处。

14. 我当然不会建议他去学传统的课程。

15. 双手赞成。

16. 是的。

17. 不是。

18. 那得看男孩自己的意思。我曾见过普通平庸的男孩后来在事业上非常成功的例子，不过，他们都是用远大志向激励自己成功的。

19. 是的，前提他得是个经验丰富、深谋远虑、会精打细算且稳扎稳打的人。

20. 不。如果他目前的薪水不错，还不如先自己攒点钱再开创自己的事业；当然也不乏靠借来的钱发家的特例。

21. 办事不严谨就会导致失败，因为它会无一例外地导致冒险性投机，损失的不仅是自己的钱，还有他的委托人的钱。

22. 我觉得凡是喜欢读书的男孩都会读《圣经》；莎士比亚的作品。在我年轻的时候曾读过《大卫·科波菲尔》、麦考利的《英国历史》、莫特利的《荷兰的崛起》、科尔顿的《亨利·克莱传》、沃特的《帕特里克·亨利传》和丁尼生的诗。现在想来，我从这些书中得到很大的启迪。

23. 是的。他应该跟上时代的步伐。

24. 当然，视实际情况而定吧。其实很多男孩都秉承了父亲的才华，从小在家族事业的氛围中长大并受其影响。这样的男孩最好是继承父业，因为他对业务已非常熟悉。

25. 做个勇敢、诚实、善良的人；对朋友忠诚，对工作尽忠职守。尽可能多地吸收知识，但别忘了，学习的主要目的不是掌握课本知识，而是获得智慧。做一个善良、受人尊敬、真实不做作、有爱心的人远比获得名利更重要。

威廉·哈珀 哲学博士，法学博士

伊利诺伊州芝加哥。芝加哥大学校长、作家。

1. 归因于勤奋工作。

2. 是的。

3. 不必要。经验的影响力更大。

5. 在某种情况下是的。

6. 不。

7. 不。

8. 是的。

9. 是的。

10. 是的。

11. 很难说。

12. 是的。

13. 是的。

14. 是的。

15. 是的。

16. 是的。

17. 是的。

23. 是的。

查尔斯·巴丁

威斯康星州麦迪逊。威斯康星州最高法院法官。

1. 首先要感谢父亲对我的谆谆教诲和母亲的大力支持，他们教我要做个勤奋、节俭、诚实的人。其次还和我的勤奋工作、值得信赖、随时随地为他人服务及工作有效率等有关。人们似乎就是这么看我的。

2. 完全如此。

3. 不是。

4. 不是。

5. 取决于男孩。通常来说，不建议。当然也有例外。

6. 不。

7. 普遍观点是"不应该"。

8. 是的。

9. 是的。

10. 是的。

11. 经验。

12. 没有经验也能成功纯属偶然。

13. 通常来说是的。

14. 能去的话就去吧。

15. 是的。

16. 当然。

17. 不是。

18. 还是学手艺吧。

19. 是的。

20. 是的。

21. 奢侈浪费。

22. 莎士比亚的作品；

神话故事；麦考利的作品；《亚当·贝德》；《社会生活研究》；《圣经》。

23．是的。

24．是的。

25．**无论何时都要做到诚实、节俭、勤奋。生活要有节制；做生意要守时；记住"沉默是金"。**

弗雷德里克·安德伍德

纽约市。伊利铁路局局长。

1．机遇、勤奋还有诚信。

2．如果他的目标明确且合理，当然可以。

3．不是，在各种情况下都能应对自如的能力才重要。

4．不是。

5．不，除非他的素质真得很高。

6．不。要去也要等他已经有了一个开端再去，因为在大城市里生手到处都是。

7．没有哪个男孩从一开始就喜欢农活的，他的喜好需要慢慢培养。

8．对我而言是的。

9．才智更重要。

10．不是，他只要能适应就好。

11．能力。经验并不总是必不可少的。

12．是的，不过需要反复尝试几次才能成功。

13．若是有能力读书，且有足够的耐心等待毕业，就可以去读大学。

14．不，去技工学校吧。

15．够聪明的话就去吧。

16．当然。

17．不是。

18．学手艺。

19．是的。

20．视借钱的条件而定。

21．对眼前的状况及将来的前景一无所知；缺乏能力；不诚信。

22．一本好的宗教历史书；一本好的古代史书；一本好的现代史书；一本好的旅游书；一本好的礼仪方面的书；一本好的修辞学书及一本好的小说。

23．不，那是在浪费时间。

25．做人要冷静、诚实、勤奋，为他人着想，无论何时都要彬彬有礼。

富尔特斯教授　哲学博士，土木工程师

纽约州伊萨卡。康乃尔大学土木工程学院院长、卫生工程学院教授、曾任波多黎各西区公共工程主管、纽约劳顿水道部工程师。

1．首先归因于"黄金法则"，主要还是归因于对事业的专注，永不退缩的执着和大公无私。

2．男孩的喜好可能是不成熟的，这一点值得人注意；但是天才则另当别论。

3．毫无疑问，成功需要人的兴趣、好奇心和不懈的努力。

4．**不是。很多所谓"出色的男孩"最后都失败了，主要是因为他们的父母强迫他们去做不适合自己的事。**

5．**人都惧怕孤单无助，迫切需要投身到社交圈当中，因此他应该离开偏僻的地区，搬到人群密集的地方去住。**

6．只要是有活力的年轻人，即使在繁荣的小镇，也会大有前途。

7．不。即使是再优秀的人，若被强迫留在农场，也不会有前途。

8．无论想做成任何事，绝对的诚信都是必不可少的。

9．是的，否则懒惰的人也能成功了，而这是不可能的。

10．大体上来说是必不可少的；但是锲而不舍的坚持可以替代热爱之情。对某种职业的热爱只能起到促进的作用。

11．两者都重要。不过能力指导行为、决定经验的价值，而才智让人的双手变得灵巧。

12．这要看在哪个工作领域。不过经验还是很必要的。

13．是的，不过他要脚踏实地学习有实用性的知识。

14．是的。我无法想象没有人情味的社会是什么样子。缺少教育的人会很自私自利，缺少高贵的品质。

15．答案同第13题和第14题。

16．当然。不过需要经过谨慎的考虑。普通的大学课程耗时太长而技术培训时间又太短。我们教育中的弊端把有天分的人变成了庸才，有严重的误导倾向。

17．我不认为强迫手段有什么好处。不太聪明的孩子或是能力差的孩子在其他不需要过多才智的地方可以表现得很好。

18．普通的孩子就做普通的工作。没有什么理想抱负的孩子就学点手艺，在师傅的指导下工作；如果他的抱负得以施展，将来很可能会成为一名商人；而从事专业的队伍中已经有太多的"凡夫俗子"，他没必要再加入了。

19．是的，因为之前他已经显示出他的才华了。

20．那得看在什么情况下借的钱。如果条件允许，请参照上题答案。

21．缺乏活力、不诚实、能力差；还有就是过度地自私、自负。

22．我会推荐《希腊罗马名人传》。除此之外，还有成千上万的好书可以读。

23．报纸一直都发挥着巨大的教育作用，影响着一代又一代的人。但好的东西未必对人人都有利，比如适合大学生读的报纸未必也适合小孩读。

24．在孩子对其他行业产生兴趣时，父母强迫他们回来接手家族事业，虽然有时是不得已而为之，但这种做法是极其错误的。

25．保卫国家荣誉；诚实面对自己。

评述：

要诚实、善良，做事要三思而后行。控制好自己的情绪；不要对什么都欣然接受。心中时刻充满着希望；尊重他人意见；守信。记住礼貌是回报最高的投资。别轻视那些与你意见不一致的人。记住再有力的雄辩也不能说服别人，因为他的想法是根深蒂固的；要想说服别人，必须让他信赖你，而不是告诉他你觉得自己有多么正确；雄辩术只是一个小把戏，能帮你理清自己的思路。很多人不必强制别人改变想法就能与他人和平共处。相信人的本性，世界上还是好人多；人再邪恶也不会缘无故拒绝你的好意。人生来就是不完美的，别以完美的眼光挑剔别人。如果你想得到别人的尊重，那就得尊重别人。尽量保持身心的纯洁。这么做的确有些困难，但再没有比这更有百利而无一害的事了。

亨利·布克斯泰弗

纽约市。律师。纽约最高法院前任法官。

1．归因于各方面的充分准备，其中包括勤奋刻苦、持之以恒及精益求精的精神。

2．通常来说是的，但具体情况还得具体分析。

3．不是。

4．不是。

6．不。

7．倘若男孩没有抱负、没有能力也没有活力，那他还是留在农场吧。

8．的确如此。

9．我就是这样的。

10．对工作的热爱很重要，但不是必需的。

11．能力。

12．把能力付诸实践后就是经验。

13．是的。

14．如果他有时间和财力就去读吧。

15．是的。

16．当然。

18．这得看他的社会地位、实际能力和财力大小。

19．是的。

21．不够专注。

22．《圣经》、《大不列颠百科全书》、莎士比亚的作品、《格林童话》、班克罗夫特的历史著作及《伊索寓言》。

23．是的，但别花太多时间在这上面。

24．是的。

25．勤奋工作吧。

休·克雷格

加利福尼亚州圣弗朗西斯科。商会会长。

1．（a）父母的谆谆教诲；（b）从18岁起就开始自谋生路。

2．当然。

3．不是。

4．当然不是。

5．无论如何都让他试一试。

6．不。

7．不。

8．诚信是必须要有的；成功是逐渐获得的。

9．当然。

10．这是毫无疑问的，但也可以从更广义上来理解。

11．经验占60%，能力占40%。

12．经验是日积月累得来的。

13．不。

14．不。强迫上大学没什么好处。

15．如果父母负担得起学费，而男孩又没有其他更好的机会，当然可以去。

16．当然。不过我建议他最好还是学会一技之长。

17．当然不是。

18．学手艺吧。

19．不，最好是找机会与他的老板或上司合伙干。

20．不，不要借钱经商。

21．粗心大意和为所欲为。

22．《圣经》，用心去读，领会耶稣的教诲。莎士比亚的作品；彭斯的诗；格林的《英国历史》；《美国历史》；精彩的小说。

23．当然，但别只读一种报纸。

24．不。

25．做你自己，让上帝指引你找寻真理。无论第一份工作多么卑微都要用心去做，好工作就会接踵而来。雇佣者和老板都喜欢有工作热忱的年轻人。与女性保持良好的关系，陪她们读书、听音乐，在有能力成家的时候组建自己的小家庭，娶你最中意的人，能有座自己的房子就更好了。到那时，你的小家就是你的人间天堂。

托马斯·帕特森

科罗拉多州丹佛。美国参议员、律师、《落基山报》主编。

1．有成功的欲望，并利用一切正当手段获取成功。

2．可以，除非生理上的残疾不允许，或是该工作的职业道德值得质疑。

3．不是。一个人可以凭借锲而不舍的精神和超强的适应性获得成功。

4．这么做是不明智的。

5．建议他到城市或是离城市较近的地区工作，随着自身素质的提高，成功的机遇自然会来临。

6．我不会这么做。等他再大些或是长大成人后，由他自己来判断大城市是否适合自己。

7．如果有其他好机会就不用留下来。

8．这倒不是必要因素，不过没有诚信的成功不会十分令人满意。

9．不是完全必要的，不过偶然的成功只能属于个例。

10．不敢苟同，不过，对工作持有热爱之情可以使成功的可能性更大。

11．单纯地靠能力或是经验就想成功是不可能的，不过我还是觉得能力更重要一些。

12．当然有成功的可能，其他因素可以替代经验使人成功。

13．大学教育可以使人受益匪浅，在时间和金钱允许的条件下还是上大学吧。

14．总的说来，想学技工的孩子多数是没有时间和金钱去读大学的孩子。

15．他若有学习的钱，也有学习的愿望，当然可以去技工学校。

16．当然。

17．这不一定是违背他意愿的事。孩子可能只是对它没兴趣而已，而没兴趣是可以被克服的。

18．学手艺。

19．我觉得一个人应该尽早独立开创自己的事业，不仅在生意场上是这样，在其他领域也是如此。

20．不。自己攒钱，绝不借钱。

21．缺乏能力和判断力。

22．《圣经》；莎士比亚的作品；希腊史和罗马史；布莱克斯通的《论习惯法》；关于生理、卫生等方面的好书。

23．是的。

24．难说。原因很显然。

25．思想、言行要端正。保持健康的体魄。杜绝不良倾向。尽可能地接受良好的教育。树立明确的人生目标和事业目标，并为之奋斗。在有能力结婚的时候，要娶一位善良、能干、有同情心的女人为妻；建立自己的家庭；爱护你的妻子、儿女。热心公共事业，全身心地投入公益事业。勤奋工作。

塞缪尔·卡彭

马萨诸塞州波士顿。驻外代表团委员会主席、公理会主日学校校长、出版学会会长；托里、布莱特&卡彭地毯公司分公司负责人、慈善家。

2．是的。我们经常在自己感兴趣的领域取得成功。一名年轻人在我们的店里可能一无是处，但转行到要求有技术的行业里可能会非常成功。

3．不是。男孩可以凭借忠于真理和孜孜以求的精神克服一切艰难险阻。

4．不是。

5．是的。

6．不。

7．那得看他是否流露出在其他方面的才华。正如题2所说，他会在他所感兴趣的领域有所建树。

8．对"成功"正常的理解，是成功的要素。凭借投机取巧可能会有暂时的成功，但迟早会以失败告终。

9．是的。做事不认真的年轻人肯定会失败。

10．一般说来是的。

11．能力吧，但是两者都是必不可少的。

12．不。

13．是的，要想获得巨大的成功，需要高素质的人才。

14．还是去技工学校吧。

15．是的。

16．是的。

17．我会采取各种游说方法，但不会强迫他。

18．还是学手艺更容易成功。没有抱负的男孩其前景不容乐观。

19．是的。

20．不。

21．很难说到底是哪个。多数情况下是因为不够执着；

有时是因为超出自己的底线进行风险投资；还有的是因为挥霍无度。

22.《圣经》，尤其是《旧约》；最棒的适合年轻人的读物；传记。年轻人是在具体的生活中学到真理，而不是从抽象的说教中得到启迪。

23. 是的。

24. 如果是个很成功的事业，可以接手。英国商人已经为我们树立了良好的榜样。

25. 做事要小心谨慎；对事业要充满热情，采取认真的态度；持有一颗诚实、纯真的心；交友要慎重；读书要有选择；记住，拥有高尚的品格是最大的成功。

"你的行为决定你的发展方向；你的发展方向决定你的习惯；你的习惯决定你的品格；你的品格决定你的命运。"

约翰·达格尔教授 理科硕士

亚拉巴马州奥本。亚拉巴马工艺大学农学教授、农学方面的作家。

1. 对自己所从事工作的热爱；坚信自己所做的工作是有意义的；做事前准备充分，办事过程中态度认真、勤奋。

2. 是的，个别情况除外，如这个工作是危险的、不切实际的或是毫无意义的，或者这个工作要求他得在近期或长期奔波在外。

3. 是的。有时可能在准备过程中才有了热爱之情。如果对它怎么也提不起兴趣，那就得重新审视自己，考虑要不要重新做出选择。

4. 不是。

5. 那得看他选择的是什么工作。大城市只适合某些行业的发展。只有奋斗目标明确的人，才适合去大城市打拼，也许后来他会改变奋斗目标，但这并不影响什么。

6. 视情况而定。如果目标明确、优势明显就可以去。

7. 不。如果在农业大学学习完，明白了农活既是一种体力劳动也是一种脑力劳动之后，还是没有改变初衷，那就没有必要继续留在农场了。换一个较好的工作环境，也许他对农活就不那么排斥了。

8. 完全正确。

9. 是的。

10. 是的，他必须认识到它的重要性。

11. 两者密不可分。有能力才能运用经验做事。

12. 不论经验丰富与否，都必须有经验。

13. 是的。

14. 是的，也可以去技工学校或专科学校。

15. 是的。

16. 当然。

17. 不是。强迫只能让他浪费时间。让他先工作一年，然后再由他自己决定是上学还是继续工作。

18. 学点手艺或是做点小生意。

19. 根据具体情况而定吧。有时挣薪水要比从事冒险的生意强；而有时给自己干要比给别人打工开心。

20. 从事农业工作的话，可以。也许在其他无风险的工作上也可以试试。

21. 在商业领域里，冒险会导致失败；在农业方面，缺乏自然常识或对动植物的生长不甚了解都可能导致失败。

22.《圣经》；经济学书籍；社会学书籍；历史书；诗歌。时间如果不够用，就不要读小说了。

23. 除了有关世界局势变化的新闻外，其他的都不是很重要。一周读一次综合性的文摘周刊就足够了，省下时间可以多读读书。

24. 是的，除非有更好的选择。

25. 从主要到次要，成功依次取决于人品的好坏、准备是否充分及是否有热爱之情。

约翰·米切尔

纽约市。《生活》的创办者和主编、艺术家、插图画家、作家。

1. 对工作全身心地投入。

2. 是的。

3. 不是。

4. 难说。

5. 是的。

6. 难说。

7. 不。

8. 难说。

9. 不。

10. 是的。

11. 能力。

12. 是的。

13. 是的。

14. 是的。

15. 是的。

16. 是的。

17. 难说。

18. 学手艺。

19. 难说。

20. 难说。

21. 缺乏锲而不舍的精神。

22. 六本传记。

23. 是的。

24. 是的。

25. 无论大事小事，都要全身心地投入进去，尽自己最大能力把它做好；并且要长期坚持这么做。

罗伯特·麦克阿瑟　神学博士

纽约市。加略浸礼会牧师、作家及演讲家。

1．就我目前取得的成就而言，主要归功于身体健康和勤奋工作。"成功"不仅意味着权利还意味着义务。每个人都有义务在物质和精神两个世界里做出自己的贡献。有勤奋工作的能力和意愿才能称得上是有天分。

2．如果男孩思想成熟且具备某方面的能力，可以这样做。

3．想达到真正的成功就得有这样的必备条件。不过，认真的工作态度和良好的人品也可以促使人成功。

4．那得看男孩的判断力是否成熟，他的兴趣到底有多浓厚，还有就是他所受的教育程度到底有多高。

5．可以去一个大城市或是中型市镇。城市对于这样的男孩来说相当于一个良好的磨炼场所。

6．不，不要马上就去。先让他在小镇里施展拳脚，充分利用各种机会发展事业，然后再做打算。

7．视具体情况而定吧。他的父亲迫切需要他留在农场吗？男孩不想留在农场是因为他懒惰还是因为他对别的工作感兴趣呢？类似于这类问题，有助于人们做出正确的判断。

8．我本人十分赞同这点。人品好才能取得成功。

9．当然，这可以被看作是促使成功的不可或缺的天赋。最成功的人就是那些最能干的人。

10．一个人只要全身心投入就能让自己爱上工作。他可以主观夸大这份工作的重要性，以工作为荣，这样一来就会对它充满了热爱之情。

11．经验就是一种能力。两者互为补充。

12．两者密不可分。

13．绝对赞同。当今世界，商人也需要有渊博的知识。生意会涉及生活的各个方面，而其中最重要的就是文化。

14．如果可能，还是让他去大学读书吧。原因很简单，教育对它的成长大有益处。

15．可以，但得在他接受了大学教育之后。

16．当然，很多职场的成功人士都接受过大学教育。

17．我会尊重男孩的意愿，但我也会为他拒绝读大学的愚蠢行为扼腕叹息。

18．无论什么样的男孩都应该学着做点什么，以便用来谋生。

19．视具体情况而定。年轻人总是喜欢为了获得经验和成功而进行冒险。

20．要让我说的话，这是行不通的。在我给出建议之前必须先要确定有多大把握。

21．一小部分原因是竞争力差；主要原因还是准备不够充分，没有全身心投入进去，还有奢侈浪费。

22．《圣经》；一本好字典，且应经常使用字典；莎士比亚的作品；古代史；现代史；（古代的，英国的，美国的）诗集。

23．是的。但有时最好是读晚报或是晚上再读。一份好的报纸可以称得上是一本世俗《圣经》。

24．那得看父亲是否真的迫切需要儿子的加入，还要看儿子的意愿如何。总的说来我不赞成。

25．人要活得清清白白。遵循上帝的旨意做事。保持一颗纯洁的心，不对别人恶言相向，坦荡做人。对自己负责，对他人负责。使徒圣保罗对提多说过："我们应该严肃（即应适当自我节制）、正直、虔诚地活着。"这里的"严肃"指的是我们对自己的态度，"正直"指的是我们对他人的态度，"虔诚"指的是我们对上帝的态度。

威尔吉斯

纽约市。纽约中央区&哈德逊河流域铁路总工程师。

1．活力，勤奋的工作，持之以恒，正直及足智多谋。

2．是的。

3．是的。

4．不是。

5．不，除非他对某个工作有着浓厚的兴趣。

6．同上。

7．如果他对别的工作感兴趣就不必留下来。

8．是的。

9．是的。

10．是的。

11．两个都需要。

12．同上。

13．主要还是取决于男孩。通常来说不建议。

14．同上。

15．同上。

16．是的。

17．不是。

18．学手艺或做生意。

22.《希腊罗马名人传》、莎士比亚的作品、麦考利的文章、司各特的作品、萨克雷的作品、霍桑的作品。

23.是的。

24.他若是愿意的话，可以。

25.做事要动脑，要有活力，要持之以恒，做人要诚恳，要时刻为你的老板着想。

圣克莱尔·麦凯尔韦 文科硕士，法学博士

纽约布鲁克林。布鲁克林《每日鹰报》主编、纽约州立大学理事、美国社会科学协会会长、有关教育、市政事务及历史问题等方面的作家、演说家。

1.归因于对报业工作的执着；归因于习惯对报纸动态的全面掌控；归因于与各行业精英的密切关系；归因于坚信每个人都有自己的一技之长可以利用；归因于对政界的提拔采取一贯的谢绝态度；归因于对报业坚持独立性的坚定信念；归因于我的谨言慎行；归因于我只服务于读者，而不是为了取悦于他人或是攻击他人；归因于我乐于接受新鲜事物；归因于我的年轻心态；归因于规律的一日三餐和八小时睡眠；归因于遇到问题积极解决而不是为之苦恼不已；归因于生活有节制，从不相信"情绪"、"心血来潮"、"想象力"或是"天赋"可以取代勤奋；归因于我对上帝的虔诚信仰；归因于我拥有苏格兰人的信念和爱尔兰人的情感并有机结合。

2.如果他的追求是至关重要的，那还可以；如果只是为了享乐，那就得提醒他，做

不到最好就是一种失败。

3.有一定帮助，但不是必备条件。一个人只要有头脑、够勤奋、为人诚恳，即使在不利的条件下也能成功。

4.不是，除非男孩的理想是成为海盗、抢劫犯或是黑帮老大之类的人。

5.是的。

6.不，我会建议他展示一下自己的才能，看他在大城市里是否具有竞争力。

7.那得看他到底想干什么，想成为什么样的人，成功的可能性有多大。

8.当然。用非法手段得来的"成功"能让人锒铛入狱，甚至是逐渐走入深渊，无法自拔。

9.对于我而言，是的。

10.同题5。

11.经验，加上诚信与勤奋。

12.不会。

13.如果在大学里能学到对将来经商有帮助的知识，那就去吧。

14.是的，去工艺大学吧。

15.是的。

16.是的。如果他能读就去读；如果他不能读，也用不着悲伤、绝望。

17.如果他的判断是正确的，不是一时兴起，就不必留下来。

18.学手艺吧，可以带着手艺四处闯荡。

19.是的，只要不是被垄断的行业就好。

20.只要有资本家同情他、信任他、愿意为他投资就行。

21.欠债、懒惰、狡诈、不诚信。

22.《圣经》、莎士比亚的作品、麦考利的文章、约翰·菲斯克的作品、古柏的作品、司各特的作品，还有狄更斯的短篇小说及《富兰克林自传》等。

23.是的。

24.不，父亲对子女无法做到一视同仁。

25.我要说的是："请阅读之前的24个问题的答案"。我还要说："成功和幸福不是寻找得来的。它们是履行职责后的结果。把职责当作你的指路明灯，成功就会不期而至。"

评述：

学会控制自己的动作。讲话时不要指手画脚。别让别人妨碍你的发展。少考虑自己的"权力"有多大，多考虑自己的责任和机会是什么。站在老板的立场设身处地为他着想。不受不良倾向的影响。不读不健康的读物。不从事下流活动。不听、不讲下流故事；世界上健康的幽默故事有很多。没有幽默感是可悲的，别成为那样的人。幽默像机器的润滑油一样，可以使生活变得丰富多彩，但是别为了幽默而幽默。沉默是金；如果非说不可，那就简明扼要；如果是自己的私事，应该保持缄默，但若想表达自己的想法，那就找别的相关事情发表一下自己的看法，使人不易察觉。如果别人误以为你是个傻子，那就让他这么想好了，无需辩解，其实他才是真正的傻子。注意穿着打扮要得体，衣服、鞋子要干净、整齐；手要保养好，指

男孩成长书

甲要修剪整齐。你的老板或是客户会根据你的仪表暗自为你打分。定期去教堂做礼拜，尽己所能做善事。当你想批评、指责某个演说家或演员表现糟糕时，先想一想若是换了自己去表演会是什么样；要做个为他人着想、宽宏大量的人。少对别人抱怨，多侧耳倾听别人的想法。别相信有"无所不能"的人，也别信有"万灵药"。别让媒体左右你的想法，合理利用媒体资源为自己的思考服务。承认上帝无所不在。上帝的存在会让你感到极大的快慰。记住别欠债，它会把人推向深渊。珍惜靠省吃俭用和辛苦经营得来的财富，不要妄想靠投机或不义之财而一夜暴富。对人别吝惜你的赞美之词，它能催人奋进。不要误认为财富就意味着罪恶，因为任何事物都有正反两方面。要相信在这个世界上，信任、团结等与机器、政党等同样重要，都在推动着世界发展。选择一个符合你做人原则的信条指导你前进，一条足矣。在家里吃饭或者和家人聚餐，别独自一人到外面去吃。要因爱而结婚，别让婚姻掺入其他成分；但别急于结婚，要等自己有能力让家人过上舒适生活的时候再结婚。洁身自好、不拖不欠及谦恭有礼是无价之宝。

克拉克·贝尔 法学博士

纽约市。公司法律顾问。法医协会会长、法医社会学及法律专题作家、巴黎国际医学大会美国代表。

1．（a）勤奋工作，办事高效率；（b）戒烟、戒酒、戒赌博；（c）捐出至少十分之一的纯收入给慈善事业或宗教团体，并一贯如此。

2．是的。

3．不是必要的，但可以这样做。

4．当然不是。

5．不。可能有特例，但出于诸多因素的影响，农村的男孩最好还是别去大城市。

6．看男孩打算做什么吧，还要看男孩的自身条件如何及家境如何。在个别特殊情况下可以去大城市。

7．如果他是天生的懒惰，那农场可不是他该待的地方。

8．我听说过很多靠不诚实的手段赚到大笔金钱的事情；但是成功的人生不是单纯用金钱的多少来衡量的。有的人家财万贯，但精神世界却是一贫如洗，他的人生仍然是失败的。

9．我从没听说过有哪个懒惰的人获得过极大的成功。他可能通过炒股票或玩牌赢来大把钞票，但他绝不会成功。

10．勤勤恳恳工作的人能从工作中找到最大的乐趣。有时责任要重于兴趣。

11．在衡量成功与否时，能力远比经验重要。有很多人经验丰富，但却缺乏能力去学习新知。

12．有能力的人会从经验中吸取教训。

13．不。大学教育中有很多都是没用的垃圾。四年的时光对于学习经商之道的人来说是十分宝贵的，因此在大学里浪费了四年时光的男孩，很少有人会经商成功的。

14．如果他能付得起学费或是他的父亲能助他一臂之力，那他就去读大学吧；不过每天他都应该抽出几小时用来学习他所感兴趣的技工知识。

15．那是当然，在那里他可以早早就学到技工知识。

16．作为神职人员，大学教育是必不可少的；作为医生，几乎也是必不可少的；作为律师，就由男孩自己来决定吧。他必须学习拉丁语和法语，还应该学习德语，但这些都可以在14或15岁前来做；然后在17岁时他可以开始学习一些法律基本常识，并进入一家高级律师事务所工作，同时学习相关法律知识。他也可以在17到21岁之间在大学学习法律。走第一条路径获得的成就往往要更大些。

17．如果他是个天生懒散的人，那我就会强迫他去读大学，这也是我试图挽救他、督促他成才的最后一个办法。

18．生意场更适合这样的男孩。他永远也不会成为一名优秀的机械师，也不会在某专业领域身居要职，但他可以在生意场上一展拳脚。只要他够勤奋，做事讲诚信，即使资质一般也无所谓。

19．等到他已经对生意的各个环节都了如指掌、时机成熟了，就可以去开创自己的事业了。不过，最好是在给别人打工时积累经验，不要用自己的钱去练手。

20．他用借来的钱去投资等于是在冒突破道德底线的风险。一旦生意失败，后果将无法挽回。自己赚钱、自己攒钱、拿自己的钱而非朋友的钱去冒险是较为明智和安全的选择。

名家之谏

21．除了酗酒等恶习外，对事业没有全身心地投入也是原因之一。赚钱相对容易，难的是攒钱。只要别入不敷出就不会失败。

22．没有适用于所有男孩的最棒的六本书。得看是什么样的男孩、他想干什么。如果将来会从事某种专业，那就什么都得读——列出500本书，把它们全部读完。如果将来会搞技术，那就得全方位地阅读。他必须了解本国的历史和宪法，还要知道些本国的地理概况和政党派别。17岁时他应该掌握算术、代数、几何，还有天文学（数学除外），要读完关于恺撒和维吉尔的书（6本），西塞罗的书（4本），还有五六百本小说名著。

23．当今社会生活中，如果男孩不能保证至少三周读一次报纸，那他就会被社会所淘汰。

24．如果父亲只有一个儿子，那这么做就再好不过了。如果父亲有好几个儿子，那其中的一两个儿子接手事业就可以了，其他的儿子可以去做别的事。

25．做一个自力更生、凭良心办事、德高望重的绅士，做到一诺千金。什么是真正的成功？什么是美国青年的理想和值得褒奖的抱负？这不仅仅指的是能赚多少钱的问题。我认识一个大富豪，他的财富堆积如山，但他的生活却是一团糟。他从未对促进人类的发展做出过任何贡献，也没有给过身边的人以任何的帮助；他对金钱的痴迷已经达到了一种狂热的状态。他无子无女。在精神世界的更高层次里，他一

贫如洗。要立志做一些了不起的、有用的、有意义的事情；当你走到人生尽头的时候，回顾过往，不会因为对世界无所贡献而懊恼不已。

评述：

不要吸烟。世界各地的人都在吸烟。但是对于刚刚起步的男孩来说，不要吸烟的原因有三：（a）吸烟有害健康，属于不良嗜好。一个高尚的男人应该记得他即将娶的女孩有权利要求他保持整洁。男子要娶的女孩若是吸烟，他又会作何感想？为了你将来的妻子考虑，也要保持口气清新。(b)这是个特殊的恶习。很多恶习都可以进行弥补，但是吸烟对健康造成的伤害是无法弥补的。一旦吸烟成瘾，就无法戒除。这是你要自力更生、自强不息的天敌。它会牢牢地束缚住你，使你终生成为它的囚徒。(c)退一步说，从经济角度考虑，吸烟影响你的早期奋斗。对于刚开始步入社会的新手来说，吸烟花掉的钱和那些功成名就的人花的钱是一样多的。吸烟的人每周至少要花75美分到1美元来买香烟；有时甚至更多。你不妨坐下来仔细算一算，长此以往，香烟会耗费掉多少钱。比如说一名18岁或20岁的年轻人，如果抽烟一直抽到80岁，他会花掉多少钱？如果每周买烟需要用1美元（实际上远不止这么点钱），那一年就是52美元，十年就是520美元，三十年就是1560美元，这还不算6美分的利息。千万不要以打牌或赌博作为赚钱的手段。好多人的幸福都毁在赌博上面。有赌博恶习的雇员随时都有东窗事发

被开除的危险。赌博是恶习中的恶习。它能突破人的道德底线，毁掉人的本性；它能教人们去欺骗、撒谎、作弊。你在职业骗子眼中，就是待宰的羔羊。赌博就像一片汪洋大海，在海边漂浮着累累的白骨，而白骨的主人都曾经是那么的优秀。

约翰·菲利普·苏泽

纽约市。音乐家、苏泽乐队指挥、作曲家。

1．归因于我对自己事业的全情投入，刻苦的钻研和永不停止的热爱之情。

2．是的。

3．那得看具体是哪行，还要考虑男孩的自尊心。

4．不是。

5．仔细考虑清楚了再做决定。

7．不。

8．是的。

9．是的。

10．不是。

11．全情投入、才能或天赋，加上专业知识就能获得永久的成功。

12．同上。

13．是的。

14．不。

15．是的。

16．是的。

17．若男孩是个有头脑、善于思考的孩子，他的决定就值得考虑，这么做就不是明智之举。

18．我最痛恨游手好闲的人，没有抱负的男孩干哪行都会一事无成。

19．具体情况具体分析。

20．同上。

21．不投入，没理想，少教养，缺乏能力。

22．《圣经》；莎士比亚的作品；他所从事职业的发展史；本国的历史；世界史；《傻子国外旅行记》。

23．是的。

24．是的。

25．诚实做人。

亨利·拜福德 医学博士

伊利诺伊州芝加哥。伊利诺大学医学院妇产科教授。西北大学女子医学院临床妇产科教授。女子医院外科医生。芝加哥妇产科协会前任会长。

国际妇产科医学大会名誉主席。医学专题作家。

1．对想要知道的事情追根究底，绝不中途放弃。

2．他应该选择自己最能胜任的工作来做。没有经验做指导，单纯的个人喜好是靠不住的。

3．有时是但不常见。极大的成功常常与兴趣相伴而行，但兴趣往往是在成功之后才有的。

4．不是。

5．是的，反之亦然。城市中人才济济，城市中的男孩可以选择到农村去施展拳脚。

6．等有了足够的经验之后再去。

7．不应该，应该送他去读大学。

8．不。绝对的诚信只能使人处于劣势，但他若只是受雇于人则另当别论。

9．当然。

10．是的，通常都是这样。

11．两者都很重要。若能力中等，则经验显得更为重要。

12．一般的成功还是可能的。

13．有时间和金钱就去，

若没有时间就算了。

14．不完全赞同。他应该去学技工课程。

15．是的。

16．是的。

17．不是。

18．做何选择都没关系。

19．他若是得不到升迁的机会或是在大企业里学不到什么有用的东西，并且愿意勤奋工作，可以考虑这么做。

20．不。

21．商场中失败是因为缺乏经商的经验。职场中失败是因为缺乏常识和能力。学手艺失败是因为不够勤奋。

22．《圣经》；莎士比亚的作品；斯宾塞的诗。

23．是的。

24．是的。

25．选定目标就坚持不懈。

评述：

商人应该加强对科学和政治的学习；专业人士应该学习政治，加强体育锻炼，也可以多接触些文学；技工应该学习政治、艺术、文学或科学。不要只为了社会地位或某些表面利益而择业，也不要只为了钱而择业。选择自己最擅长的事情来做。

安德鲁·蒙塔古

弗吉尼亚州里士满。弗吉尼亚州州长。

1．事前准备充分，办事有条不紊，生活目标明确，清楚地认识到高尚的品格是最重要的。

2．当然。

3．是的，但也有例外。

4．不是。

5．是的，在适合的地方才能做到最好。

6．我不会这么做。

7．不。

8．本应如此。

9．是的。

10．是的。

11．能力。

12．是的。

13．是的。

14．是的。

15．当然。

16．是的。

17．不是。

18．学手艺。

19．是的，不过在当今的经济环境中很难说多少钱算是资金充足。

20．不。

21．恶习缠身，疯狂投机，活力不足。

22．《圣经》；班扬的《天路历程》；《希腊罗马名人传》；历史书籍；莎士比亚的作品；还有丁尼生的作品。

23．是的。

24．是的。

25．品格促使人进步，推动文明发展。把它牢记在心，勤奋工作。

约瑟夫·亨德里克斯

纽约市。国家商业银行行长。美国银行家协会会长、布鲁克林前任邮政局局长、布鲁克林教育委员会前任主席、前任国会议员。

1．对事业专注，让自己的工作价值得到实现，做好升职的准备。

2．等他对自己的选择进行过三思，并不再犹豫不决的时候才可以。

3．不是。

4．不是。

5．是的，在适合的地方才能做到最好。

6．不。小城市的重要性

日趋明显，为人才提供了很多良机。

7．如果他把希望寄予别处，且有打拼的勇气，他是不会留在那里的。

8．是成功的核心所在。

9．真正地用心去做而不是装模作样。

10．他必须热爱自己的工作。如果他能做到的话，工作就会成为他的最爱。

11．没有能力，运用经验就会出现严重的纰漏。

12．是的。一个有能力、有头脑的人遇到问题后会从问题中吸取经验教训的。

13．大学教育对高层次的贸易往来还是有帮助的。它能帮助人攀上成功的高峰。

14．是的。接受完大学教育后，他会很快摆脱从事体力劳动的状况。

15．是的。

16．是的。

17．是的。

18．让他早点参加工作，并一直工作下去。

19．是的。

20．只要他能证明自己有能力掌管好资金就行。

22．《圣经》；莎士比亚的作品；约翰·福斯特的《性格的作用》；托马斯·休斯的《汤姆·布朗求学记》；培根的《论说文集》及格言录。

23．是的，报纸是最佳的随手可寻的读物。

24．倘若父亲已经打下了良好的基础，那么儿子就应该好好地加以利用。

25．信奉上帝，相信人性，与所爱的女人携手到老。

爱德华·西蒙斯

纽约市。巴拿马铁路

局局长、哥伦比亚轮船公司董事长、纽约票据交易所所长、国家第四银行行长、纽约州商会副会长、纽约医院院长兼财务主管、纽约证券交易所前任所长、律师、慈善家。

1．勤奋加持之以恒。

2．是的。

3．是的。

4．不是。

5．是的。

6．不。

7．不。

8．是的。

9．是的。

10．是的。

11．能力。

12．是的。

13．是的。

14．是的。

15．大学毕业后可以去。

16．是的。

17．不是。

18．学手艺。

19．是的。

20．自己的钱不够的话可以借钱。

21．急功近利。

23．是的。

24．在某种情况下可以。

约翰·托马斯

宾夕法尼亚州费城。费城公共图书馆图书管理员。

1．能做到耐心十足，遵守时间，积极乐观，持之以恒，竭尽全力，就能成功。

2．毫无疑问。

3．是的。

4．不是。

5．去大城市之前如果有朋友能助他一臂之力或是起步工作有保障的话，可以考虑去。

6．不。

7．不。

8．没有诚信做保证将一事无成。

9．是的。

10．十之八九是这样的。

11．经验。实践胜于理论。

12．只是个例。

13．如果有钱、有机会当然要去。

14．大学教育对所有人都有益。

15．是的。

16．当然。

17．不是。

18．学手艺。

19．是的。

20．决不。

21．不适合经商；做生意时耍手腕就会招致失败。

22．（a）培根的《论说文集》；斯威夫特的《格列佛游记》；《希腊罗马名人传》；格林的《英国人的历史》；奥尔德里奇的《坏男孩的故事》；休斯的《汤姆·布朗求学记》。（b）卢伯克的《生活的乐趣》；黑尔的《希腊英雄传》；欧文的《见闻札记》；安斯蒂的《反之亦然》；兰的《清教徒诗集》；还有《天方夜谭》。（c）司各特的《艾梵赫》；金斯利的《希腊英雄》；丁尼生的诗集；杜夏路的《猩猩的故乡》；丘奇的《奥德赛的故事》；麦克卢尔的《美国总统传》。（d）休斯的《汤姆·布朗求学记》；维恩的《地心游记》；吉尔曼的《美国人的历史》；斯蒂文森的散文；克劳福德的《玛丽埃塔》；大仲马的《三个火枪手》。

23．是的。但是男孩可能

只读体育版，如果是这样，那就值得商榷了。

24．如果生意庞大需要人帮忙，或是父亲在儿子完全接管后就打算退休了，那么儿子就应该接手父亲的生意。

25．适度娱乐；做个正直的人；尽自己所能照顾好你的母亲和姐妹；工作勤奋、踏实。爱上帝和你身边的人。

埃兹拉·萨维奇

内布拉斯加州撒根特。内布拉斯加州州长、律师。

1．对事业的专注，尽可能多地为老板盈利。

2．是的。

3．当然是。

4．绝对不是。

5．如果他是成竹在胸、有备而来，可以去大城市。

6．等到他的家乡已经不能再为他提供施展才华的空间了，他再走也不迟。

7．不。

8．是的。

9．当然。

10．是的。

11．能力。

12．有能力就能获得经验，随后就能成功。

13．不是绝对必要，但会大有帮助。

14．不。

15．是的。

16．是的。

17．不是。

18．学手艺。

19．是的。

20．决不。

21．经验不足。

22．《华盛顿传》；《富兰克林传》；美国历史；莎士比亚的作品；《汤姆叔叔的小屋》；《圣经》。

23．当然。

24．如果他父亲的事业已经如日中天，当然可以接手。

25．做人讲诚信；多参与一些有意义的事情。

卡罗尔·柯蒂斯·博格斯

伊利诺伊州的菲尔菲尔德。伊利诺伊州最高法院法官。

2．男孩对某行业有特殊的偏好和兴趣，当然对成功能起到极大的促进作用。如果只是孩子的一时心血来潮，就不用考虑；但若是年轻人对未来的美好憧憬，且经过深思熟虑了，那么按照他自己的意愿择业，当然会对他的前途有利。

3．这种热爱之情不是非有不可，但若是有，当然更好。如果对工作厌恶得不得了，工作起来肯定不会有效率的。择业前要再三考虑，我不建议年轻人随便找个自己不喜欢的工作就业。

4．肯定不是。多数受父亲随意支配的男孩都缺乏男人的独立性。要相信孩子，让他自己决定。

5．农村并不缺少机会。我觉得现在好多年轻人都涌向大城市，使得那里拥挤不堪。都市的生活吸引着年轻人，也同时磨掉了他们的个性。但如果男孩在农村的发展机会微乎其微，那就可以考虑去别的地方。

6．不。

7．一个人是否喜爱自己的工作，这点对于要择业的年轻人来说非常重要。农民出身的男孩在对自己的将来有了打算之后，就不应该再被束缚在农场上了。让他自己选择出

路，并要为自己的决定负责。

8．靠耍花招的手段只能获得暂时的物质上的成功，这样的例子比比皆是。但在生意场上，"诚实乃上策"，才是处世之道。在老板雇佣员工时，这个人是否诚实是主要的参考条件。

9．是的。

10．如果一个人喜欢自己的工作并乐在其中，他的工作业绩肯定要比讨厌自己工作的人好得多；来个物质、精神双丰收。

11．对于没有能力的人，经验的作用就显得微乎其微了；但若这个人能力很强且选择明智，那他很快就能积累到经验。因为能力已经包含了小心谨慎和深思熟虑，所以不必迫切需要经验以避免犯错。能力从广义上讲被赋予了更大成功的希望。

12．是的。

13．教育水平不能绝对影响到人的成功程度，社会上这类的例子比比皆是。我们为广大青年提供的初等教育和中等教育已满足了各个领域的基本需要。

14．如果为了读大学，就得等到25岁才能到自己喜欢的行业去工作，那还不如不读。

15．在那里他会大有收获的，因为在技工学校里学到的知识都很有用。不过我觉得把大量的美好时光都用在那里还不如趁早工作，在实践中获得真知。

16．没读过大学的人在实际工作中有时会感到有所缺憾，但是那些高中毕业就工作、入行较早的人在多年的工作中学到的宝贵经验远远

要比当时还待在象牙塔中的人多得多。

17. 一个有能力、有抱负、身心健全的年轻人在为自己的将来做打算时，会经过深思熟虑，基本不会出错。大学里教授的东西没有多少实用性。

18. 这样的男孩最需要的，是把他生理上的和心智上的潜能激发出来。等到他有了离开家门独自去闯荡的勇气，他成为有用之材的可能性就变大了。他应该选择能靠自己的实力谋生的地方去打拼。

19. 是的。有经商才能的年轻人在资金充足的情况下应该去独自开创一片天地。

20. 为了谨慎起见，他最好是继续目前的工作，尽可能多地攒钱以备将来之需，至少也要攒到所需数目的一半以上再独自创业。

21. 不懂节约；小看了积少成多的作用；做事没有责任心，过度依赖他人。

22. 身心健康的男孩在一定的年龄阶段，会特别喜欢有关印第安人和狩猎的故事。库柏的《皮袜子故事集》正好符合他们的需要。关于大海和探险的故事会深深吸引着他们。历史、天文还有报纸、杂志提及到的大事小事，都能吸引他们的注意力。还应该让孩子们接触些小说名篇，如司各特、狄更斯的小说，欧文、马克·吐温的幽默以及其他健康的书籍都可以。这一时期的孩子们需要广泛、大量的阅读。让他们接触、见识社会的真实一面。对不良事物的一无所知不利于孩子们将来的发展。

23. 非常正确。

24. 他若是个思想成熟、喜欢从事此行业，而且不愿重蹈父亲覆辙的孩子，可以接手。他若是个逃避责任、贪图安逸的孩子，那就不可以。父亲的经验使用得当的话会使男孩受益匪浅。

25. 要自力更生，发愤图强。你的良好口碑会使你显得出类拔萃。结交忘年之交。要勤俭加勤奋，要谦恭有礼、意志坚定。记住，任何不良习惯都会使人在道德和人品方面出现缺陷，使人为此付出昂贵的代价。

查尔斯·哈里森 文科硕士，法学博士

宾夕法尼亚大学校长。宾夕法尼亚儿童保护协会会长。

1. （a）早期形成的自我约束和勤奋的好习惯；（b）观察事物细致入微；（c）持之以恒的精神。

2. 如果条件允许，当然可以。

3. 不是。

4. 不是。

7. 不。

8. 从长远角度讲，是的。

9. 是的。

10. 并非如此。

12. 事实就是如此。

13. 如果时间和经济条件允许的话，可以。

14. 同上。

15. 是的。

16. 毫无疑问。

17. 不是。

18. 学手艺。

19. 是的。

21. 鲁莽行事。

23. 是的，但要在合适的时间读。

25. 做人要清白，工作要勤奋。

弗朗西斯·冈纳尔 医学博士

华盛顿。美国海军公共卫生局前任局长。公立精神病医院院长。监事会主席。

1. 我从未意识到我已功成名就。不过我目前所拥有的一切都是用机遇和忠于职守换来的。

2. 当然。

4. 不是。

8. 要想获得光明磊落的成功，当然要靠诚信。

13. 如果可能的话还是去吧。

14. 不必如此。

15. 是的。

16. 是的。

21. 不忠于职守。

22. 《圣经》；古尔德本德的《论个人信仰》；《华盛顿传》；《林肯传》；《亨利·德拉蒙德传》；关于自然科学的书籍。

23. 是的。

24. 按常理说，是的。

25. 志存高远，认真执着。

艾伯特·波普上校

马萨诸塞州波士顿。零售商、制造商、美国自行车产业创始人、良好路况运动首倡者、波士顿银行行长、美国信贷公司经理、马萨诸塞步兵军事秩序指挥部前任部长、辛辛那提协会及其他爱国委员会成员。

1. 自我牺牲及持之以恒的精神。

2. 是的。

3. 是的。

4. 不是。

5. 如果他有能力，其他

方面的资质也不错，可以考虑离开。

6．先从家乡做起吧。

7．如无其他特殊才能，还是留下来吧。

8．是的。

9．是的。

10．是的，不过也有例外。

11．两者都很重要，但能力相对更重要。

12．不会。

13．除非有贵人相助，否则不建议这样做。

14．不。

15．是的。

16．是的。

17．不是。

18．学手艺。

19．是的。

20．他至少要筹到部分资金；如果资金不足，最好不要去借钱。

21．做事没有原则，不够节俭。

22．《圣经》；莎士比亚的作品；《悲惨世界》；《林肯传》；卡内基的《商业帝国》；约翰·费斯克的《美国历史》。

23．是的。

25．做人要诚实、稳健、精打细算、勤俭持家。做事不要投机，要实干。要乐于助人。

塞缪尔·亚当斯 医学博士

华盛顿哥伦比亚特区。乔治敦大学儿童医药与疾病的理论与临床学教授。乔治敦大学附属医院、华盛顿育幼院、儿童医院主治医生。美国小儿科学会秘书。

1．（a）努力学习；

（b）不畏工作上的挑战；

（c）专注于本职工作；（d）努力掌握新事物，学习不要一知半解；（e）尽量在自己熟知的领域里发挥自己的才干；（f）尊重他人感受。

2．是的。

3．是的。

4．不是。

5．如果他能适应环境的变化就去吧。

6．如果教育程度不高，还是别去。

7．不。

8．绝对是。

9．是的。

10．是的。

11．单凭经验只能换来暂时的成功，只有能力与经验结合在一起，得来的成功才是永恒的。

12．不会。

13．如果条件允许还是应该上大学。

14．如果时间和金钱允许还是去吧。

15．是的。

16．是的。

17．不是。

18．干什么都行，就是别进职场。

19．还是观望一段时间为好，尤其目前的薪水还比较可观，现在有点积蓄对将来有好处。

20．不。

21．急功近利。

23．是的。

24．如果父亲是个严于律己的人，当然可以。

25．工作时要诚实、守信、刻苦、努力。不要吸烟过度。戒酒。不参与任何形式的赌博。经济上不要入不敷出。

罗伯特·威廉斯·吉布森

纽约市。建筑师、美国建筑协会会长、纽约建筑联盟主席。

1．归因于工作谨慎，充满热爱之情；无论何时何地都要遵规守纪，适时把握时机。

2．是的，除非有人看到他的选择存在着巨大的弊病。

3．不是必备条件，但很有用。

4．不是。

5．是的，除非事业对他来说无足轻重。

6．当然不。

7．不。

8．虽不是成功的要素但事实上却很有用。

9．是的，不过若从事投机事业或有贵人相助就不需要了。

10．在从事某专业时，热爱之情很必要；若是做生意就不必了。

11．即使从理论上讲也不能将两者割裂开来。

12．没有经验的能力不能称之为能力；经验是能力的一部分。

13．是的。

14．不。

15．是的。

16．是的，不过入行要尽可能地早，即使是放弃大学教育也值得。

17．不是。

18．做生意。

19．如果既有真才实学又有信心和勇气，当然可以。

20．如果有真才实学，信用又好，可以让他试一试。

21．对相关的重要性缺乏认知；无论做人还是做事都失败。

22．具体要读什么书要

根据不同孩子的特点而定，不能一概而论。我个人建议读《圣经》，这不是为了宣传迷信，而是把它作为人类的智慧结晶来读；斯宾塞的《伦理学原理》；达尔文的《物种起源》；奥利弗·温德尔·霍尔姆斯的作品；爱默生的作品；还有吉普林的作品。

23．是的。

24．如果男孩愿意，当然可以；儿子的喜好很可能有遗传倾向。

25．在你长大成人之后，希望你仍能客观、真实地面对自己儿时的理想。

奥古斯塔斯·伯奈斯医学博士

密苏里州圣路易斯。外科手术方法改良者、解剖与外科手术学教师。

1．归因于大学阶段的教育和想要身居要职的理想。毫无疑问，后者使我的言谈举止遭到了对手的嫉妒和憎恶。不过这股憎恶之情成了激励我发愤图强的动力。因此我认为理想和抱负能激励人上进，有理想要比胸无大志强得多。我认为某种与生俱来的能力弥补了人与人之间能力上的差异。

2．是的。

3．是的。

4．不是。

5．是的。

6．不。

7．不。

8．是的。

9．是的。

10．是的。

11．能力。

12．不会。

13．是的，至少也要让他把文化基础打牢些。

14．不。

15．是的。

16．是的。

18．做生意或是学手艺。

19．是的。

20．是的。

21．挥霍无度，入不敷出。

22．《希腊罗马名人传》；有关自然科学的学术论文；受过良好教育的年轻人应该读一读赫伯特·斯宾塞的《第一项原则》；还有《文明发展史》。

23．是的。

24．是的，不过前提是他已经在同类行业的其他地方积累了几年的经验。

25．"无限风光在顶峰"，在前进的途中只要别犯大错误就能爬得更高，走得更远。

约翰·胡恩

特拉华州。特拉华州州长。

1．良好的家教、健康的体魄及良好的教育；一直坚信成功出于勤奋。

2．是的。

3．不是。

4．不是。

5．是的。

6．不。

7．不。

8．是的。

9．是的。

10．是的。

11．能力。

12．经验迟早都会获得的。

13．是的。

14．是的。

15．是的。

16．是的。

17．不是。

18．学手艺。

19．是的。

20．很少会这样。

21．入不敷出。

23．是的。

24．如果父亲的生意很成功，可以。

25．对上帝虔诚；对祖国忠诚；对自己坦诚。

威廉·林肯

马萨诸塞州波士顿。波士顿商会会长。

2．是的。

3．不是，但有用。

4．不是。

5．是的。

6．事业刚起步时先别去。

7．不。

8．是的。

9．是的。

10．是的。

11．能力。经验会有的。

12．很难将两者完全拆分开来。经验在某种程度上依附于能力。

13．财力允许的话可以去读。

14．不，我建议他还是去读技工学校。

15．是的。

16．是的。

17．不是。

18．做个普通职员或是找个有保障的饭碗。

19．是的。

20．不。

21．怠惰或是缺乏判断力。

22．《圣经》；莎士比亚的作品；弥尔顿的作品；马可·奥勒留的《沉思录》；丹尼尔·韦伯斯特的作品；《林肯传》。不敢说这些书是最好的，但都是优秀的作品。

23．当然。

24．如果这个事业前景不错的话，可以接手。

25．交友要谨慎；坦诚待人；做人讲诚信；一诺千金；抵制诱惑；不要急功近利；若没有能力偿还，千万不要负债累累；做事要勤奋、认真、用心；尽自己最大努力让世界更加美好。

威廉·赖斯

马萨诸塞州昆西。波士顿赖斯&哈钦斯制鞋厂厂长、昆西医院创建者。

1．身体健康，理解能力强，对环境的适应能力强，为了成功甘愿牺牲个人喜好、放弃安逸。

2．总体说来，是的。不过得确定男孩是否真的很清楚自己到底想干什么。

3．不是必不可少的，但很有帮助。有的人可以在好几个领域里获得成功。

4．不是。

5．男孩应该拥有与能力成正比的机会。

7．不。弄清楚他是否真的知道自己到底想要什么。

8．毫无疑问。

9．是的。

10．对工作的热爱往往会成为成功的诱因。

11．这是个很好的议题。我的观点是：两者都重要。

12．有时会。

13．如果他爱学习，那就去吧。

14．不。

15．是的。

16．是的。

17．不是。

19．是的。

20．如果他懂得精打细算的话，可以。

21．他会因此而负债累累的。

22．《圣经》；只要是内容健康的书籍都可以读。

23．是的，要逐条地读。

24．是的。

25．无论身处何地，都尽可能地把自己的才能发挥到极致。不要做语言上的巨人，行动上的矮子。

约翰·康弗斯

宾夕法尼亚州费城。鲍德温机车车辆厂厂长、慈善家。

1．对事业的专注。

2．是的。

3．是的。

4．不是。

5．是的。

6．不。

8．是的。

9．是的。

10．是的。

11．能力。

12．不会。

13．如果条件允许还是去吧。

14．不，我会建议他去技工学校。

15．是的。

16．是的。

17．不是。

18．学手艺。

19．是的。

20．不。

21．没做到锲而不舍。

22．《圣经》；莎士比亚的作品；正规的历史书籍。

23．是的。

24．不。

威廉·坎贝尔 理科硕士，理科博士

加利福尼亚州汉密尔顿山区。里克天文台台长、天文学者、天文学专题作家。

1．健康的体魄；对自然科学的热爱；面对艰巨工作的挑战，乐在其中；了解自己到底想要什么；即使薪水再高也绝不做自己不熟悉领域里的门外汉。

2．是的。

3．是的。

4．不是。

5．如果能力出众，应该去。

6．除非是天赐良机，否则不要去。

7．只要他清楚地知道自己想要什么就不必留下来。

8．是的。

9．是的。

10．是的。

11．如果真有能力，很快就能获得经验。

12．同上。

13．多数情况下不会。

14．不。

15．是的。

16．是的。

17．不是。

18．学手艺。

19．是的。

20．不。

21．缺乏兴趣，不够专注。

22．是书就可以读。

23．是的。

24．是的，但凡事总有例外。

25．弄清楚自己到底想做什么，到底喜欢做什么，任何艰难险阻都不在话下。

詹姆斯·安杰尔

密歇根州安娜堡。密歇根大学校长、外交官、前任驻华、驻土耳其公使。

2．是的。

3．不是。

4．不是。

7．不。

8．是的。

9．是的。

10．是的。

13．如果他有读书的天分那就去吧。

14．如果有领导才能，就去读大学；否则就别去。

15．是的，如果他是个当经理的料就去吧。

16．是的。

17．不是。

21．不能持之以恒。

23．是的。

24．不。

25．做人要正直高尚，做事要持之以恒、刻苦勤奋。

阿瑟·哈德利　文科硕士，哲学博士

康涅狄格州纽黑文市。耶鲁大学校长、作家。

8．人们总是把"事业成功"和"大发横财"混为一谈。妓女和罪犯可以大发横财，但不能说他们是事业成功。一个人可以不用依靠诚信就能弄到钱。他可以撬老板的保险箱去偷钱；可以想法儿骗取老板的信任去弄到钱；可以改名易姓去欺诈得钱；可以没有货就和别人交易去骗钱；可以用卑劣的手段在竞争中胜出去赚钱。这些非法手段很容易被识破，也会被给予严厉的惩罚。不管这些伎俩是否会被拆穿，这些大把大把的钱都不能算作事业有成的证明。在正确

阐述"事业成功"的概念时，"诚信"是必不可少的。分不清楚两者区别的人会感到惭愧；而对"诚信"的重要性和必要性表示怀疑的人只要有利可图就会出卖灵魂。请恕我直言，但是我觉得把这个问题阐述清楚了要比回答其他所有的问题都值得。

乔治·惠勒·欣曼

伊利诺伊州芝加哥。芝加哥《大洋中心报》总编兼经理、外国历史及外交策略专题演讲家。

1．严谨的态度。

2．是的。

3．不是。

4．不是。

6．不。

7．不。

8．从深层意义上讲，是的。但如果只为了赚钱，那就不必要了。

9．多数情况下，是的。

10．不。

11．同等重要。

12．这种情况很少发生。

13．只要代价不是很大还是去吧。

14．不。

15．是的。

16．是的。

17．不是。

18．做生意。

20．不敢苟同。

21．工作不够勤奋，不够严谨。

22．从对他将来职业有帮助的书中找出最好的六本来读。

23．是的。

24．是的。

25．做人要诚实、坦白；做事要严谨、勤奋。踏实生

活，绝不弄虚作假。

查尔斯·泰勒　将军

马萨诸塞州波士顿。《波士顿环球报》总编兼总经理。

1．无论身处何职，我都会全力以赴。这个习惯与脚踏实地的工作态度一起能帮助一个人成就梦想。

2．是的。

3．通常来说，是的。

4．不是。

5．那要看男孩是否有头脑、工作是否勤奋。

6．如果不是才智过人就不要去。

8．绝对是。

9．绝对是。

10．是的。

15．是的。

16．是的。

17．不是。

19．得看具体条件，如男孩的能力如何，周围的环境好坏等。

20．视具体环境而定。

21．头脑不够聪明，工作不够勤奋。

23．是的。

24．是的。

25．无论做什么工作都要全力以赴。

弗朗西斯·克拉克　神学博士

马萨诸塞州波士顿。基督教勉励会联合会会长、创始人；《基督教勉励会报》主编、作家。

1．在上帝的保佑下，我做任何事都会尽力而为，并且目光放得长远。

2．是的。

3．不是必不可少，但很

有帮助。

4．不是。

5．不能一概而论。

6．不。

8．是的。

9．是的。

10．是的。

11．能力。

12．是的，经常发生。

13．是的。

14．见下。

15．对于想从事技工行业的人来说，读技工学校和读大学的效果是一样的，甚至还会更好一些。

16．是的。

17．有许多男孩需要对他们采取一定程度的强制手段，至少让他们在大学里先试一试。

18．假设我是这样的男孩，我可能会当个农民。

19．是的。

20．这可能是个明智的选择。视情况而定吧。

21．没有人生目标，意志不够坚强。

23．是的，每天读10分钟报纸就够了。

希金斯

伊利诺伊州芝加哥。伊利诺伊州中央铁路局局长。

1．（a）勤奋、严谨的工作态度；（b）与对手公平竞争；（c）一视同仁；（d）对人和颜悦色。

2．如果在他满17岁以后仍然没有改变喜好，可以根据他的喜好择业。

3．对于男孩来说不是。

4．不是。

5．是的。

6．不。

7．不。

8．是的。

9．是的。

10．是的。

11．在起步阶段能力更重要；再往后，经验则更重要。

12．同上。

13．不。

14．不。

15．是的。

16．是的。

17．不是。

18．学手艺。

19．最好是进入好一点的公司或是根基牢固的大型单位工作。

20．不。

21．对自己放任自流。

22．事业有成的名人传记及此类的书籍。

23．是的。

24．是的。

25．交友谨慎；为人坦诚；能体谅别人，一视同仁；遵守诺言。

阿瑟·雷诺兹 医学博士

伊利诺伊州芝加哥。卫生部长。

1．对事业锲而不舍的精神。

2．是的，如果他的心智已经成熟，可以考虑。

3．是的。

4．不是。

5．如果他的事业心很重，那就到能成就事业的地方去；如果留在农村也很满意，那就留在那里。

6．绝对不。

7．不。

8．当然如此。

9．对我而言，是的。

10．是的。

12．是的，只要锲而不

舍地坚持下去就能成功。

13．是的。

14．读一段时间吧。

15．是的。

16．是的，但不必非得拿到毕业文凭，除非获得文凭对于他来说轻而易举。

17．不是。

18．选择个最得心应手的工作，一直做下去。

19．是的。

20．不。

21．对工作不投入；由于健康原因，心有余而力不足；或是懒惰且债务缠身。

23．是的，读新闻，那些内容健康的新闻。

24．是的，除非其他领域更适合他发展。

25．要做到心情舒畅，积极主动，勤奋好学，待人诚恳。

埃尔伍德·弗纳斯

内华达州，艾奥瓦州。全国农民联合会主席、农民。

1．做任何事情都怀着必胜的信念，加之适宜的条件。

2．我会建议他选择有把握的事业来做。

3．如果是在经验的基础上形成的喜好，可以考虑。

4．不是。

5．不，等接受完必需的教育之后再走。

6．不。

7．是的。

8．是的。

9．是的。

10．不。

11．能力。

12．是的，只要有能力，可以通过各个渠道获得经验。

13．是的。

14. 是的。

15. 不。

16. 是的。

17. 不是。

18. 学手艺。

19. 是的。

20. 不。

21. 做生意资金不足；因酗酒或其他不良因素导致的散漫作风。

22. 《圣经》；莎士比亚的作品；政治经济书；生理学书；国家法律；名人传记。

23. 是的。

24. 如有必要，可以。

25. 与别人礼尚往来。躲开那些会将你带入歧途的人。寻找智慧的源泉。从大自然的运作中学习知识。遵循大自然的规律，万物生长，它如宇宙的缔造者所拥有的力量一样，是冥冥之中存在着的一股力量，是非人力所能及的。带着这样的目光审视世界，你就会爱上这个世界，爱上这位伟大的缔造者，这将是你最大的心得。生意、手艺等等都在其次。做个有用的人，这样一来才能让别人发现你的价值。动作要迅速，办事才有效率。别让你的老板失望，这样才能体现你的价值，从而也使你获得更丰厚的回报。对人要谦恭有礼。对待别人要像对待自己的家人一样。与别人坦诚相待，你将会得到上帝的眷顾和别人的回报。

乔治·史蒂文斯

弗吉尼亚州里士满。乞沙比克&俄亥俄铁路局局长。

2. 是的。

3. 是的。

4. 不是。

5. 如果他不喜欢农活的

话可以走。

6. 不。

7. 不。

8. 是的。

9. 是的。

10. 是的。

11. 能力。

12. 是的。

13. 是的。

14. 是的。

15. 是的。

16. 是的。

17. 不是。

18. 学手艺。

19. 是的。

20. 是的。

21. 对工作不够投入。

23. 是的。

24. 如果他愿意，可以。

约翰·霍顿

马萨诸塞州林恩。公共图书馆图书管理员。

1. 做人、做事都有自己的道德准则。工作勤奋，持之以恒。

2. 是的。

3. 是的。

4. 不是。

5. 是的。

6. 不。

7. 不。

8. 是的。

9. 是的。

10. 不是绝对必要的。

11. 能力。

12. 很少有这样的事。

13. 不。

14. 不。

15. 是的。

17. 不。

18. 学手艺。

19. 是的。

20. 通常来说，不。

21. 挥霍无度。

---

22. 《圣经》；《学生守则》（约翰·托德）；《年轻人的领路人》（奥尔科特）；《自己拯救自己》（斯迈尔斯）；《商业帝国》（卡内基）；男孩自主选择的书籍。

23. 是的。

24. 不。

25. 做人要诚实、勤奋。广开视听，少说为宜。

塞缪尔·伍德布里奇 教授

马萨诸塞州波士顿。麻省理工大学教授、美国公共卫生联合会主席、机动车卫生委员会主席。负责包括美国国会会议厅在内的150余处建筑物的供暖及通风事务的设计工程师兼顾问工程师。

1. 热情与勤奋。

2. 除了个人喜好还要看机遇如何。

3. 不是，但是一种优势。

4. 不是。

5. 还有比事业更重要的事。

8. 绝对是。

9. 是的。

10. 要想成功得做到专注、投入加热情。

11. 能力。

12. 有了能力，在经验的辅助下成功得更快。

13. 如果条件允许，受的教育越深广，对人的发展越好。

14. 先是思想上的教育；学手艺其次。

15. 是的。

16. 是的。

17. 要尊重男孩的意愿。

18. 选个最能促其发展、成熟的行业。

19. 视情况而定，要看机遇如何。

20．听听为他提供资金赞助的人意见吧。

21．优胜劣汰；判断失误；管理不善；竞争手段冷酷无情。

22．经典戏剧；最好的历史书籍；最好的诗歌。

23．有选择性地读。

24．遵循的原则同2题答案。

25．男子汉大丈夫，拿得起放得下。无论做什么事都要尽力而为。

罗斯韦尔·米勒

伊利诺伊州芝加哥。密尔沃基&圣保罗铁路局董事会董事长。

1．工作努力。
2．是的。
3．不是。
4．不是。
5．是的。
6．不。
7．不。
8．不是。
9．是的。
10．是的。
11．能力。
12．是的。
13．不。
14．不。
15．是的。
16．是的。
17．不是。
18．学手艺。
19．是的。
20．是的。
21．不能持之以恒。
23．是的。

塞缪尔·多尔顿 将军

马萨诸塞州波士顿。马萨诸塞联邦军务局长。

2．是的。

3．在某种程度上说，是的。
4．不是。
5．是的。
6．不。
7．不。
8．是的。
9．是的。
10．是的。
11．同等重要。
12．有能力自然能获得经验。
13．不。
14．不。
15．是的。
16．是的。
17．不是。
18．学手艺。
19．看有没有机遇吧。
20．不。
23．是的。
24．不。

加斯特沃斯·格伦

佐治亚州亚特兰大。公立学校总长、南方教育协会会长、芝加哥全国教育协会管理处处长。

1．我做任何事从不三心二意。
2．视男孩的自身情况而定。如果他已经心智成熟，可以考虑。
3．有时是。
4．不是。
5．如果他是个有头脑的孩子，可以。
6．不。
7．不。
8．是的。
9．通常如此。
10．是的。
11．经验。
12．不会。
13．是的。

14．是的。
15．是的。
16．是的。
17．不是。
18．学手艺对他的发展有利。
19．是的。
20．是的。
21．忽视了成功的必备条件。
22．《圣经》；莎士比亚的作品；班扬的《天路历程》；本国历史；名人传记。
23．是的。
24．如果做哪行都没太大分别，可以。
25．说真话，做实事，要活得实实在在。

约翰·米克尔伯勒 哲学博士

纽约布鲁克林。男子高中校长。

1．自己打工赚大学学费。
2．只要职业正当就行。
3．不是。
4．通常来说是不明智的。
5．好多男孩在家乡都不能使自己的才华得到彻底地发挥，如果继续留在那里只能是被束缚住手脚。
6．这个问题该如何回答并无定数。主要还是看男孩能否在大都市里仍然保持一颗平常心。
7．不。如果他是因为害怕劳动而要逃离农场，那就应该让他留在那里，试着做点别的。
8．有人认为没有诚信也一样，但我认为还是应该讲诚信。
9．"锲而不舍、持之以恒"有时会限制人的发展，我比较赞同坚持一段时间后做个短暂的休息，然后再继续。

10. 一个人必须对自己的工作有兴趣，但不一定非得热爱它。

11. 能力是基础，经验是上层建筑。只有经验而无能力，通常都会失败。

12. 是的，但成功的程度有限。成功并不意味着金钱。真正的成功是经年努力的结果。不过这么做可以获得经验。

13. 是的，总的说来，大学的教育、大学的生活和大学的经历是任何事物都无法替代的。

14. 是的。这有助于他将来成为这个行业的佼佼者。

15. 是的。

16. 是的。

17. 不是。很多男孩根本用不着上大学。

18. 如果他没什么宏图大志，那就选一个他自己可能会感兴趣的行业吧。

19. 只要他的资金够充足就行。早在三四十年前我就应该赞同。

20. 不。

21. 缺乏判断力。过度依赖"运气"。虽然有时有"运气"没有判断力也能成功，但属个例。

22. 《圣经》；莎士比亚的作品；政治家的传记；朗费罗、惠蒂尔、霍尔姆斯、布莱恩特及罗威尔的诗作。

23. 是的，他应该学习如何有甄别地阅读报纸，取其精华，去其糟粕。

24. 难说。这取决于父亲是什么样的人，男孩是什么样的人，还有父亲的事业是个什么样的事业。

25. 我会引用朗费罗的话告诉他们："无论处境如何，都要快乐地活着，有尊严地活着。等你辞世之后，人们会像评价尤里匹蒂斯那样评价你：'你的名字不是因为被写在墓碑上而被人记住；但墓碑却因写上了你的名字而熠熠生辉。'"

约翰·斯隆

纽约市。W&斯隆地毯与室内装饰公司职员。

1. 我的小有成就要归因于上帝的指引和父母的悉心教导，再有就是奋斗目标明确。

2. 是的。

3. 是的。

4. 男孩应该自己建设自己的幸福生活，父母应该予以引导而非强迫。

5. 是的。

6. 如果我是那个男孩的话，我会尽力去寻找机遇，一旦机会来临，我就能好好把握住它。

7. 不。

8. 是的。

9. 是的。

10. 是的。

11. 两者互相依赖，缺一不可。

12. 不会。

13. 读大学更好，但不是非读不可。

14. 我建议他选择大学的理工科来读。

15. 是的。

16. 是的。

17. 应该鼓励孩子，但不要强迫他。

18. 还是学门手艺吧。

19. 如果他有这个志向那就试试吧。

20. 这得取决于借钱者。

21. 胸无大志，敷衍了事。

23. 是的。

24. 是的。

25. "无论做什么事都要全力以赴。"为上帝而奋斗。

雷文

纽约市。大西洋人寿保险公司董事长。

1. 成功与否是相对而言的。尽忠职守是分内之事。没有绝对的成功可言，因为在冥冥之中有股强大的力量操纵着一切，这是非人力可以控制的。认识不到上帝的存在，人类的努力就会变得徒劳无获。

2. 如果这不是男孩的一时冲动，当然应该予以尊重。

3. 有时即使有机遇我们也难断定结果会如何，因此没必要非得有你所说的热爱之情。

4. 毫无疑问是不明智的。

5. 人就应该在最适合自己的领域发挥专长，尽最大可能体现自身价值。

6. 不，我不会这么做。

7. 当然不是。

8. 诚实是成功的根本，没有诚信做基础，毫无成功可言。

9. 当然。

10. 为了成功，他当然得对自己所从事的工作感兴趣。

11. 经验很重要，是日积月累得来的。所谓的能力或高智商对于成功来说并非必不可少。真正的聪明人会懂得如何利用经验去获得成功。

12. 人尽其才才能获得成功。

13. 如果条件允许，大学的教育能使他开阔视野、拓展思路，无论他将来从事什么职业，都有百利而无一害。

14．如果条件允许，我当然赞成。

15．当然。

16．这似乎是很必要的一步。

17．我不认为是明智之举，这么做的结果不会好的。

18．当然得学手艺。

19．倘若不是孤注一掷式的投资，可以试一试。

20．我不赞成。我从来就不赞成向别人借钱。

21．对事业不够忠诚，不够投入。

22．依我之见，最有启迪作用的是：《圣经》；班扬的《天路历程》；莎士比亚的作品；在历史上有影响力的名人传记，如约翰·霍华德、亚伯拉罕·林肯、威廉·E.格拉德斯通等人的传记。

23．通过读报纸了解时事新闻、世界形势。报纸良莠不齐，很难说哪份报纸是"好"报纸。

24．这类的事能回避尽量回避。

25．尽自己最大努力保持身心健康。注重生活细节，不受客观环境的影响。能做到这些就一定能获得成功。

斯图尔特·罗布森
新泽西州海兰士。演员。

1．做事认真，待人诚恳，自尊自爱，事业至上。

2．是的。

3．是的。

4．不光是不明智，简直是在犯罪。

5．是的。

6．是的，我觉得乡下的环境不适合才智的自由发展。有头脑的男孩在这样的环境中无法大展宏图。

7．不。

8．多数的成功都是靠诚信得来的，但并不绝对。

9．所谓的天才，就是勤奋的人。

10．是的。

11．当然是能力。

12．不会。

13．不。

14．不。

15．不。

16．如果是做个脑力劳动者，我建议还是上大学吧。

17．不是。

19．在有专家指导的情况下可以。

20．在有专家指导的情况下可以。

21．胸无大志。

22．狄更斯的《雾都孤儿》；巴尔扎克的《路易·朗贝尔》；利的《异教审判的历史》；欧文的《戈德史密斯传》；巴特利特的《常见语录》；莎士比亚的《错误的喜剧》。

23．是的。

24．是的。

25．"把学校当作教堂，好好学习就是你的信仰，耕作就是在祈祷，种植就是在阐释《圣经》，而收获就是达成所愿。"

奥利弗·豪兰
安大略省多伦多。多伦多市长。

2．一般说来，是的。

3．如果像4题中提及的情况，那答案就是"不是"。

4．如果他所选择的是个正当职业，且他可能会为此而倾注心血，那父母这么做就是不明智的。

5．如果他像推进工业发展的人一样，也能抓住机遇推进农业的发展，那么我会建议他去的。

6．如果他是个能力超凡的人，而且向大城市的人才流动不会对农村的发展造成太大的影响，那就去吧。

7．这得看他为什么不喜欢农场。如果是因为不喜欢农活，他最好还是留下来适应适应；如果是因为胸怀大志，他就应该好好考虑一下在家乡能做点什么。

8．是的，炒股票除外。

9．是的。

10．他若是懒惰、不爱干活，那他最好是调整好自己，否则，参见题3和题4的答案。

11．在总结经验时能力很关键。两者如同劳动中的工具和手一样，缺一不可。

12．有能力可以弥补经验上的不足。

13．他若是能利用大学里学到的知识去经商，那他就应该去读大学；如果是为了读大学而读大学，那就没必要了。

14．不，但若是学理工科，可以。

15．是的。

16．这很必要。

17．不是，除非是为了以此制止他终日里游手好闲。

18．第一选择是学农；第二选择是学手艺。

19．如果小的环境已经满足不了他，可以试一试。

20．没有把握就不要做。

21．急于成功，为了成功不顾一切、不择手段。

22．《圣经》，它可以教人如何负起责任、向人阐述哲理、使人志存高远；一些好的英国历史书籍，如格林的历史著作，它能拓宽人的思路；读些优秀的幽默大师的书以改变自己自负的毛病；还有某领域里的权威人士写的书，机械方面的、农业方面的、经济方面的或有关其他职业的。

23．如果他买得起，且不能被报纸左右思想，可以。

24．是的，除非他对其他行业有着更强烈的兴趣或是这个事业已经风雨飘摇了。

25．说话、做事要诚恳、知性。不要总是抱怨自己怀才不遇，也不要因自己的小小成绩而得意忘形。

爱德华·波普
马萨诸塞州波士顿。波普-鲁滨逊汽车制造公司财务主管、哥伦比亚自行车制造厂，波普制造公司财务主管（任职19年）。

1．把握良机、持之以恒、决不投机、工作时心无杂念；工作的同时加强体育锻炼、确保头脑灵敏、身强体壮。

2．如果别无他法，可以。

3．不是必备条件，但应该如此。

4．不是，如果男孩甘心如此，就不要强人所难。

5．可以建议他离开家乡，但不必强求。

6．不。

7．如果他喜欢工作、不懒惰，那就不要离开；反之，可以离开。

8．是的，因为我指的事业成功是长期的成功，而非昙花一现，所以需要有社会各界的尊重和朋友的大力支持；而不注重诚信的人是做不到这点的。

9．是的。

10．是的。

11．经验，但两者都需要。

12．不会，不会获得长久成功的。

13．不，除非毕业后有贵人相助。

14．不。

15．是的。

16．是的。

17．不是，但也有例外，比如说父母极其希望儿子能去读大学，不担心他会在枯燥的课堂里感到烦闷；等儿子毕业后父亲会一路扶持等等，如果是这样的话可以强迫他去上大学。

18．最好的选择是学手艺。

19．是的。

20．等攒够钱再做吧。

21．经验不足。

22．《圣经》；莎士比亚的作品；《悲惨世界》；《商业帝国》；《林肯传》；《亚历山大传》。

23．是的，但要确保读的内容是健康的、积极向上的。

24．是的，这是向父亲学习经验的最好机会。

25．做个诚实、正直的人。自尊自爱。千万别投机冒险。要遵纪守法。别拿自己的健康开玩笑。对你的雇用者知无不言。

威廉·马克斯韦尔　哲学博士
纽约市。教育厅长、教材编撰者。

1．先祖的庇佑；不屈不挠的精神。

2．是的。

3．不是。

4．不是。

5．先在小城市起步。

6．不。

7．不。

8．是的。

9．是的。

10．是的。

12．不会。

13．是的。

14．是的。

15．是的。

16．是的。

17．不是。

19．是的。

20．不。

21．不够持之以恒。

22．《圣经》；莎士比亚的作品；柏拉图的《理想国》；歌德的《浮士德》；麦考利的作品；丁尼生的《国王叙事诗》。

23．是的。

亨利·柯克·布什布朗
纽约市。雕刻家、作家。

1．良好环境和教育，良好的环境有助于塑造人的基本道德品质；勤奋和耐心；意志坚定等等。

2．毫无疑问。

3．不是，应该是意志力和勇气。

4．孩子从小就应学会热爱工作，以工作为荣，应该享有相当大的择业自主权。

5．如果他有成就事业的能力且良机在握，可以出去闯一闯，但无论在哪儿，都应接受良好的培训。

6．不。

7．不。

8．是的。

9．毫无疑问。

10．不，但它是成功的助推器。

11．一般来说是能力。但也有例外。

12. 是的。

13. 是的，大学教育可能对将来的事业有帮助。

14. 不。

15. 是的。

16. 是的。

17. 不是，个例除外。

18. 学手艺或经商。

19. 有把握的话，可以。

20. 不，个例除外。

21. 判断失误。

22. 爱默生的《生活行为》；《新约全书》；《林肯传》；布克·T. 华盛顿的《超越奴役》；约翰·费斯克的《人类的命运》；《人潮涌动》。

23. 如果是为了读报而读报，就不必了；如果是为了跟上文明发展的速度，掌握事业发展的趋势，可以读。

24. 是的。

25. 不急不躁、刻苦勤奋；待人诚恳、乐于助人；冷静严谨、充满勇气；谦虚谨慎、彬彬有礼；最重要的是乐观向上、有条不紊。

伊格内休斯·沙利文

康涅狄格州哈特福特。哈特福特市长。哈特福特工会主席。康涅狄格劳工联盟主席。

1. 首先是催人奋进的理想；其次是注重诚信；再次是一旦认定方向，就会一心一意地做下去。

2. 是的。

3. 不是。多数男孩对各行各业知之甚少，有了在某行业中的亲身经历才会产生对它的特殊兴趣。

4. 不是。

5. 是的。

6. 不。

7. 不。

8. 是的。

9. 是的。

10. 并非必不可少，但一旦事业有成，肯定会热爱它的。

11. 能力。

12. 不会。

13. 如果能去还是去上大学吧，知识就是财富。

14. 不。

15. 如果条件允许的话，还是去吧。

16. 当然。

17. 不是。

18. 学手艺是第一选择，手艺学成后能使他建立一种信心、怀有理想，他会努力在本行业中做到出类拔萃。

19. 是的。

20. 是的。

21. 想法不成熟。

22. 历史、旅游、传记等方面的书籍。

23. 是的。

24. 是的。

25. 待人诚恳，广交朋友；不满足于现状，精益求精。

约翰·墨菲 医学博士

伊利诺伊州芝加哥。外科医生、西北大学外科教授、外科设备发明家。

1. （a）目标明确；（b）持之以恒；（c）不屈不挠；（d）注重实用价值；（e）办事有效率。

2. 是的。

3. 对工作的热情很必要。

4. 不是。

5. 如果他是个意志坚强的人，可以；性格懦弱的人将在大城市中无法生存。如果他的妈妈够坚强，舍得他离开，他可以走。

6. 离开家乡之前先看看是否在家乡真的无法发展事业。

7. 这得看男孩的劳动能力如何。干农活时若是个懒骨头，那他干哪行都不会勤快。

8. 完全必要。

9. 是的。

10. 是的。

11. 能力。

12. 能力比经验重要，能教人辨明真伪。

13. 是的。

14. 读完高中就可以了。

15. 如果能去就去。

16. 是的。

17. 绝对是明智之举。大学教育就像苦口良药一样，虽然难以下咽，但能治愈疾病。

18. 只要教导有方，普通的男孩很可能会成才；而小时看起来似乎很优秀的孩子长大后往往变得很普通。这正所谓"小时了了，大未必佳。"

19. 如果可能，到他所熟知的领域中去发展；如有必要，就到陌生的领域中去开创事业。

20. 如能确保借钱没风险，那就去做；否则，还是用自己的钱投资吧。

21. 懒惰或是不讲信用。

22. 那得看男孩能读什么。选择书时不要看书的内容有多好，而是要看男孩到底能理解多少，并能将其运用于实践。

23. 没有适合男孩读的日报。

24. 是的。

25. 诚实面对自己，诚实面对他人，诚实面对上帝。要志存高远，只要肯努力，早晚能成功。

约翰·卡素德

威斯康星州麦迪逊。威斯康星州最高法院审判长、作家、威斯康星州议会前任议长。

1. 首先，从儿时起就坚信凡事要靠自己，做事要全力以赴。其次，因为体弱多病，不得不改变初衷，避免体力劳动，因而专注于学业，后来在司法领域建立了自己的事业。

2. 如果男孩的选择是经过深思熟虑的，那就可以予以考虑；如果不是，则不必考虑。

3. 不是。多数男孩都会选择看起来简单易学的行业。真正的成功是历经艰难险阻得来的，而几乎没有哪个男孩会喜欢这些困难的。在经历了种种之后，可能会有某些"偏爱"，但也可能在经历了很多之后，它就不再是"偏爱"了。

4. 不是。

5. 按照常理来说，"偏远"的地区对于男孩来说往往比"大城市"更安全。很多事业有成的人都是在农村长大的。在农村，男孩有多大能力就能获得多少机会。除非情况特殊，否则农村男孩应该远离大城市。

6. 不。

7. 如果是农民的儿子却不喜欢农活，很可能是因为他什么活都不喜欢干。早年我曾认识一个这样的男孩，他的父亲是个富裕的农民。我最后得到的有关他的消息说他成了一个地痞流氓。即使是他能干的活儿或应该干的活儿他都不愿去干的男孩，无论做什么都将一事无成。

8. 依我之见，有些人所说的成功是不用严格遵守诚信就能得来的，不过，真正长久的成功依赖于公众的信任与支持，不严格遵守诚信是不行的。

9. 做合法的生意，想获得长久的成功需要锲而不舍的精神。

10. 刚开始时可能对它并不感兴趣，但是要想在工作中找到乐趣、获得成功，必须要学会热爱它。

11. 没有经验但可以有能力；若没有能力就谈不上有经验了。能力是基础，能通过经验获得提高。能力可大可小，是成功的必备条件。

12. 那得看成功指的是什么：如果只是指赚大钱，那么飞来的横财或突然交了好运都能使人成功；如果指的是开家小公司，那么无需经验，只要稍微动动脑筋，再加上朋友的帮忙就行了；但如果是指经营合法生意，同时形成经营理念、有了自己的风格、日趋成熟起来，那么，需要有能力和经验相辅相成来获得伟大的业绩。

13. 是的，至少也要学明白他将从事的工作所需的知识。

14. 同上。

15. 同上。

16. 当然，尤其是将要从事脑力劳动的工作。

17. 不是，最好是强迫他从事些体力劳动。

18. 我建议这样的孩子最好是从事自己能胜任的工作。做些简单的工作很容易就成功了，但若挑战不太可能的事情，极有可能会失败。

19. 在条件允许的情况下，我才会建议他去这么做，这样一来，他会有更多的机会去发展自己的个性，使自己迅速成长起来，当然，此时的他是作为老板而非雇员来发展自己能力的。

20. 不。

21. 基本能力不足，教育程度不够，缺乏活力，工作缺乏韧劲儿。

22. 《圣经》，还有任何有趣的书，对塑造个性、培养个人修养及建立经营理念大有帮助的书籍。

23. 是的。

25. 信仰上帝，对人和善，尤其是要善待你身边的人。尽快地学会控制住自己的喜怒哀乐。珍视友情，与朋友坦诚相待，不独断专行。决不参与非法勾当。志存高远。诚实、勤奋、节俭，牢牢把握良机。

诺曼·法夸尔 海军元帅

华盛顿哥伦比亚特区。美国海军元帅。

1. 目的纯正。
2. 是的。
3. 是的。
4. 不是。
5. 是的。
6. 不。
7. 不。
8. 是的。
9. 是的。
10. 是的。
11. 能力。
12. 不会。
13. 是的。
14. 不。
15. 是的。
16. 是的。
17. 是的。
18. 做生意。

19．是的。

20．不。

21．不讲诚信。

23．是的。

24．是的。

25．说话、办事都要讲诚信。

威廉·班克罗夫特 将军

马萨诸塞州波士顿。波士顿高架铁路局局长、律师、马萨诸塞市长俱乐部及剑桥俱乐部主席、美国海外战争马萨诸塞作战指挥部总指挥。

1．正直、勤奋。

2．是的。

3．不是。

4．不是

5．没必要。

6．不。

7．不。

8．按照常理来说是的。但有时用不着。

9．是的。

10．不必。

11．多数人认为是经验。

12．是的。

13．不。

14．不。

15．是的。

16．是的。

17．如果家境富裕，可以这么做。

19．是的。

20．不。

21．资金不足。

22．《圣经》；莎士比亚的作品；美国历史；布莱克斯通的《论习惯法》；欧洲各国及其属地的历史；科学书籍。

23．不要只读一种，多读几种报纸。

24．是的。

25．待人诚恳，留心观察，善于思考，发奋图强。

亚历山大·考德威尔

堪萨斯州利文沃斯。第一家国家银行行长、前任美国参议员。

1．在很早的时候就下定决心要养成办事迅速、诚实可靠的性格；无论做什么事都会尽全力而为，不断努力直到成功为止。

2．是的。

3．要想获得最大成功需要这样做。

4．不是。

5．如果他是个有理想、能力强的人，可以去大城市。

6．我建议他还是先从家乡起步，等能力有所提高再去大城市。

7．如果他打算干点别的工作就不用留下来。

8．虽说诚实的人有失败的时候，而偷奸耍滑的人也有成功的时候，但按常理来说还是应该讲诚信。

9．是的，没有付出，就不可能有回报。

10．是的，要想获得长久的成就，必须这样。

11．能力。尽管能力需要经验作为补充，但是，想做大事必须要有与生俱来的才华。

12．是的。

13．如果他想去就去吧。教育就是一个工具，工具使得越得心应手，工作做起来就越轻松。

14．这倒不是非去不可，但若是男孩想去，我还是建议他去。

15．是的。

16．是的。

17．不是，这等于是在浪费时间和金钱。

18．学手艺。

19．是的。

20．不完全赞同。

21．荒废事业，目光短浅，奢侈浪费，急功近利，判断失误。

22．《圣经》；莎士比亚的作品；古代史和现代史；《悲惨世界》；《宾虚》。

23．是的，男孩不读报纸就无法跟上时代的步伐。

24．不，除非男孩对它感兴趣，且能够胜任。

25．要高瞻远瞩、注重名誉、工作勤奋、生活节俭、精力充沛、有所节制、为人着想。如果做不到以上几点，就会失败。

艾尔弗雷德·贝利斯

伊利诺伊州斯普林菲尔。伊利诺伊州公共指导部部长、全国总监。

1．努力工作，讲究诚信。

2．是的。

3．是的，要想获得完全意义上的成功需要这样做。

4．不是。

6．不。

7．如果真的是深恶痛绝，就离开吧。

8．当然。

9．是的。

10．当然。

12．"成功"是个循序渐进的过程，经验很必要。

15．是的。

16．是的。

17．不是。

18．在有了自己的理想之前，做什么都无所谓。

19．是的。

20．不。

22．《圣经》；莎士比亚的作品；霍尔姆斯的《独裁者》；帕克曼的历史著作；《林肯传》。

24．如果与父亲意见一致，父亲的事业也很成功，可以。

25．做人要诚实，好学，有公德心，守时，善良。宁可受穷也不贪不义之财。如果你是个生意人，你的店里没有顾客需要的东西，你应该建议他到隔壁的商店里碰碰运气。

塞缪尔·卡拉韦

纽约市。美国机车公司董事长、纽约中央区&哈得逊河铁路局局长、湖畔&密歇根南部铁路局局长。

1．尽量与老板的观点保持一致；任何困难都难不倒我。

2．是的。

3．不是。

4．不是。

5．是的。

6．不。

7．不。

8．是的。

9．是的。

10．通常来说是。

11．同样重要。

12．不会。

13．不。

14．不。

15．如果条件允许的话，会。

16．当然。

17．不是。

18．可能哪行也干不好。

19．是的。

20．是的。

23．是的。

24．不。

25．要诚实、勤奋、热爱祖国。

威廉·马丁·艾肯

纽约市。建筑师。曾任美国财政部建筑工程监督员。设计过亚特兰大、纳什维尔和奥马哈等地的会展中心。

1．生理条件：身体健康。性情：乐观、诚恳、正直、持之以恒、乐于助人、有责任心。经历：做事力求完美，坚信结果能证明一切，学着果断做出决定。洞察力：（过去）不管受到多大的挫折、打击，向别人不畏艰难的精神学习，给自己打气；（现在）研究人性和人的性格特征。

2．是的。

3．是的。

4．按照常理来说不是明智之举，但具体情况具体分析。

5．按照常理来说，是的。

6．不赞成他在太小的时候走，等长大以后也许会有可能。

7．按照常理来说，不。

8．完全必要。

9．当然。

10．当然。

11．能力排第一位。只要想积累经验就能积累到。

12．按照常理来说，是的。但还得看男孩的个性如何。

15．读技工学校的好处毋庸置疑。

16．当然。

17．难说。

18．首选做生意；其次是学手艺；最后是从事某种专业。主要取决于对男孩有影响力的父亲或是其他人的职业如何。

19．按照常理来说，是的。

20．是的，主要看男孩的自身条件而非客观条件。

21．缺乏耐力和决心，不能持之以恒。

22．（a）《圣经》；（b）莎士比亚的作品；（c）《华盛顿传》（洛奇和福特著）；（d）《林肯传》（莫尔斯和塔贝尔著）；（e）《裘力斯·恺撒》（J.安东尼·弗劳德著）；（f）《亚历山大传》（本杰明·爱德·惠勒著）。

23．是的。

24．是的。

25．先树立正确目标再一往直前。做任何事都要持之以恒。凡事不要只依靠别人，要自力更生。

弗兰克·卡梅伦　哲学博士

华盛顿哥伦比亚特区。化学家。美国农业部土壤专家。康乃尔大学物理化学研究助理，导师。

1（a）对工作专注、不懈的努力；（b）良好的教育和对化学理论知识的全面学习；（c）巧妙地处事技巧；（d）生活或工作中遇到问题能够客观分析，而非主观臆断；（e）妻子的鼓励、支持和帮助。

2．总的说来是的。但不适用于任何时候。

3．不是，但即使不是必备条件，也是一个重要因素。

4．不是。

5．总的说来，我不赞同，但还得看男孩的素质如何、周围的环境如何。

6．不。

7．如果他的离开不会给

他的至亲带来不便，就可以。

8．不是，但暂且不论道德、宗教因素，也应该讲诚信，把它作为一条经商原则来执行。

9．是的，但不用一直这样做下去，有时适当的休息也是很必要的。

10．不是，但能促进其成功。

11．能力。

12．不会。

13．有时会。一般读完大学本科就可以了。

15．是的。

16．毫无疑问。

17．不是。

18．学手艺。

19．是的。

21．放任自流。

23．等他十五六岁以后可以读。

24．不。

25．做人要诚实、彬彬有礼，懂得自我控制，要有意志力。学着客观看问题、予以公正对待，不要忽视细节。

拉斯特斯·兰塞姆

纽约市。前任纽约市遗嘱认证法官、美国作家协会会长、律师。

1．适应能力强；有节制的生活习惯；充足的睡眠；健康有营养的一日三餐；做事守时；虚心听取他人意见；一诺千金，从不食言。

2．是的。

3．不是。

4．不是。

6．具体要看男孩自身的素质及两地环境到底有何差距。

7．不。

8．是的，而且越讲诚信

越好。

9．是的。

10．不是。

11．能力。

12．会的，经验可以后天补上。

13．不。

14．不。

15．是的。

16．是的。

17．肯定不是。

18．学手艺。

19．是的。

21．适应能力不强，不讲诚信。

22．《双城记》；《海角乐园》；《箴言录》；四部福音书；《艾凡赫》；《凯特·特拉斯特》。

23．是的。

24．如果父亲的事业很成功，可以接手。

25．工作、工作、再工作。诚实守信。

查尔斯·格林利夫

马萨诸塞州波士顿。新罕布什尔州白山p&F旅馆老板、波士顿旺姆旅馆老板。

1．许多年前，一位陌生的绅士告诉我说："心在何方，只有上帝才知道。"我受他的话影响很深；我与年长的人交友或成为生意伙伴，从他们身上学到很多宝贵的经验，他们一直很支持我，这使我受益匪浅；花销上量力而行，每年都能做到收支平衡。如果非得借钱不可，那就向一个人借，向一个人借10000元总比向二十个人每人借500元好。

2．男孩应该向父母及成功人士请教。

3．不是，很多成功人士

都是在自己不熟悉的领域里成功的。有能力、适应性强是他们成功的要诀。

4．不是。如果男孩的意愿使父母感到不满意，他们应该想出个折中的办法。

5．如果他有坚强的意志去抵抗都市的诱惑、对未来充满了憧憬，可以去试一试。

6．不。他如果在小城市里能获得成功，在大点的地方也能获得机遇。

7．不，让他在外面碰碰运气。一旦失败了，再回来也不迟。

8．不是。不过靠不正当手段发财的人不会受到社会的认可和尊敬。

9．是的，积极主动地工作可以节省大量时间，提高效率。

10．不是。想要成功的欲望才是最关键的因素。

11．经验。有经验的人知道如何与人交往，这是成功的诀窍。

12．会的。有能力的人很快就能获得经验。

13．他若想去那就去，不想改变他的初衷就别劝他，大学教育会让他产生新的想法。

14．不。尽管上大学很值得，但不用上大学的时间来学门手艺，早点入行。

15．是的。他会在那里学到好多有用的东西，否则他得花很长的时间才能在实践中摸索出来。

16．是的。除了能学到知识外，还能使他在同事当中更具竞争力。

17．不是。但是我会强制性地要求他去独立谋生。应该有那么一条制度，要求身体健全的人必须参加劳动，正如得有那么一条法律要求人守法一样。

18．学手艺。他做生意或是从事某专业可能会失败。花大价钱去培养一个价值小的人是个亏本的买卖。

19．不。如果他真的有能力独当一面的话，他可以要求加薪，稍后可以用合伙人的身份继续工作。

20．不。应该让他努力成为打工一族中的佼佼者，攒下资金，这样一来他会有更大的成就。至于自己感兴趣的工作，可以留到业余时间来做。

21．慈母的溺爱。母亲总是怕自己的儿子受苦，却毁掉了很多男孩的美好前程。

22．《圣经》；乔赛亚·斯特朗的《我们的祖国》；埃尔伯特·哈伯德的《致加西亚的信》；个人记账本；还有他的语法书及《英语语法原理》。长期的经验表明：最后的两本书对男孩来说是必读的，无论男孩现在正就读于大学还是将要去读大学。

23．是的。如果能找到一份中立的报纸，那读一份就够了；如果找不到，那就读两份，各代表一个主要政党的主张。要想了解真相，必须听取双方的观点。

24．如果是个盈利的事业，可以让男孩接手。不要逼男孩接手风雨飘摇的事业。如果是个盈利的事业，接手也是有条件的，不能对他有任何的特殊待遇。

25．每天读一遍《圣经》会使你受益匪浅；加入基督教青年会，会使你充实地度过每段休闲时光；遵守承诺。在适合自己的地方发展事业。绝对不要与你的客户发生争执。绝对不要投机冒险。有实力的人才能在竞争中脱颖而出。不要空谈，要实干。沉默是金。工作与娱乐要分开。发扬自己的优点，克服自己的缺点。做生意时很容易犯错，别为了这一点点错误就垂头丧气，找出错误的原因更重要。交友要谨慎。当情绪不好时，步行到远方的朋友家去拜访他，在走路的过程中，你的情绪就慢慢平静下来了。

乔尔·伯迪克

纽约州阿尔巴尼。特拉华&哈德逊铁路局客服部负责人、多家公司董事。

1．我的成功在很大程度上归因于机缘巧合，再加上与生俱来的责任感。

2．是的。

3．不是。多数孩子的喜好都属于三分钟热度、一时的冲动。

4．不是。

5．如果他实力够强的话，可以。

6．如果他想这样做，可以；一旦失败了，他很可能会重回原地。

7．不，如果他实在是无法爱上做农活，可以离开。

8．是的。

9．是的。

10．是的，很必要。

11．能力。

12．会，但经验是在奋斗过程中逐渐积累而来的，时间有长有短。

13．是的。

14．凡是有机会且愿意读大学的男孩都可以去上大学。如果他能上大学，可能就不会再想去当技工了。

15．是的。

16．是的。

17．不是。

18．学手艺。

19．是的。

20．是的。他可能会总是靠借钱进行周转，否则就无法将生意做大。

21．懒惰，天生能力就差。

22．《圣经》；罗斯金的《当代画家》，它可以使你逐渐爱上大自然和艺术；丁尼生的作品；此外，只要是好的文学作品都可以读。此后，男孩就会自己挑选好的作品来读了，稍后要读的当然是莎士比亚和司各特的作品。

23．是的。

24．如果父亲正在发展壮大该事业，儿子可以参与。

25．上帝给予人类最好的恩赐就是劳动的能力。眼下盛行的"工作是魔鬼"的说法就是一种谬论。一个人做的工作再简单也能体现出自身的价值。再没有比完成工作后的那种成就感更让人愉悦的了。热爱我们的祖国，全身心地投入到祖国的建设事业当中去吧，把祖国建设得更加强大。

比廷 神学博士

纽约市。莫里斯山浸信会牧师。

1．工作态度严谨，遵守职业道德。无论在学习、交友、工作、休息还是道德等各个方面都注重细节。一个人一生都要致力于工作的职责、人生的理想及对身体健康、精神状态、意志、时间的追求。

2．不总是这样。有时个人的喜好可能只是一时的冲动。根据这样的喜好很难做出

男孩成长书

明智的选择。人应该做自己能胜任的工作。构造决定了功能，无论是植物、动物、机器还是人类，都是如此。

3．对工作的热爱是获得成功的要素之一。一个人不可能会把自己不想做的工作做到最好。有了全情投入才能创造奇迹。

4．不是。任何人强制性地规划别人的生活都是不明智的。"教导孩子走他自己的人生之路"，而并非你的人生之路。

5．不。如果你所说的成功就是指赚大钱的话，不建议这样做。对金钱的狂热让人无论何时何地都会不择手段地去敛财；但这么理解成功是非常可悲的。

6．不。

7．"喜欢"的定义很难界定。有些人什么工作都不喜欢；没有哪个懒惰的人喜欢干活。男孩也好，男人也好，女人也好，都是一种奇怪的动物，他们总是喜欢一些不属于自己的东西。

8．是的。

9．是的。

10．是的。

11．那你说鸟的两个翅膀哪个更重要一些呢？

13．是的。

14．是的。

15．是的。

16．是的。

17．不是。自己的路自己走吧。

18．把他唤醒、激发出他的潜能吧。只要不是傻子，没有哪个男孩是"普通"的，重点在于要把他的潜能激发出来。

19．是的。

21．想成功却不愿付出任何代价。

22．《圣经》；一本好的字典；一本好的地理书；什么书都可以读，只要不是那些垃圾小说就行。

23．是的，选一份好的报纸来读。

24．根据上述的原则断定吧。

25．信仰上帝，相信人类。无论做什么事都要全力以赴。千万别虚度时光。注意自己的一言一行。树立人生理想，并为之奋斗，勇往直前。学会从失败中吸取教训。决不向谬误低头。找出自己的优势，用它来建设你的人生。不要自私自利、心中只想着自己。

评述：

成功的定义：成功就是利用能力把不可能变为可能的过程，是收获与理想之间的比例。它指的不是能赚多少钱，而是一种人格的发展。对于不同的人来说，成功意味着不同的事物。能力不同的人，其收获与理想的比例可能是相同的。这不是个体之间的相互模仿。每只小鸟都唱着自己的曲调；每朵鲜花都有自己的形状、颜色和香味；每棵树都会结出自己独特的果实；每种天然能源都有自己的功能。人也是如此，每个人活在世上都有着自己的使命。当他的能力把不可能变成了可能，他就成功了；当他实现了他的理想，他就成功了。而这种理想是由他的自身特质决定的。鉴于此，违背他人意愿、强迫其做某事的做法就是一种犯罪。这种做法违背了上帝的旨意，因为人

的生活和工作是由他的自身素质决定的，强行改变他的意愿就如同强行改变小鸟的叫声，改变天然能源的用途。各行各业都是神圣的，因为它们都是上帝因人的素质不同而设的。纠正男孩的错误想法，不要让他误入歧途，错把成功与金钱直接画上等号，用上述的思想教育他们。

巴林顿·布斯
纽约市。美国志愿者协会会长。

1．我成功是因为有自己的人生准则：（a）一切的一切都要感谢上帝的赐予；（b）做生意时绝对要讲诚信；（c）把困难看作是通往成功的阶梯；（d）做任何事都尽己所能；（e）今日事今日毕。

2．当然。

3．是的，一直都是。喜欢这份工作，才能全身心地投入到工作当中去。

4．肯定不是。这会毁掉他的前程，剥夺他在工作中的乐趣。

7．当然不。

8．要想获得真正的成功当然得讲诚信。

9．是的，无论达到何种程度的成功都得这么做。

10．是的，全身心投入。

11．经验。

12．很难，成功都是因经验丰富而得来的。

13．如果父母负担得起，还是去上大学吧。大学生活也是一种经历。

16．非常确定。

17．不是。强迫之下的男孩很少能获得经验的，也很少有成功的。

18．我会耐心等待，等着男孩的心智完全成熟起来，再看看到底什么是最适合他的。

20．不！决不！！一开始就借钱绝不是什么好事。

21．不够投入；性情不定。

22．《圣经》；班扬的《天路历程》；《华盛顿传》；巴恩斯的《美国历史》；斯迈尔斯的《自己拯救自己》等等。

24．取决于（a）男孩从事的是什么行业；（b）父母周围的环境如何。

25．坚决要把上帝摆在生命中的首位；千万别违背良知；做事要全力以赴，不要有所保留；前途一片大好，一切都会好起来的。

沃尔特·汤普森

纽约市。沃尔特·汤普森广告公司经理、资本家、金融家。

1．精力旺盛。
3．不是。
4．不是。
5．是的。
6．是的。
8．当然是。
9．当然是。
10．很重要，但不是必备条件。
11．同等重要。
12．有时会成功。
13．能去就去。
14．能去就去。
15．是的。
16．是的。
18．到农场去工作吧。
19．等到了30岁再做吧。
21．考虑不周。
22．马登的《奋力向

前》；科芬的《排除万难》；司各特的《艾凡赫》；《伊索寓言》；《鲁滨逊漂流记》；《海角乐园》。

23．等到了23岁再养成这个习惯。

24．进入父亲的公司工作倒是没什么问题，但要注意别和父亲在同一个部门工作。

爱德华·约翰斯通

明尼苏达州明尼阿波利斯。《明尼阿波利斯时报》总编。在美国墨西哥战争中，在哈瓦那和圣地亚哥的封锁线基韦斯特及波多黎各，曾负责指挥通信快船队。

1．有机遇，加上不懈的努力。
2．是的。
3．是的。
4．不是。
5．视情况而定，通常说来，不。
7．不。
8．当然是。
9．是的。
10．是的。
12．会的。
13．能去就去吧。
15．最好是去。
16．是的。
17．不是。
18．他应该有自己的喜好。
23．当然。
25．做个热爱祖国、勇敢无畏、心地善良的美国人。

约瑟夫·赖斯 医学博士

纽约市。《论坛》编辑。医生。作家。教育家。

1．做事时全神贯注。
2．是的。
3．不是。

4．不是。
6．不。
7．不。
8．不是。
9．是的。
10．不。
11．能力。
13．是的。
14．受的教育越多，对男孩的发展越有利。
15．是的。
16．是的。
17．不是。
18．经商。
19．这取决于他的经商能力。好多既有能力又有经验的人给别人打工时表现出色，但自己单干时成就却很小。
20．不。
21．经商能力不足。
23．是的。
24．不。
25．干一行，爱一行。

维克多·奥尔德森　文科硕士

伊利诺伊州芝加哥。阿穆尔理工学院院长、理工科专题作家。

1．工作勤奋。
2．是的。
3．是的。
4．不是。
5．是的。
6．不。
7．不。
8．是的。
9．是的。
10．能力。
11．是的。
12．不会。
13．是的。
14．不。
15．是的。
16．是的。

17．不是。

18．经商。

19．是的。

20．是的。

21．奢侈浪费。

22．《圣经》；莎士比亚的作品。

23．是的。

24．不。

25．认真工作。

查尔斯·诺尔斯·博尔顿

马萨诸塞州波士顿。波士顿图书馆图书管理员、作家。

2．通常来说，是的。

3．不是。

5．除非男孩是太才华横溢了，否则不要离开家乡。好多男孩都弃农经商，真的是很可惜。

6．不是非去不可就不要去。

7．恐怕是不应该留下。

8．从成功的具体细节上来看，是的；从大方面着眼则不然。

9．是的。

10．未必见得。一个男人若是爱他的家人，就应该珍视用来维持生计的工作。

11．能力。

12．通常来说，会的。

13．是的。

14．或许不会吧。

15．应该会吧。

16．是的。

17．如果是书香门第，应该这么做。

18．学手艺。

19．是的，不要错过时机。

20．"一事如意，万事顺利。"

21．缺乏责任感。

22．《致加西亚的信》；

名人传记。

23．只读首页和社论就足够了。

24．如果不必非得有"自力更生"的经历，那就可以。

25．好好读一读《致加西亚的信》吧。

威廉·克拉克

康涅狄格州哈特福德。安泰火灾保险公司经理。

1．勤奋工作，总是为老板的利益着想。表现突出，当升迁机会来临时，别人会感到这个机会非你莫属。

2．是的。

3．不是。这种偏好很容易发生转移。

4．不是。

5．难说。有些成功人士就是教育程度不高的农村孩子出身。

6．不。

7．不。

8．完全正确。

9．绝对如此。

10．按照常理来说，是的；但也有例外。

11．两个都重要。

12．会，经验很快就能积累到。

13．难说。上大学有上大学的好处；但是好多男孩等大学毕业后再从基层做起，就显得有点晚了。

14．不。良好的中学教育就足够了。

15．技工学校对他大有帮助。

16．当然。

17．不是。

18．学手艺。

19．如果他善于经营管理的话，可以。

20．不。

21．阳奉阴违；不珍惜时间。

22．《圣经》；一份好的月刊；与自己的专业有关的报纸；其他各种优秀的书籍。

23．当然。

24．如果他喜欢这个事业，从父亲那里能学到很多东西，可以。

25．要注意你老板的利益所在；在同行中要做到出类拔萃；养成良好的习惯，建立良好的人际关系；守时；男子汉大丈夫，顶天立地；洁身自好，清白做人；无论何时都要以你的信仰为荣。

约瑟夫·穆尔

密歇根州兰辛。密歇根高等法院法官。

1．很早就树立了奋斗目标。做人诚实、专心、勤奋。

2．是的。

3．是的。

4．不是。

5．如果在农村有发展事业的广阔天地，就不要去大城市；但如果在大城市的前景更好，那就去吧。

6．不。

7．不。

8．是的。

9．是的。

10．是的。

11．没有能力很难成就大事。

12．经验很重要，但对于一个有能力的人来说，要想获得经验很容易。

13．如果不是太勉强的话，还是去吧。

14．同上。

15．如果条件允许，就去吧。

16．当然。

17．不是。

18．没有理想抱负，做什么都无所谓，这样是无法成功的。

19．不了解具体情况，无法回答。大体说来，应该是可以的。

20．同上。

21．不良的习惯。

22．《圣经》；莎士比亚的作品；爱默生的《论文集》。

23．好的日报是可以读的。

24．他若能适应的话，可以。

25．早点做好人生规划；做个诚实、勤奋的人；戒骄戒躁；坚持到底，就是胜利。

威廉·乔治

纽约弗里维尔。慈善家、乔治青少年社团创立者。

1．母亲对我的支持和祈祷。

2．只要是正当职业就行。

3．一般来说是这样的。但是，我也知道一两种特殊的情况：第一，是家庭情况所迫；第二，尽管孩子不喜欢这个职业，但是父母的工作涉及此领域，而且有了一定的成就。

4．以我看来，无论在哪方面，家长都没有权利干涉，应该让孩子根据自己的喜好来做决定。

5．当然会。前提是他不喜欢干农活或是胸怀大志，想帮助家乡人民摆脱贫瘠。

6．很难说。这方面完全取决于孩子自己的能力和他的机遇。

7．坚决不。男孩如果对科技农业感兴趣，而身处传统农业的环境中，留住他只会适得其反，只能让他对农业感到厌烦。我深信那些在乡村失败或者仅有一点点成绩的好男孩们，如果能够在农业学校受到培训，他们一定会很成功。

8．确信如此。

9．必须如此。

10．当然。

11．二者都是必要因素。

12．不可以，只有将能力付诸实践，积累经验，才能达到应有的效果。

13．可能的话，会这样做，并非必须如此。这完全取决于孩子。

14．这是一件好事，给孩子提供实现自己理想的机会。但这一点绝对不会成为孩子最后成功必不可少的因素。

15．可能会这么做。

16．这条路是最好的。

17．绝不是。

18．很难在这一点上给出建议。最好让孩子在三个领域都锻炼一下，积累点经验。可能这种方法会遭到质疑，但这确实可以确定孩子的秉性偏好。所有的男孩在他们早期的职业生涯中，或多或少都会有想改变职业的倾向。

19．这一点则由这个男孩的性格和他现在的老板来决定。如果两者都不理想，那么将来的前途只会黯淡无光。

20．有时会的，不过会有很大风险。

21．很多原因，如果要一个标准答案的话，应该说是缺少坚持到底的精神。

22．《圣经》；美国历史；《悲惨世界》；《鲁滨逊漂流记》；斯迈尔斯的《节俭》；《林肯传》。

23．当然会的。

25．不要觉得有足够的钱就会永远过舒服日子，没有不劳而获的。

查尔斯·诺特

华盛顿。美国索赔法院首席法官、作家。

1．雄心壮志和努力地工作。

2．如果确实是自己的偏好，那么可以。要是当作好玩，就不可以。

3．不是，格兰特将军就对自己的军旅生活充满了厌恶。

4．当然不是。霍克宾尼的继父强迫他成为一个伟大的律师，然而他还是选择做了一名贫穷的医生。

5．不会，我会建议他去一个农业发展好的国家，不会建议他去大城市。

6．同上。

7．我必须了解这个男孩喜欢什么，我对于男孩们不喜欢农业的原因知之甚少。

8．不必要，但此种做法是正确的。

9．是的。

10．不必要。

11．能力。

12．用自己的能力去借鉴别人的经验。

14．不，因为机械方面的知识要求更早的掌握。

15．是的。

16．当然。

17．大学并不是一个理想之地，因为学到的知识不能够在实际中加以运用。

18．所在领域越小越好。

19．这可取决于这个年轻人自身和他的薪水多少。

20．不。

21．缺少远见。

22．《布克·华盛顿自传》；麦考利的作品；欧文的《华盛顿传》；《斯托达德在白宫》；班克罗夫特的《美国历史》；里普利和达纳的诗。

23．不，别读日报，最好读周刊。

24．是的。

25．不要让其他人认为你很愚蠢。

西奥多·恩·伊利 土木工程师，管理硕士

宾夕法尼亚州费城。宾夕法尼亚州铁路能源负责人。

1．努力工作。

2．是的。如果这孩子能够充分认识到喜好的含义。

3．不是，更多的应该是人格魅力。

8．果断地说，就是这样。

9．是的。

10．是的，目的不是为了赚钱，而是在过程中享受了快乐。

13．尽全力让他去。

14．当然。

15．如果大学和技工学校两者不能兼得，那么应该选择后者。

16．完全支持。

17．是的。一年之后他就会明白。

18．给予他鼓励和勇气，帮助他树立信心，否则，他就会一事无成。

19．一般说来，是没有足够认真地完成手头上的工作。

23．是的，由比他年长的人替他选择报纸。

24．是的。如果父亲已经很成功，孩子也受过完善的教育，可以。

25．为上大学做准备；即使借钱也要受大学教育；在学校刻苦学习，到工作岗位更要倍加努力。

亨利·埃德蒙斯

宾夕法尼亚州费城。费城教育部部长、美国委员会委员、公共图书馆董事。

1．努力工作、守时、忠诚，这些都是事半功倍的要素。

2．是的。

3．不是。

4．不认为这样。

5．是的。

6．不。

7．不应该。

8．当然，没有人能心安理得地占便宜。

9．有必要。

10．是的。

11．能力。

12．是的，虽然经验也能起很大的作用。

13．不必要。

14．不。

15．是的。

16．是的。

17．不明智。

18．手艺。

19．是的。

20．是的。

21．不诚实，虚伪，疏忽大意，精力不集中，强调客观理由，缺乏基础的教育，做事没有原则。

23．是的。

24．是的。

25．要诚实守信地完成工作。

威廉·赫兰德

纽约市。《展望》杂志经理及出纳。

1．工作。做好准备等待机遇；工作热情及有效地与人共同合作的能力。

2．当然。

3．至少很重要。

4．不是。

5．如果可能的话，首选较小的城市。

6．等在小地方没有发展空间的时候再走。

7．不能强迫。

8．有必要。

9．当然。

10．大多数的成功都是这样。

11．二者兼备。

13．是的，若是他的家庭能够负担得起花销或是自己能勤工俭学。

14．如果他只想赚钱糊口就不必上大学；如果他想将来成为领导者，那就得去。

15．想成为老板就得这么做。

16．当然。

17．不是。

18．先把手头的事做好，然后设定下一步的目标。

21．没有能力。

22．《圣经》；莎士比亚的作品；《天路历程》；《鲁滨逊漂流记》；《富兰克林传》；《没有国籍的人》。

23．是的。

24．机会好，也可以。

25．今日事今日毕。享受生活。清楚自己在做什么。消费要有规划，收入大于支出，记下每处花销细节。保持身心纯洁。出席重要场合时，确定好时间、地点，以便在稍后的表现中大方得体。

约瑟夫·芬尼

麻省波士顿。美国印刷公司波士顿经理，董事。印刷

专家。

1．努力工作。

2．是的，如果可以确定他的爱好是什么。

3．是的。

4．不是。

6．不会。

7．应该。他应先弄清想要的到底是什么。

8．必要。

9．需要坚持。

10．是的。

11．能力。

12．能实现。

13．是的。

14．技术学校，技术学院或是技术性大学。

15．是的。

16．是的。

17．是的。

18．学手艺。

19．是的。

20．是的。

21．发展过快。

23．是的。

24．是的，但必须等到掌握了足够的相关知识，也取得了一定经验的时候。

25．诚实。对待工作有耐心，遇到困难不屈不挠。多做少说，事实胜于雄辩。

安德鲁斯

宾夕法尼亚州费城。批发商协会主席。

1．我4岁时父亲去世，母亲带着我们四个孩子离开了农场，我们不得不为了生活而拼命工作。但是母亲的自强和自信给了我们极大的鼓励，而我们也没有辜负她。因此，我的成功没有任何理由不归功于我的母亲。

2．是的。

3．不是。

4．不是。

5．这要取决于男孩，如果他有能力，那么我会建议他去。

6．要看男孩是否聪明，城市是否会给他充分发挥的空间。

7．只要没有展示自己的舞台，就可以离开。

8．是的。

9．应该坚持。

10．是的。

11．能力

12．有能力足矣。

13．采取一切办法争取受教育的机会。

14．不需要，读大学的时间应该用来学手艺。

16．是的。

17．如果父母能够处理好与孩子的关系，孩子本身对上大学不持抵抗态度，那么应该去，孩子要是固执己见，那还是顺其自然的好。

18．手艺。

19．是的。

20．不是千篇一律，也有例外。

21．炒股。赚钱心切。

23．是的。

24．不。

25．诚实，远离美酒和女人。

切斯特·科尔

艾奥瓦州得梅因。艾奥瓦州法律学院院长、艾奥瓦州最高法院前任审判长。

1．在哈佛法学院完成全部课程。为了生计，我终日不知疲惫地奔波。因此，我的成功归结于我的贫困。

2．是的，除非父母知道他的选择会面临严重障碍。

3．不绝对，但与其他因

素相比，喜好可以帮助孩子取得更大的成功。

4．不这么认为。

5．不，应该先在小地方打好根基，站稳脚跟，然后转向大都市。

6．不。

7．在其他方面要给他同样的鼓励和承诺，这样要比强迫他喜欢农业好得多。

8．是的。

9．是的。

10．不必要，但是热爱它才能满腔热忱地去完成它。

11．经验，拥有再大的能力也不能在新领域里完全发挥、达到最大的成功。

12．不完全是这样，但也有可能。

13．是的。

14．是的。

15．如果我正确理解了这个问题，我想不会。

16．大体上会的。

17．可能是的。父母的判断力要比孩子成熟得多。

18．手艺。

19．是的。

20．不。

21．没有经验，导致过分的自信。

23．不。

24．不。

25．诚实，刻苦，勤俭，持之以恒。

柯里 文学博士，哲学博士

马萨诸塞州波士顿。曾任波士顿演讲教授、牛顿神学院演讲教授、哈佛大学演讲讲师、哈佛和耶鲁神学院讲师、作家。

1．坚定不移。努力工作实现自己的理想和愿望，在实践中摸索规律，遵循规律，稳步中求发展。着眼于自己的需要，找到自我，不一味单纯地去模仿他人。

2．是的，但是发现自己的爱好则需要不断地去尝试。只有找到真正的爱好，才能唤醒你身体中的潜能。

3．具备以上的条件就可以。

4．不是。

5．如果身边有能干的帮手，而自己也能把握尺度并且受过良好的教育，这样就可以。

6．不。很少有人愿意改变已经适应的生活，而有些人则认为，改变是通往成功的必经之路，这种想法应该被遏制。所有的一切都要取决于男孩自身，如果他害怕周围的环境、不能适应，在这种情绪下，他就渴望改变；而每个男孩在某段时期都会有这样的情绪，所以要克制自己，保持平和的情绪，凡事小心，遇事耐心。

7．不。

8．对于单纯的经商赚钱来说，不必要；真正持久的成功则另当别论。

9．是的。

10．是的。

11．很难回答，因为很难解释"经验"是什么。我认为，最大的成功就是要相信自己的直觉，坚定理想，达成愿望。如果这些都归之为经验，那我认为答案就是经验。相反，如果经验只是我们普通的感觉，那我宁愿选择能力。

12．当然不能。

13．取决于他的学校和社交。

14．可能不会去传统的大学，现在有些学校针对不同年龄段的人开设课程，循序渐进，增加他们的知识储备，直到他们能够完全适应正常大学教授的课程。

15．是的。现在的技术学校有很多的种类，男孩总会在其中找到适合自己的。

16．是的。

17．不是。

18．我会建议他就读一所真正的学校，在那里，能够唤醒他的理想和愿望，激励他找到自我，那时他的偏好自然就会显现出来。

19．是的。

20．当然，胸有成竹，取舍自如，毫无疑问就会成功。

21．给自己错误定位，盲目模仿他人，不去试着实现自己的愿望，自己的理想发生动摇，缺乏自信。

22．《鲁滨逊漂流记》（或是男孩们喜欢的、浪漫一些的书）；《圣经》；莎士比亚的作品；《伊利亚特》或是《奥德赛》；《希腊罗马名人传》；好的诗作、寓言和故事。

23．只读电报，现在阅读报纸的问题引起很大的关注。几乎没有人知道如何阅读书籍，甚至不知道如何使用图书馆，更不用说报纸了。

24．如果喜欢，可以去。

25．多看积极的一面，有信心，别胆怯，努力让自己做到最好，做事要有个人风格，不要刻意效仿他人，要有信心、耐心、爱心。擦掉现有的成绩，从零开始，争取取得更大的成就。

迪切特

纽约市。《丝织品经济学家》杂志执行编辑。

1．严格地说，就一条准则：表面上我是被雇佣为别人工作，而事实上我在为我自己工作着。

在这个工作岗位上，我可能收获不到我想要的全部，但是通过我的努力，我找到了最适合我的东西。其次，在寻求和运用某些机遇上，增长了我的应用能力和水平；完成了许多涉及新领域且拥有丰厚报酬的工作；而一些让我需要花钱才能学到的东西，在我处理工作中就能遇到，在增加收入的同时提高了我的能力。

2．如果有喜好，那责无旁贷。问题是，有太多爱好，需要一一尝试才能找出最终答案，其结果是浪费了大量的时间。

3．确信如此。父母应竭尽全力找到男孩的喜好。

4．这种情况是最糟的。

5．最好到最近的小镇上，在那里能够让个性得以发展。

6．同上。

7．如果男孩天生资质较高、聪慧刻苦，就不需要。若是轻浮、懒惰、焦躁，无论走到哪儿，即使离开农场也还是一事无成。

8．只有诚信于他人，才能成功。

9．只要功夫深，铁杵磨成针。

10．享受工作的快乐，才能更有效率、更好地完成工作。

11．经验来源于能力，一个人不可能只有经验而毫无能力。

12．获得的最好能力就是能够迅速地发现新问题，然后及时解决。学校中这种随机应

名家之谏

变的训练是我们得到的无形资产。

14. 是的。

15. 应该从最基础开始，达到入门标准后，再进入技工学校学习。

16. 毫无疑问，是的。

17. 又回到老话题了。父母的义务就是帮男孩发现他的爱好。

18. 父母的社会地位会对他有很大的影响。

19. 如果能达到预期值，还是不错的。

20. 需要有超常的能力来战胜困难。

21. 厌恶工作，贪图享乐。最好的克服方法就是把工作当成娱乐，让工作成为最有趣的游戏。

22. 爱默生的《论文集》；《父母的忠告》是对人性最好的阐述；培根的《论说文集》；林肯或是其他伟人的传记。

23. 从对事业的促进角度讲，报纸要更有益。

24. 在其他地方得到长足的训练后再参与父亲的事业。

25. 找到最适合你的；不要自满；坚信所做的一切都是正确的；敢于承担更多的责任；要多付出，保持冷静的态度；有礼貌，尊敬他人的意见；在发言前作深入研究；着眼新观点；知之为知之，不知为不知，不可不懂装懂；学会在公众场合表达自己的观点；谨慎行事，知己知彼；他人的言传身教会比书本更有用。

那顿·斯哥特

西弗尼吉亚州惠灵。美国参议员。

1. 全力完成本职工作。不要让自己卷入债务危机，如果负担不起一套奢侈华丽的套装，就不要买，避免在年终岁末时发现自己没有存款，要学会节约，因为节约就是财富。

2. 是的。

3. 不必如此。

4. 人之常情，父母的意见要比孩子的意见成熟得多。

7. 应该教会男孩们去工作，这是成功的基本要求。男孩们通常宁愿去钓鱼或是骑脚踏车，也不愿工作。

9. 不要三天打鱼、两天晒网，而应该一如既往、天天如此。

10. 能好一些，但不是必须的。

13. 受过良好教育的确会在生意上给予莫大的帮助，但大学教育并不是必要的。

14. 同上。

15. 是的，让他做学徒，打下扎实基础，得到许多实践经验。

16. 同13题答案。

18. 把他放在艰苦的地方磨炼，以形成自己的思想意识。

19. 绝对赞成。受薪水的左右，人们会变得胆小怕事。

20. 一大部分取决于他成功的前景。有债务危机的人往往比手头宽裕的人能攒下更多的钱。

21. 奢侈浪费，生意上粗心大意。

23. 不占用工作时间是可以的。

24. 通常不会。

25. 老板的利益就是你的利益。上班要早来晚走，不久就会让老板觉得你是公司的核心，是不可缺少的一员。

赫伯特·皮尔斯

华盛顿哥伦比亚特区。美国助理国务卿、外交家、律师。

1. 我今天的成绩主要归功于坚持不懈的努力，当然更离不开那些细心教导栽培我的人。

2. 是的。

3. 我想是这样的。

4. 绝对不是。

6. 如果没有坚韧的性格，而且在那里找不到适合自己的工作，就别去。

7. 不应该，只要他能到别处找到工作，就不该留在那里。

8. 必要。

9. 是的。

10. 是的。

11. 主要是能力，也需要经验作为补充，大多数情况下：有经验，工作基本能很好地完成，但是如果没有能力，则永远都达不到真正的成功。

12. 有时可以，不过这种情况很少出现。

13. 是的。

14. 是的，只要他坚持始终在这个领域。

15. 是的。

16. 这毫无疑问，一定会。

17. 大多数情况来看是正确的，当然，也有例外。

20. 原则上看，不会；当然情况也会改变

23. 是的。

24. 如果是好机会，可以尝试去适应。

25. 选择好适合自己的工作，全身心地投入，凡事要洁身自好。

评述：

选择好自己要走的路，之后全身心地投入相关的事业中，把所有的空闲时间都致力于这一目标，孜孜不倦地为老板工作，不要夹杂任何不满和厌烦的情绪。倘若在良心上实在容忍不下，可以选择辞职。学会好的礼仪习惯和说话技巧，观察他人如何将事情处理得恰到好处、又不失礼节。要自尊自爱，这样人家才会尊重你。切记，一个人的成功不是自己标榜的，而要大家对他认可，没有这种赞誉，就没有成功而言。

吉福德　神学博士

纽约布法罗市。特拉华街浸信会教堂牧师。

1．相信主，主与我们同在。

2．是的。

3．某些情况是，但不是所有都适用。

4．不是。

6．不。

7．不应该。

8．必要。

9．必要。

10．不需要。

11．能力。

12．很少能实现。

14．不。

15．是的。

16．是的。

17．不明智。

18．学手艺。

19．是的。

20．是的。

21．缺少自控能力。

22．《圣经》；莎士比亚的作品；《天路历程》；《希腊罗马名人传》；丁尼生的诗；美国历史。

23．是的。

24．是的。

25．保持自己的身心纯洁，思想独立，最主要的是相信自己，要明白成功的关键就是——自信。

威廉·盖奇

纽约萨拉托加温泉酒店经理。

1．一个是宪法，另一个是我的人生准则：己所不欲，勿施于人。

2．是的。

3．不是。

4．不是。

5．是的。

6．不。

7．不应该。

8．必要。

9．应该。

10．是的。

11．经验。

12．不能。

13．是的，如果他愿意去。

14．不。

15．是的。

16．是的。

17．是的。

18．学手艺。

19．是的。

20．如果前景好，可以考虑。

21．缺少商业洞察力。

23．是的。

24．是的。

25．信仰上帝，无所畏惧；努力工作。

乔治·布朗

伊利诺伊州芝加哥。普尔曼汽车有限公司总经理。

2．是的。

3．总体来说，不是。

4．大体上来说，这么做不正确。

5．一般说来，不建议这么做。

8．是的，尤其是涉及了人格的话。

9．这毋庸置疑。

10．必须这么做，可以达到最大的成功。

11．都是必要因素。能力和好的习惯，加上经验这一基本要素，就会达到成功。

12．不会，除非这个男孩是个天才。

13．取决于这个男孩自身和他的经济情况。

14．不，不过通过这方面的教育会让他有很大的提高。

15．是的。

16．是的。

17．不是。他去了，会不会学就无从而知了，正如你可以牵马到水边，却不能逼它喝水。

18．如果没有动力，做任何事都不会成功。应该学一门手艺。

19．很难说，这要看他这段时间做出的成绩怎么样。

20．不。

22．重中之重的，就是《圣经》。

24．是的。

25．相信上帝，做事有自己的风格，谨慎行事，注重细节，能够抓住机遇。

凯洛格　医学博士

密歇根州巴克尔特。巴克尔特疗养院创始人、国际医疗传教和慈善协会会长、美国医学传教学院院长、国际医疗卫生协会主席、医疗器械改良的倡导者、作家。

1．我一生中所获得的成

功都来源于以下几方面：

第一，当我十岁的时候，我就意识到，我必须要成为这个世界上最有用的人，而想达到这个目标就一定要始终不渝地刻苦努力学习，作充分的准备。

第二，在我早期的生活中开始对保健和戒酒改革感兴趣，并将我全部的精力投入到对这项事业的改革中来，而我的成功很大一部分都是来源于我在改革过程中的自我肯定。

第三，就是简单的生活习惯和温和的性格，夜以继日的工作。这种生活从我14岁开始，到现在为止，我已经恪守了37年，除了每天平均6小时的睡眠，其他时间全部用来工作，而自己也根本没有什么假期。缺少假期、长时间的身心压力不会使我长寿，但就我自身而言，已经习惯了这种生活，不需要做任何的调节。并且我的成功正是来源于我这日复一日、月复一月、年复一年的工作。我能做到这点不是因为我的身体很强壮，而是因为我有惊人的耐力，这是长期良好的生活习惯养成的，还因为我把全部精力都投入到了工作当中去。

2．这取决于孩子的机遇。我想父母应该先充分了解孩子的禀性天赋到底是什么，然后因材施教，发展他们的才能，使之在将来的职业生涯中得到充分利用。一些年轻人对某些职业不感兴趣，并不是因为其适应能力的原因，真正的原因来源于这项工作的酬劳或是社会地位的影响。

3．不是，我熟悉一些在自己的职业生涯中取得很大成就的人，他们并不是自愿选择，而是顺从父母或亲友的意见。当然，一个人应具备能适应他职业的天分，这是一种本能，它比天赋更重要，是必不可少的。

4．我认为，一个男孩不该被强迫做任何的事。我认为对孩子的武断管理和强硬态度没有什么用。

5．我的观点是，住在人烟稀少的乡村孩子要比城市的男孩更容易发展，相比之下，他们精力更旺盛，更有男人的阳刚之气，而在生意场上，拥有健康体魄的乡村男孩会比城市男孩做出更大的成绩。

6．当然不会。

7．如果农民的孩子不喜欢务农，那他就是可能没有理解这个职业的真正含义，想放弃这最具兴趣和满足感的职业，是因为他根本没有机会领会其中的美妙之处。我想建议这个男孩应该就读农业大学，在那里，能学到有关土壤和植物学、化学等学科，因此，在农场快乐地生活远比在单调乏味的工厂干活幸福得多。

8．是的，诚信是取得成功最基本的途径。

9．不确定。一方面，成功要求长期坚持不懈地努力；另一方面，要快速掌握真理和规律，抓住时机。

10．不必要。

11．经验。

12．成功在某些方面并不全部依赖经验，但在遇到特殊事物和紧急情况的时候，可根据经验随机应变。

13．这要看男孩在大学打算学习什么，和他将来工作的领域是什么。自然科学课程在所有大学都是必修课，因为它为男孩的一生提供了最有效的帮助，传统学科就不会这么有效了。当然，大学的培训并不是必不可少的，工作中的长期历练有时要比在学校里学到的知识更加实用。

14．一个男孩受过大学教育对他来说是一种优势，无论他将来做什么，都会扩大视野，让他的世界观有更大的变化，但是可能对机械领域没有什么特殊的帮助。当其他条件都相等时，受过教育的人也会比未接受教育的人更容易取得成就。

15．去工艺学校接受培训要比接受大学培训更实用。

16．依现在的情况看，一个男孩至少要接受部分的大学培训，才能从事某专业，但不一定非得获得学位。

17．当然不正确。

18．这样的男孩应该去学习一门手艺。他不适合商业也不适合从事某专业。

19．要看情况而定。我不建议一个孩子进入商业圈就单单为了做生意，只要有机会，就要利用自己的经验把握机会，而且最好做足准备，这样就能独立承担风险，当然，这么做不仅仅是为了自己的兴趣，而是为了整体的利益。

20．这也要看环境。与借马匹和房子相比，借钱还是比较合适的，借钱只不过是简单的资金租用。

21．仅仅是为了工作而工作，或是为了赚钱而工作，没想过其他的。

22．《圣经》；罗琳编写的古代史；英国历史；美国历史；适合他时代人生的哲学书；《韦伯词典》。

23．是的。

24．是的。

25．要努力做到诚实、善良、节制、刻苦、有男子气概。牢记母亲的教诲，听取父亲的忠告，对下属要公平。

基思

马萨诸塞州波士顿。纽约，费城，普罗维登斯，华盛顿和伦敦基思剧院老板。

1．首先，早期的家庭环境优越。其次，爱好自己所选择的职业。最后，毫不犹豫、坚定不移。

2．是的。

3．我认为是这样的，可不是绝对的必要。如果想要成功，即使自己开始不喜欢，也要去学，而慢慢在工作的需求中，也就喜欢了。

4．不是。

5．我想，要看男孩的志向如何及其他因素，所以对于这个问题，很难给出一个标准答案，如果一个男孩想要进入议会，那留在农村要比在城市里的机会多，但是走进议会毕竟仅仅是有限的成功，只有少数人才能做到。我认为最基本的就是要清楚了解这个男孩的志向，有那么多种成功，有的农村可以提供条件，有的城市可以提供条件。

6．我认为与其讨论他是留在偏远山区的家乡还是走向大城市，倒不如着重研究一下他现在的环境、他能承担多少责任，否则很难给孩子正确的建议。

7．不应该。

8．绝对必要。

9．必要。

10．一般情况下是必须的，但有时我也认为不必要。

11．能力。

12．可以，通过坚持不懈的努力获取丰富的经验。

13．现在来看，是的。

16．可以想象，那是最基本的。

17．相比较而言，那是最不明智的。

18．我想，一个男孩不可能不知道自己爱好哪方面，也许他们不确定是否要把自己喜欢的作为一生的工作，我会建议他按照当时的爱好来选择工作，不管以后是否会继续从事它。我想这个孩子会和其他孩子一样，最终能够达到成功。我不赞同要求一个没有经验的孩子决定自己的工作。随着时间的推移、经验的增长，他自然就能辨别什么是自己喜欢的、什么是不喜欢的，然后再去设立目标，而不是早早地就确立。

19．是的，我不赞成一个人为他人工作很长时间，这会产生强烈的依赖感，年轻人都不喜欢这么做。我也看到很多有能力的男人，由于瞻前顾后而毁了自己可以有独立事业的机会。

20．能够承担得起就离开，承担不起还是留下来吧。

21．缺乏信用。

23．是的，但是不要只读报纸，从而忽略了其他的好书或是好杂志，把它当作消遣，至少能对时事加以了解。

24．从大方向看，我是不赞成的，除非他非常喜欢，而且事业的前景很好，否则我建议他还是慎重考虑，免得日后骑虎难下。

25．远离股票，一切别着急，也不要静止不动，尽可能享受自己作为男孩的时光，该成熟时自然成熟。用自己的收入维持生计，最好是能有些积蓄，不要认为自己做不到以上几点，如果验证了真的做不到，那么来找我，我们将一起努力。我能教你的只有一少部分，不要被以前做过的害羞事或者愚蠢事束缚住。开始时，不要在意太多，只记住自己做什么是正确的，要坚持做下去。不要随波逐流。要为自己的一切负责，同时也建议他人这么做。

莱斯特·比尔兹利 上将

纽约州利特尔福尔斯。美国海军。

1．a．很幸运进入海军学院成为一名海军学员。

b．充分利用了各种机会展示了自己的才能。

c．创造机会来展示自己。

d．没有机会要学会自己多创造机会。

2．是的。

3．是的。

4．不是。

5．不是所有的男孩都适合去大城市。

6．是的，如果比家乡的机会好，能够充分发挥出自己的能力，值得去努力。

7．如果只是懒惰，那就应该留在那里。

8．是的。

9．是的。

10．当然。

11．两者必须都具备。

12．在某种程度上来说，可以实现。

13．不。

14．不。

15．是的。

16．是的，如果他真的想进入这个行业的话。

17．不是。

18．手艺。

19．是的。

20．是的。

23．是的。

25．"走自己的路，让别人去说吧。"当你能确定的时候，要首先给予自己肯定。

约瑟夫·达林顿

宾夕法尼亚州费城。工会联盟俱乐部主席。

2．是的。

3．不必要。

4．不是。

7．不应该。

8．绝对要诚信。

9．是的。

10．是的。

11．必须都具备。

12．是的。

13．是的。

14．是的。

15．是的。

16．是的。

17．不是。

18．手艺。

19．是的。

20．如果资金是从陌生人手中借来的，就不建议这么做；倘若与你合作的人十分相信你的能力并对此项目也感兴趣，这么做未尝不可。

23．是的。

24．是的。

乔治·彻里

纽约布鲁克林。自然主义者、布鲁克林艺术科学学会会长、鸟类和哺乳动物学家、作家。

1．执着。

2．是的。

3．不是。

4．不是。

5．如果他真的有特殊天分，是的。

6．不。

8．绝对需要这么做。

9．有必要。

10．要取得最大的成功，当然要满腔热情。

11．能力。

12．能成功，但很有限。

13．是的。

14．是的。

15．是的。

16．是的。

18．学手艺。

19．是的。

21．不够执着。

23．是的。

24．是的。

25．做人要正直，做事要正确。

威廉·阿尔沃德

加利福尼亚州旧金山。加利福尼亚银行行长。

1．把工作当作自己的事业来做，做事专注、投入；升职快。

2．是的。

3．是的。

4．不明智。

8．我认为是这样。

9．有必要。

10．是的。

11．经验。

12．随着时间的推移，是可以做到的。

13．不。

14．不。

15．是的。

16．是的。

17．不是。

18．手艺。

19．是的。

20．可以，要是利率低的话。

21．无能。

23．是的。

25．诚实守信。

白金汉

田纳西州孟菲斯。国家银行行长。

1．愉快地接受上级交给的任务，并力求做到最好。

2．是的。

3．是的，否则男孩对此会失去兴趣。

4．不要强迫孩子做任何他不喜欢做的事。

5．是的，让他去他所认为最大的城市去发展。

6．一般说来，是的。当然，有时要取决于这个男孩本身。

7．不。如果他父亲有能力，还是要送他去大城市。

8．当然，否则不会成功。因为谎言不会长久。

9．没有持之以恒，就不会成功。

10．是的，否则做任何事都没兴趣。

11．没有能力不可能成功，经验是对能力的实践检验。

12．能力占成功最大的份额，没有能力的经验只会量变，不会发生质变。

13．是的，教育很重要。

14．是的，教育可以扩大视野，改变大脑中的传统观念。

15．是的，他将会因此受益终生。

16．当然，教育会提供很大的帮助。

17．不是，不要去强迫他。

18．从事某种专业，这样他可以接触很多人，他们会帮他树立他的目标。

19．是的。

20．是的，只要借来的资

金充足，不会捉襟见肘，同时借款时间要长，利息要低。

21．投资太多，资金不足。

22．《圣经》；本国的历史；莎士比亚的作品；大仲马的《三个火枪手》；博斯韦尔的《约翰逊传》；丁尼生的诗。

23．是的。

24．不，男孩应该远离他的家族生意，开创自己的事业。

25．讲实话。

托马斯·马尔佛 将军

弗吉尼亚州林奇堡。弗吉尼亚军事学院监事会主席。

1．我不知道我现在算不算成功，但是我今天所获得的成就都来自父母昔日对我的言传身教，无论对人对事，都要诚实。

2．当然。

3．没有兴趣很少会成功。

4．想方设法让他流露他的喜好。

5．如果有活跃的思维，前进的动力，那么就给他一个机会。

6．不，如果他有这种自信，在家也能成功。

7．不，给他机会看看他喜欢什么。

8．比任何因素都重要，绝对不能没有诚信。

9．有必要。

10．必须这样。

12．两者相辅相成。

13．是的，如果聪明，他会庆幸拥有这个机会的。

14．读过大学的技工更容易成功。

15．是的，有机会一定要把握。

16．是的，让他先学会服

从，再学会指挥，最后就成功了。

17．不是，浪费时间和金钱。

18．应该鼓励孩子说出自己的喜好，然后帮他一把。

19．大多数有了经济基础的男人都会想这么做。

20．会有很大风险，但有时会成功。

21．欲望和不自量力。

22．《圣经》；荷马；莎士比亚；《华盛顿传》；杰斐逊·戴维斯的《南部联邦的兴衰》；《首席法官唐尼传》。

23．是的。

24．是的，若是父亲的事业很成功，可以。

布莱恩·史密斯

纽约布鲁克林。布鲁克林储蓄银行行长。

1．首先，要活着；其次，自立；最后，尽力坚持。

2．是的。

3．是的。

4．不是

5．是的。

6．不。

7．不。

9．是的。

10．必须。

11．能力。

12．是的。

13．是的。

14．不。

15．是的。

16．是的。

17．不是。

18．让他自己选择。

19．是的。

20．是的。

21．不诚实。

23．是的。

24．不。

25．爱上帝，谨守诺言。

约瑟夫·曼丽

缅因州奥古斯塔。奥古斯塔储蓄银行行长、《缅因州农民》出版公司董事长、多家铁路及蒸汽船公司理事。

1．刻苦努力，注重细节，诚实待人。

2．当然。

3．毫无疑问。

4．不是。

5．是的。

6．是的

7．不应该。

8．绝对遵守。

9．有必要。

10．是的。

11．能力。

12．是的。

13．是的，无论以后做什么上大学都会有帮助的。

14．是的。

15．是的。

16．是的。

17．是的。

18．他必须得有想成功的志向。

19．是的，对个人发展有好处。

20．是的，他必须诚实，勤奋，有理想。

21．酗酒。

22．《新约全书》；本国历史；本州的历史；《华盛顿传》；《亚历山大·汉米尔顿传》；《林肯传》。

23．是的。

24．是的，只要你喜欢，不要顾虑失败，要知道自己能做什么；充满激情地投入工作，不要总考虑下班时间；今日事今日毕；诚实做人，待人公平；要宽容，不要苛责他人，要有绅士风度。

217

弗兰克·莫利

马里兰州巴尔的摩。约翰斯霍普金斯学院数学教授、《美国数学学会公报》编辑、《美国数学杂志》编辑。

1．保持热情的基础上要更加专注。

2．是的。

3．理解成功的含义比经济上成功更重要。

4．不是。

6．不。

7．总体上说，不应该。

9．必要。

10．是。

11．能力。

12．是的。

13．时间充裕的话，可以。

15．是的。

17．不明智。

23．是的。

查尔斯·亚德里·特纳

纽约市。画家。布法罗泛美博览会艺术督导。

1．需要一些天分和更多的刻苦。

2．是的。

3．大多数情况下是的。

4．不是。

5．如果他既有天赋又很努力。

6．不是的。

7．不应该。

8．必要。

9．必须坚持。

10．是的。

11．经验。

12．不能。

13．没必要。

14．没必要。

15．是的。

16．是的。

17．不是。

18．手艺。

19．可以，前提是必须有很大的把握，前景乐观。

20．同上。

21．不适合自己，却强迫训练自己去适应。

23．是的。

24．是的。

25．尝试找出自己适合做什么，然后全身心地去投入。

莫斯曼

肯塔基州柯芬顿。国家农商银行行长。

2．当然。

3．是的。

4．不这么认为。

5．如果他聪明，有理想，有好的生活习惯，会建议他那么做。

6．不。

7．只要他有雄心壮志去寻求机会，就可以离开。

8．绝对是。

9．确信无疑。

10．是的。

11．能力。

12．两者完美结合才能通向成功。

13．获得良好的、关于商业知识的教育。

14．我认为他没必要。

15．当然。

16．是的。

17．不是。

18．参加海军。

19．是的。

20．不。

21．粗心。

23．对此，我只能说，不建议。

24．不建议。

25．严格按照十诫去做，一定会是一个好公民，在你的工作领域取得成功。

杰弗逊·戴维斯

阿肯色州小石城。阿肯色州州长。

1．目标明确。

2．是的。

3．不是。

4．不是。

5．是的。

6．不。

7．不应该。

8．绝对必要。

9．必要。

10．是的。

10．能力。

11．是的。

12．是的。

13．是的。

14．是的。

15．是的。

16．不是。

17．学手艺。

18．不。

19．不。

20．粗心大意。

23．是的。

24．不。

25．诚信，真诚，不推卸责任。

欧宾 文学学士

马萨诸塞州韦伯斯特。文学学士、欧宾父子鞋业有限公司老板、资本家、金融家。

1．始终刻苦努力，诚实，节俭。

2．总体上说，是的。如果孩子十几岁了还不能做出决定，为了在将来对自我的判断有信心，就该这么做的。

3．是的。

4．不是，那就意味着把毫无缘由的压力转嫁到父母身上。

5．只要他能获得有益的帮助，就可以。

6．与其他地方相比，在有发展的小城市能得到更大的机遇和挑战。

7．最好留在农场，等待能更好展现自己的机会到来，在这期间，要使自己的眼界保持开阔，提升自己的水平。

8．想要不断地成功，这是绝对必要的。

9．一定要坚持。

10．没有激情的工作可能也会有成绩，但投入你的热情，会增加你成功的几率。

11．没有能力就不要奢望成功。因为经验可以看做是对能力的应用。

12．同上。

13．经济条件允许、足以支付学费，就一定要去读。因为大学生活提供了事业成功的必要知识，当然，实际工作可以增加他的经验。

14．最好去。

15．是的。

16．是的。

17．取决于男孩自身，就我个人而言，不同意这么做。

18．最好学一门手艺，就算失败了，对孩子积极性的打击远小于其他二者。

19．提出建议前必须了解男孩的情况。

20．同上。不过借来的资金会有负面作用。

21．过于自信，资金不足，缺乏经验。

22．能帮助他树立远大目标和形成稳定性格的书。

23．是的。

24．是的，不过也会有例外。

25．思路清晰，生活简单，言行诚实，必须意识到：

这些不仅对现在的生活必要，对将来的生活影响更为重大。

乔丹 教授

缅因州路易斯顿。贝茨大学教授、学校董事会主席。

1．工作中踏实沉稳，公平做事，目标明确，对人宽容谦恭。

2．是的，如果能让他很高兴、并能促进他进步。

3．不总是。

4．不是。

5．建议他去可以进一步发展的地方。

6．是的。

7．只要有合理的理由。

8．必要。

9．必要。

10．很有可能是。

11．必须二者兼备才能成功。

12．是的，不过得等到有经验后。

13．是的，前提是这样做不会让他有太重的经济压力。

14．建议他挑选轻松点的课程来学。

15．是的。

16．是的。

17．如果他有公平选择的机会，这么做就是不明智的。

18．建议他先树立自己的理想。

19．是的。

20．是的。

21．不关注事业，奢侈浪费或有不良习惯。

23．可以读报，但不要太多。最好多读点书。

24．是的，只要他自身条件允许就行。

25．懂礼仪，诚实单纯，对事认真、坚持。

哈洛德·史蒂文斯

康涅狄格州哈特福德。哈特福德国家银行行长。

1．聪慧，细心，维护自己的名誉。

2．如果喜好合理，当然可以。

3．是最具价值的因素。

4．肯定不是。

6．在大城市有更多的机会，当然同时也有更多的人寻求着机会，所以一切由男孩自身来决定。

7．不应该。

8．很遗憾它不是，但应该这样做。

9．是的。

10．一般说来，是的。

11．能力绝对是获得经验最有效的因素。

12．经验是智慧的基础。

15．如果有用就去。

16．是的。

17．不是。

18．建议他设立近期目标，如果连这点都做不到，那么他将一事无成。

19．是的，如果他觉得这是个机会。

20．总体上说，不。

21．对自己的工作缺少了解。

23．毫无疑问。

24．如果需要他，可以去。

25．培养健康的体魄，拥有纯洁的思想，善良的心。而且要铭记："世界赋予每个人一种生活方式，但是要靠自己努力去争取、把握，因为机会只会留给那些做好准备的人"。头脑要不停地思维转动，因为所有事都是公平的，成功人士是集能力、智慧、坚韧的性格于一身的人。首先是要有能力，其次是会利用能力，第三就是实现理想，这些都是成功的必要因素。

安德鲁·布莱克里

路易斯安那州新奥尔良。圣查尔斯旅馆老板。

1．雄心壮志。要有每件事都争第一的愿望：首先在学校班级做到最好，最优秀的跑步者、游泳者、拳击手、男孩中的佼佼者，要拥有耐心和决心去做成每件事。

2．不。

3．不是。

4．肯定不是。

5．孩子有此倾向的话，会建议。

6．要是机会不利于他发展，不建议他去。

7．不应该。

8．肯定是。

9．是的。

10．只要他有足够的信心就够了。

11．能力。

12．会的，如果能够适当地应用。

13．那就选些商务课程来学吧。

14．是的，如果对他喜欢的专业有帮助。

15．是的。

16．是的。

17．绝对不明智。

18．找出哪项工作最简单，最适合他。

19．是的。

20．是的，只要他有理想、有能力。

21．入不敷出，透支将来的收入。

23．是的。

24．是的，如果家族生意很好，很成功。

25．努力在每件事情上争第一。

沃克·希尔

密苏里州圣路易斯。美国汇兑银行行长。

1．首先要热爱自己的事业，其次要对相关的每一个细节做仔细的研究。

2．是的。

3．不是。

4．不是。

5．不，留在家中创业。

6．不。

7．不应该。

8．是的，诚信是最好的人生准则。

9．是的。

10．不是，全心热爱你的事业会带来更大的成功。

11．二者都需要。

12．是的。

13．是的。

14．是的。

15．是的。

16．是的。

17．不是。

18．手艺。

19．是的。

20．不。

21．精力分散。

23．是的。

24．取决于这个男孩自己和他的父亲，但是总体说来，和陌生人工作会更容易。

25．诚实，有节制，只要你生活中有目标和愿望，而且付诸行动，上帝会保佑你成功的。

威廉·马希尔·斯蒂文森

宾夕法尼亚州亚利加尼。卡内基图书馆馆长。

2．是的。

3．不是。

4．不是。

5．是的。

6．不。

8．是的。

9．是的。

10．是的。

11．两者都需要。

13．不。

14．不。

15．是的。

16．是的。

17．不是。

20．不。

21．不称职。

22．《圣经》；莎士比亚的作品（至少一部）；波普的作品；《鲁滨逊漂流记》；《天方夜谭》；《自己拯救自己》（斯迈尔斯）。

23．最好阅读《国家》这样的周刊。

25．说实话，就是"还自己的债，做自己的事"。

评述：

现在是个性化的时代，米尔的建议是非常适用的，"凡事都要了解一点；每件事都要了解清楚。"成功只是一个含糊的定义，最普遍的想法就是在金钱和其他物质上的优越，而这样看来，高等的教育反而成了障碍，因此我在回答13和14题的时候，选择了否定。但是如果学手艺或做生意都是为了更好地完善自我，那么绝对都应该上大学，这是我作为一个有着20年工作经验的老师和图书馆馆长的建议。

约翰·汉密尔顿

艾奥瓦州锡特拉皮兹。锡特拉皮兹储蓄银行行长。

1．与其他原因相比，坚持不懈和节俭是我取得成功最有效的途径。许多年轻人开始的时候充满豪情壮志，但是当遇到困难时，就发生了动摇，没有坚持到底，最终导致失败。

2．大多数情况我会这样做。

3．不必要，但是没有兴趣的话，不久就会对工作厌烦。

4．不是。

6．绝不。

7．不应该，因为这样的工作不会有趣也不会改变，反而会更加枯燥无味。

8．并不是所有成功的必要因素。

9．是的。

10．如果成功意味着快乐和满足的话，则需要；但如果目的只是完成任务的话，就不需要。

11．能力，坚持不懈和正直是成功的保证。而同时把经验和能力有机结合在一起则会得到更多。

12．可能成功，但要有数年的经验，不要与社会大背景脱轨。

13．不，一个男孩在16岁之前没有成熟的技艺，也很少会了解自己想要的是什么。但是一旦他过了23岁，却依然认为劳动是可耻的，那么，他的一生只会一事无成。

14．不，理由同上。一个人越聪明，他的工作也就会做得越好，这是规律。

15．是的。

16．是的。

17．这样做是不道德的。

18．学手艺。

19．是的。

20．一般情况下不会。

21．缺少兴趣和不达到目标不罢休的志愿。

23．是的。

24．只要他喜欢。

25．诚实、真诚、刻苦。培养自己的能力，生活节俭，不要入不敷出。尊重他人的权利。

乔治·盖伊 医学博士

马萨诸塞州波士顿。波士顿市医院高级外科医生、哈佛医学院手术讲师。

1．努力工作。

2．是的。

3．不是。

4．不是。

5．是的。

6．不是。

7．不应该。

8．不是。

9．是的。

10．是的。

11．能力。

12．是的。

13．是的。

14．不。

15．是的。

16．是的。

17．是的。

18．手艺。

19．是的。

20．是的。

23．是的。

24．是的。

25．诚实，真诚，工作努力。要有绅士风度，经营好自己的业务；节俭，不要入不敷出。

约翰·伯福德

俄克拉荷马州格思尔里。俄克拉荷马州最高法院首席法官。

1．首先，年轻的时候要听父母的话，"不做惹麻烦、让父母蒙受耻辱的事情。"

这些教诲一直萦绕我耳边30余年。第二，20岁的时候，在农场辛勤工作，得到磨炼。第三，诚实，勇于承担责任，努力学习、有恒心。这些因素帮我越过重重障碍取得成功。

2．是的，前提是他有体力和精力来掌握它。

3．不是，有的人即使不喜欢自己的工作，也成功了，主要是环境所迫。

4．不是，那么做绝对是错误的。

5．不，没有这个必要，但可以去一些有机会的地方。

6．不，除非他有这个能力了。

7．这取决于他的能力，如果他有能力，就允许他选择。

8．不是，但诚实却是每个人都应遵守的准则。

9．是的。

10．不必要。

12．能力源于经验，如果没有，也不能过分地去要求。

13．当然，他应该尽可能去学习让自己受到教育，并坚持到底。

14．如果他有意愿、并刚好有这个机遇，当然可以去。受到教育总是有好处的。

15．那很好，但也可以通过在机械商店学徒获得知识。

16．是的，如果不想上大学，最好还是打消从事专业的念头，除非他能精通几种语言、数学、还有其他基础学科。

17．教育自己的孩子是每个父母应尽的责任和义务，首先就是告诉孩子们受高等教育的必要性。

18．仔细研究孩子的爱好倾向，然后培养他这方面的能力，充分利用他的天赋，提高

名家之谏

他的资质。

19．没有人在能单干的情况下还愿意去给别人打工。

20．要看机会，如果前景好的话，未尝不可；否则就不要去做。自己动脑去判断吧。

21．不会具体情况具体分析，对市场供需关系不了解，缺少敏锐的洞察力。

22．《圣经》；美国历史；《富兰克林传》；《约翰·马歇尔传》；《宾虚》。

23．是的，如果可能，最好多读几份。

24．自己能够适应并且喜欢，可以的。

25．信仰上帝，孝敬父母，同情弱者，勿忘贫穷，要让母亲开心，不要做罪恶的勾当，勤奋努力，坚持自己的追求。

评述：

不要用肮脏的语言说话；不去酒吧；不要随便对女士品头论足；思想纯洁、待人真诚、不畏邪恶、拒绝任何卑劣行为；一个好的品格要比名利更重要。

多里默斯

新泽西州纽瓦克市。美国火灾保险公司董事长。

1．首先是上帝对我父母为我做的祈祷给出了最好的回答。其次是我一如既往地付出艰辛和努力去追求我的理想。

2．是的。

3．不是。

4．不是。

5．是的。

6．不。

7．只要自己喜欢，而且

还有能力，就可以离开。

8．是的。

9．是的。

10．是的。

11．能力。

12．不会。

13．是的，只要他自己愿意去做。

14．通常不会。

15．是的。

16．是的。

17．不是。

18．学手艺。

19．是的。

20．是的。

21．不能坚持不懈，忽略重要细节。

22．《圣经》；莎士比亚的作品；华盛顿·欧文的作品；美国历史；麦考利的作品。

23．是的。

24．是的。

25．要绝对地诚实、谦恭、刻苦努力。当然要有独特的魅力，要谨记黄金法则："老吾老以及人之老，幼吾幼以及人之幼。"

约翰·朱林

纽约市。弗朗西斯·H.莱吉特批发公司成员。

1．做事尽职尽责，目的明确，努力工作，认真学习，精力充沛，充满热情，力求不断坚持向前。

2．会建议他涉足能展示自己能力的领域。

3．是的。

4．不是。

5．要看男孩自身和他的家境。

6．要是有能力、有闯劲、值得信赖，还是在家乡会得到更多的机会。

7．不应该。如果他在其他领域有自己的专长，就可以去。

8．是的，这关系到荣誉问题。

9．绝对必要，那是成功的关键所在。

10．没有必要这么做。

11．能力。

12．有能力就能获得经验，有能力的人会研究什么才是成功的关键。

13．如果他有这门心思，是可以的。

14．是的。

15．是的。

16．是的。

17．不是。既然他不愿意学习，不妨让他去工作。

18．我建议去参军，让他在那里受到严格的训练。

19．环境是可以掌控的，主要是看孩子的秉性和脾气，如果他精力充沛而且在金融方面有建树，那么当然可以。

20．要依情况而定。

21．无能，没有动力，坏习惯。

22．《白十字图书馆》；19世纪的历史；英国历史；《林肯传》；马可·奥勒留的《沉思录》；一本好的月刊。

23．是的，这样会有助于拓展视野。

24．在其他地方获得的经验会更好些。

25．尽职尽责，全身心地投入到工作中，言行正直，勤俭节约，相信自己会成功，因为那是你应得的。伟大的成功只会青睐那些会充分抓住机会的人。

威廉·克雷格

马萨诸塞州波士顿。波

士顿水果及农产品交易中心负责人。

1．目的单纯，诚实，拥有取得成功的决心，值得信赖，无论工作大小，都尽职尽责完成，做到最好。永远记得这个世界上仍然还有很多不幸的人等待我们伸出援助之手。

2．偶尔。

3．不认为是这样。

4．不是

5．是的，只要他能有坚定的决心，尽全力争取成功。

6．不。

7．从我的角度来看，不赞成。

8．真正的成功不能没有诚信。

9．是的。

10．是的。

11．经验。

12．不会。

13．不是

14．不。

15．是的。

16．是的。

17．不是。

18．做生意。

19．是的。

20．是的。

21．没有对成功的渴望和对自己的勉励。

22．《圣经》；《奋力向前》；《改变千万人生的一堂课》；《男孩必读》；《男青年必读》；《45岁男人必读》。

23．是的，这样他会知道这个世界都在发生着什么事。

24．是的。

25．不要总是原地踏步，要前进。"如果开始没有成功，那要做再次的尝试。"注意自己的言谈举止，要坚持不懈地努力，要有勇气，要诚

实。要充分去利用这些优点。

安德鲁·迈克利时

伊利诺伊州芝加哥。卡森、皮尔、斯科特丝织品公司的成员。

1．努力工作，精力全部投入到工作中，善于捕捉机会，目光长远。

2．只要他在自己的喜好方面有很大的天赋和才能就可以。

3．有时不是，有时必要，要依情况而定。

4．不是。

5．如果想要得到历练，而自身的能力还不足，最好还是在小城市开始。

6．不管孩子将来做什么，开始时不会建议他离开。一般在大的商业公司里，一个新人经常从最基层做起。

7．不应该，除非反对的理由是因为这个男孩懒惰，或是他仅仅出于好奇才想去大城市。

8．必要。

9．非常必要。

10．至少应该是感到很适应。

11．能力。

12．有时会，但大多数情况二者都必要。

13．是的，如果他渴望得到更高的职位，并具备接受知识以及精神文化洗礼的能力。

14．建议他还是去一所最好的技工学校。

15．是的，只要他足够聪明而且有志向。

16．绝对赞同。

17．不是。

18．这样的男孩学点手艺或是做点小买卖也许会更好些。

19．是的，只要他能找到一个好的起步点，如果能找到一个好的合作伙伴就更好了。

20．如果条件合适，可以，参见19题答案。

21．对事业不够投入，不勤奋。

22．莎士比亚的作品；达尔文的《物种起源》；华兹华斯的作品；《悲惨世界》；《天路历程》。

23．每天用少量时间阅读报纸，更多地去阅读杂志、评论和文摘，最重要的是多读书。

24．只要自己满意，同时又有公平的机会，就可以。

25．信仰上帝，听从上帝的旨意，把人格放在第一位，清清白白做人。

乔治·弗朗西斯

罗得岛普罗维登斯。土木工程师、波士顿火车站施工期间曾担任工程师。

1．无论什么工作，都尽全力做到最好。随时做好接受任务的准备，尽管万事开头难，但还是会努力去做好它。

2．是的，只要自己能找到这样的突破口。

3．不是。

4．不是。

5．是的。

6．不。

7．不应该。

8．是的。

9．是的。

10．不必。

11．经验。

12．不会。

13．是的，只要他肯学。

14．是的，只要有机会，并且他肯学。

15. 同14。

16. 同14。

17. 不是。

18. 学手艺。

19. 是的。

20. 不。

21. 懒惰。

23. 是的。

24. 是的。

25. 最重要的成功要素就是诚实，同时学习洞察细节。

托马斯·博登

马萨诸塞州福尔里弗。棉质产品生产商、福尔里弗市储蓄银行行长。

1. 留意他人在做什么，为什么这么做。言行恰到好处，认真学习所从事领域的技能，潜心研究相关知识，尽量博得对方的信任。

2. 总体上来说，是的。

3. 不是。

4. 不是。

6. 等到在家乡已再没有可供发展的空间了，再去大城市也不迟。

7. 不应该。

8. 是的。

9. 当然。

10. 是的。

11. 能力。

12. 会，只不过得多花点时间。

14. 不。

15. 是的。

16. 是的。

17. 如果他对别的事感兴趣，就不该强迫他。

18. 学手艺。

19. 是的。

20. 要看他的能力和经验如何。如果是一流的，当然可以，否则不行。

21. 精力不足，不够投入。

23. 是的。

24. 若他父亲很成功的话，赞成。反之，不赞成。

金洛克·纳尔逊 神学博士

佐治亚州亚特兰大。佐治亚教堂主教。

1. 努力工作，坚持不懈。

2. 通常是的。

3. 不是。

4. 我认为不是。

5. 不。

6. 不。

7. 是的，除非男孩已明确了自己的奋斗方向。

8. 不是。

9. 是的。

10. 不是。

11. 经验。

12. 很少见。

13. 有可能的话，会的。

14. 同上。

15. 是的，去要好于不去。

16. 是的。

17. 不是。

18. 学手艺。

19. 是的。

20. 是的。

21. a. 只想不做；b. 不想就去做；c. 不想也不做。

22. 《新约全书》；祈祷书；马太福音"如何在世界上与人相处得好"；萨克雷的《纽卡姆一家》；托德的《学生守则》；德拉蒙德的《性格》。

23. 是的。

24. 是的。

25. 一生廉洁，"三思而后行"，不要冲动。守时，礼貌，不屈不挠。

麦克莱恩

纽约市。范德比尔特诊所所长。

1. 健康的体魄，勤奋，坚定不移，凡事尽力做到最好。

2. 是的

3. 不必要。

4. 不是。

6. 不。

7. 不应该。

8. 是的。

9. 是的。

10. 是的。

11. 能力。

12. 能成功，但不是完全意义上的成功。

13. 是的。

14. 不。

15. 是的。

16. 绝对赞成。

17. 是。

18. 学手艺。

19. 对此表示怀疑。

20. 不。

23. 是的。

24. 大体上来说，可以试一试。

爱德华·巴特勒

伊利诺伊州芝加哥。纽约，芝加哥，圣路易斯巴勒特兄弟公司成员、伊利诺伊州手工技能培训学校校长、慈善家。

1. 认为自己所做的事是值得的，并找到做事的捷径。

2. 不必，在这些事情上，孩子的判断可能是错的。

3. 不是。

4. 不要违反孩子的意愿来强迫他们做事，最好是试着劝服他们。

5. 是的，除非想让他成

为一个好农民。

6．是的，只要他有好机遇。

7．不，除非做些改变，能让他对农场重新产生兴趣。

8．绝对必要。

9．是的。

10．不必要。

12．一个人可以在向成功奋进的途中获得经验，但光凭能力是不能成功的。

13．不。

14．不。

15．是的。

16．是的。

17．不是。

19．是的。

20．不。

21．刻意模仿他人，对自己的事业却漠不关心。

22．《超越奴役》。

24．不。

25．做你觉得值得做的事情，相信自己。诚实面对自己，学会思考。

爱德华·洛马克斯

内布拉斯加州奥马哈。联合太平洋铁路旅客票务代理总长。

1．得到好的训练，耐心，坚持不懈。

2．是的。

3．是的。

4．不是。

5．是的。

6．不。

7．不应该。

8．是的。

9．是的，要一直坚持。

10．是的。

11．能力。

12．会。

13．是的

14．不。

15．是的。

16．是的。

17．不是。

18．学手艺。

19．是的。

20．是的。

21．没有耐心。

22．《圣经》；莎士比亚；格雷的《墓园挽歌》；吉本的《罗马帝国衰亡史》；司各特的小说、狄更斯的小说；《家庭的影响》。

23．是的。

24．不，除非他自己喜欢。

25．如果开始没有成功，不要气馁，继续努力，再次尝试。

赫伯特·盖特米森

纽约布鲁克林。布鲁克林《每日鹰报》商务总监、编辑、股东。飞鹰保管公司秘书兼会计、美国出版协会创立者之一、布鲁克林公共图书馆馆长。

1．好父母，好身体，在大学好的教育，对每件事的坚持不懈。

2．是的

3．不必要。

4．不是。

5．是的。

6．不。

7．不应该。

8．是的。

9．是的。

10．是的。

11．经验。

12．不常见。

13．是的。

14．如果能负担得起，可以。

15．是的。

16．是的。

17．应该努力劝他去，而不是强迫他去。

18．学手艺。

21．对工作漠不关心，不投入，缺乏兴趣。

22．斯迈尔斯的《自己拯救自己》；《拿破仑传》；《华盛顿传》，《圣经》；美国历史；莎士比亚的作品。

23．是的。

24．不一定，要看孩子是否喜欢，是不是适合他。

25．有强健的体魄，受到良好的教育（最好是大学教育），认真学习你将来想涉足领域的知识。要谦逊谨慎，努力工作，对雇主诚实，坚持自己的原则，保持对工作的热情，不要有太大的野心，随时为下一步做好准备。交友要慎重，诚恳待人。

罗伯特·莫里

新罕布什尔州。白山枫叶林酒店经理。

2．是的。

3．不必要。

4．不是。

5．是的。

6．不。

7．不应该。

8．是的。

9．是的。

10．不必要。

11．能力。

12．是的。

13．不。

14．不。

15．是的。

16．是的。

17．不是。

18．经商。

19．是的。

20．是的。

21．不专注。

23．是的。

24．是的。

25．多去体验，增加机遇。

艾萨克·兰辛 牧师

宾夕法尼亚州斯克兰顿格林瑞治长老教会牧师。

1．外在原因源于上帝恩赐了我虔诚的父母，他们给了我高尚的品格和理想。而内在原因来源于《圣经》的启蒙形成了我的生命准则。因为这些，我总是被大家对我的关爱、人类所创造的东西、各种知识、对上帝的解读、还有所学到全部有用的东西不断地激励着。早些时候，我注重的是和谐发展的重要性，包括我所拥有的能力、耐心的磨炼，还有人们物质文化和精神文化有机的结合。在物欲横流的今天，我拥有永恒虔诚的信念，用它去理解生活的真谛，作为自己人生奋斗的目标，同时也作为鞭策自己不断前进的动力。

2．如果这个男孩还没有成熟，我该等一等，看他是否会改变他的喜好，如果一直坚持，那就顺从他的意思，如果不断地改变，就不支持他。

3．对于完全意义上的成功来说，是的。但也有很多小有成就的人其实并不真正喜欢他所成就的事业。

4．不是。

5．城市里有很多成功的年轻人都是从家乡起步的。当然，大城市吸引了很多年轻人，他们倾注了自己的全部，然而结果怎样呢？他们在竞争中成为失败的一方，然后像小河里的浮萍，最终流入海洋消失不见。

6．如果他能找到机会，可以去。反之不然。

7．不能约束、压抑、摧毁他的梦想。

8．成功、却没有高尚的品格，他会为此付出昂贵的代价，这样的成功是廉价的。一定要拥有高尚的情操。

9．是的，总体来说，沉稳和耐心比与生俱来的天赋更重要。

10．热爱工作会集中一个人的全部精力，那些从没把热情投入到工作中的人真的很可悲。

11．有能力没经验要比没能力有经验的人强得多，但是决策力和经验看起来比天赋更有价值。

12．没有经验有能力也能够创造成功，当然同时也需要经验作为补充，使成功更完美。

13．去读大学或者去技工学校。

14．对此我有些怀疑，但我倾向赞同，要仔细来选择课程。

15．是的。

16．是的。

17．不是，但我会认真地说服他。

18．学手艺，因为它的工作环境舒适，同时又很独立。

19．如果他不满足于为别人工作，那就试着为自己工作，但不是所有的人都能创业成功。

20．不，除非他能找到愿意为他投资的合伙人。

21．缺乏节省时间、精力和金钱的理念。

23．一天不超过15分钟。

24．实在是找不出让一个男孩跟随父亲从事同一行业的原因。

25．要有丰富多彩的精神世界。热爱上帝。精神方面、智力方面、肉体方面都要保持在最佳状态。要热爱学习，知之为知之，不知为不知。珍惜机会，听取老年人和智者的建议，征询父母的意见，如果他们不允许你这么做，可以向其他长辈寻求帮助。谨慎交友，宁缺毋滥。不要随波逐流，要懂礼貌。言谈得体。自重自爱同时也尊敬他人。尊重妇女，并以此为光荣。愉快地工作，不要把工作当作苦差事。遇到麻烦困苦时、失去勇气时，一定要坚定信念，因为生活是美好的、珍贵的，这是上帝赐予我们的礼物，它为每个人安排了美好的命运。

威廉·莫里 哲学博士

马萨诸塞州海德公园玛莎葡萄园夏季学院院长、曾任罗得岛教育学院院长、美国教育学院院长、全国教育协会高等教育部部长、作家。

1．（a）遗传基因，天赋；（b）活力、动力；（c）教育；（d）灵感。

2．是的，但不总是，要看男孩的天赋如何。

3．但不绝对。

4．不是。

6．没有万用法则。

7．不应该。

8．不是，有的人不讲诚信也能成功，但从长远考虑，应该讲诚信。

9．当然。

10．要想获得极大的成功，答案是肯定的。

11．二者都需要，我认

男孩成长书

为二者不能分开。

12．你必须拥有经验，而且需要在成功之前就获得。

13．有时候会。

15．有时会。

16．当然是。

17．改变他的意愿，要是改变不了，那就随他去。

21．没有经验。

约瑟夫·奥尔登·肖 文科硕士

马萨诸塞州伍斯特。高地军事学院院长。

1．见25题答案

2．是的。

3．必不可少。

4．不是。

5．不，除非他目的明确，知道自己在做什么。

6．同上。

7．不确定。

8．是的。

9．是的。

10．必须。

11．二者缺一不可。

12．经验重要，能力其次。

13．在很多情况下，是很有帮助的。

14．同上。

15．是的。

16．是的。

17．绝不该强迫。

21．缺少勤奋刻苦的精神，没有商业头脑和能力。

22．《圣经》；《鲁滨逊漂流记》；《佳木邻居》；《汤姆叔叔的小屋》；《织工马南传》；字典。

23．当然。

24．不。

25．诚实，真诚，虔诚，守诺，言行一致。

乔尔·朗格内克

伊利诺伊州芝加哥。律师。

1．对我所选择的职业——法律，我会始终坚持如一，而且做事不会忽视任何细节，对我的委托人坦诚，从不歪曲事实。

2．是的。

3．不总是，但是它能使人更容易成功。

4．不是。

5．是的。

6．是的。

7．不应该。

8．是的。

9．是的。

10．是的。

11．经验。

12．不会。

13．要看从事什么领域，许多大学的男孩应该走出来磨炼，而有些校外的男孩应该走进大学去深造。

14．不，除非是与技工行业有关的培训。

15．不。

16．是的。

17．不是。

18．学手艺。

19．是的。

20．是的。

21．对事业的不重视。

22．《圣经》，其他书可由男孩自己来选。

23．是的。

24．只要他想做而且觉得非常适合自己，当然可以。

25．诚实，不屈不挠，真诚，有志向，善良，有道德，能包容一切，爱国，勇敢。

查尔斯·杰弗逊 牧师

纽约市。百老汇教堂牧师、作家。

1．我的成功来源于我身上一直有一种动力促使我不断前进，从不懈怠，勤奋工作。

2．是的。

3．不必要。

4．不是。

5．是的。

6．完全要看孩子的决定，有些孩子该去。

7．不应该。

8．不必要。

9．按常理说，是的。

10．有热情能早些取得成功。

11．能力。

12．是的，在某些领域是可以的。

13．是的。

14．是的。

15．是的。

16．是的。

17．不是。

18．学手艺。

19．是的。

20．偶尔。

21．没头脑、没智慧。

22．《新约全书》；《华盛顿传》；《林肯传》；美国历史；英国历史及任何优秀的值得去读的书。

23．不。

24．不。

25．要相信上帝，相信他人，也要有自信。做事要尽心尽力，力求做到更好。不要对过去的失败耿耿于怀，也不要恐惧将来的危险。

马丁

纽约市。《电子世界》杂志编辑。

1．我的成功来自于从小就和电打交道，而且在我喜欢的领域坚持学习，努力工作。

2．是的。

3．是的。

4．不是。

5．是的。

6．不。

7．不。

8．是的。

9．是的。

10．是的

11．经验。

12．偶尔。

13．是的。

14．如果可能，是的。

15．是的。

16．是的。

17．不是。

18．学手艺或经商。

19．不。

20．不。

21．缺乏持之以恒的精神，但有时"失败"也是某种程度的成功。

23．是的。

24．是的，只要适合他就行。

25．要坚信机会越来越多，在自己选择的道路上坚定地走下去。

查尔斯·威廉姆斯　文科硕士，哲学博士

印第安纳州印第安纳波利。印第安纳波利《新闻报》主编、曾任《纽约世界》文艺副刊编辑、森林湖大学希腊文教授。

1．努力工作，坚持实现自己的目标。

2．当然。

3．想达到最大的成功，需要这样做。

4．不是。

7．不该。

8．就我眼中的成功而言是这样的。

9．当然必要。

10．对于完全成功来说是必要的。

11．能力很重要。

12．能力使用不当，当然无用。

13．如果他能负担得起学费，可以。

14．没这个必要。

15．是的。

16．当然。

17．不是。

19．是的，如果有好机会。

20．对此表示怀疑。

21．不够勤奋，缺乏奋斗目标。

22．《圣经》；莎士比亚；《华盛顿传》；《自己拯救自己》；《鲁滨逊漂流记》；司各特的小说。

23．是的。

25．讲实话，办实事，认为不对的事就不要去做。

威廉·华莱士

纽约州奥尔巴尼。美国巡回法庭法官。

2．是的。

6．不。

9．是的。

19．是的。

20．是的。

塞缪尔·阿勒顿

伊利诺伊州芝加哥。家畜交易贸易创始人、资本家、畜牧业者、阿勒顿包装有限公司前任董事长。

1．父母教导我要成为一个正直的好人，在前进的路上不要害怕任何困难，要刻苦，节俭，坚持不懈。

2．是的，生活像是一场游戏，对它没有极大的兴趣，就不会取得好成绩。

3．是的。

4．不是。

5．不，一个男孩在离开家之前必须已形成自己的独立性格及个人荣辱观，并且已具有独当一面的能力。

6．几乎在所有的大城市，成功人士都来自于乡村，但他应先在家乡做出点成绩，然后再转向大城市发展。

7．等个性形成再走。

8．和一位老大哥一起在农场工作8年之后，我对他说，我觉得自己可以在家畜贸易这行里做得更好。他答道："如果你想维持现状，不久就会拥有乡村中最大的农场，但是如果想做新的尝试，我给出的建议就是，要有好口碑，要有自己的个性，要诚实，这样才能成功。"

17．不是。

18．学手艺。

19．是的。

20．是的。

21．急功近利。

23．是的。

24．是的。

25．培养良好的品格，做人讲信用、待人真诚。

查尔斯·迪基　牧师，神学博士

宾夕法尼亚州费城。伯大尼长老会牧师、长老会医院院长。

1．关心自己的事业，凡事要考虑到他人的利益，充分运用自己的能力和经验，当然，我所有的成绩主要还是来自于上帝的恩赐。

2．是的。

3．是的。

4．不是。

5．是的，如果他知道自己在做什么，且良机在握。

6．如果只是抱着试试看的心理，就不要去；如果很有把握，就可以离开。

7．一直等到好机会出现才能离开。

8．是的，尤其对于取得最后的成功非常重要。

9．当然。

10．是的，这对获得完全成功很必要；但也有的人尽管不喜欢本职工作，最后也成功了。

11．能力奠定基础，经验缔造成功。

12．在某种程度上可以成功，但是经验确实有很大帮助。

13．绝对应该去，除非他傻到不在乎自己的事业。

14．是的，让他成为绅士，不断进步。

15．是的。

16．绝对。

17．不是，他若是不珍惜这样的机会，那读大学对他来说就没什么用了。

18．首先要给他信心，等待他目标的确立。

19．别太急于求成，在冒险投资之前先做好充分的准备。

20．不。

21．缺乏常识。

22．《圣经》；莎士比亚；朗费罗；美国历史；狄更斯；通史。

23．是的，最好找到一份内容健康的报纸来读。

24．是的。

25．保持自己纯洁的品行，信仰上帝，严守戒律，孝敬父母，尊重妇女，为人真诚讲诚信。不要自以为是，以为自己无所不知。充分利用机会取得成功，不要妄想成功会自己降临到你身上。

埃德加·班克罗夫特

伊利诺伊州芝加哥。芝加哥西印第安纳铁路局副局长、律师、芝加哥环城铁路公司副经理、后任托皮卡&圣达菲铁路局律师、作家。

1．父母无怨无悔地做着奉献与牺牲，其目的就是要让孩子受到高等教育。我一直在努力工作，树立更大的雄心壮志。

2．是的，只要他有资质而且兴趣浓厚。

3．不是，对成功的渴望更重要。

4．不是。

5．是的，但是先当好农民再说。

6．不。

7．应该，等到弄清楚为什么"不喜欢"农场，再离开。

8．是的。

9．必要中的首要条件。

10．不是，但会非常有用。

11．经验加潜能可以产生能力，但是经验是后天积累的，他的价值取决于先天的能力，因此能力更重要。

12．能力强的话，当然可以，将足够的能力用于实践就是经验。

13．当然，除非他只想赚钱，没有别的追求。

14．看他是否有能力上大学。

15．是的。

16．高等教育是必不可少的。

17．明智，男孩根本不知道大学到底是什么样的。

18．如果不能决定，最好不要去做。

19．绝对可以，只要有良好的机会。

20．同上。

21．意志力薄弱，优柔寡断，缺乏勇气，没有毅力，有酗酒等不良嗜好。

22．《高夫自传》；《伊莱休·博里特传》；《林肯传》；《富兰克林自传》；《希腊罗马名人传》；《华盛顿传》（欧文或者威尔逊的作品）。

23．不。

24．是的，除非他特别反感。

25．相信自己能够完成任何想做的事，一旦确立目标，不要向任何困难屈服，持之以恒直到任务完成，继而寻求下一个挑战。

克莱·特朗布尔

宾夕法尼亚州费城。《周日教育时代报》编辑、作家。

1．要认清自己所处的位置，因为这是上帝的旨意，只要努力、尽职尽责，无论是成功还是失败，富裕还是贫穷，都无所谓。从我年轻时候起，我就从来没有转变过，因为上帝没有赐予我新的任务。

2．不。在田径训练中称职的教练绝对不会因为运动员喜欢练肌肉也最擅长练肌肉，就只让他练肌肉。对于个人的偏好可以予以考虑，但不能完全受其左右。

3．不是。对某事有偏爱多数是因为对它比较了解。

4．如果父母非要强迫孩子，那么日后只会给自己带来麻烦，只有家长意识到这一点，他们才会做个称职的父母，不会误导孩子。

5．这要取决于男孩肩负的使命是什么。个人喜好也好、发财的良机也好，与使命相比都显得微不足道。

6．该在哪里就留在哪里，不管是大地方还是小地方，都不重要，在条件较差的小地方履行职责要远比在大城市里逃避责任度日好得多。

7．如果是他的责任，就必须去履行，不管喜欢与否。

8．我不认为要向那些"成功人士"学习，看他们怎么做，然后东施效颦。不管事业是成功还是失败，诚信要摆在首位，用"做正确的事"和"事业成功"做比较，当然还是前者更有价值。

9．坚持到底、不屈不挠是基本要素，也是责任。而放手也同样是一种责任。"只要有食物、有信仰，什么都阻挡不了"，认真的态度是做正确事情的必要因素。

10．对工作的热爱不是成功的必要条件。因为是你的工作，所以你才会热爱。

11．做事的能力是获得经验的必要条件。

12．二者表面独立，实质上又密不可分。

13．那取决于男孩自身和他选择的大学，良好的校园生活和锻炼能够提高学生的素质，受过这样的锻炼与没有受过锻炼的孩子相比，前者在事业中会做得更好。

14．即使是做个铁匠，受过教育的男孩也会表现得别人更加优秀。伊莱休·博里特证明了这一点，在任何领域，如果有机会都应该补充精神食粮。

15．要是技校能提供给学生好的精神训练，那里对他

来说就是一个好地方。在任何领域，要功成名就必须通过智力和精神方面的训练。

16．大学的训练可以帮助任何职业的人做好准备，但要清楚的是并非训练本身就是全部的准备。大学可以授予神学博士、医学博士或是法律博士学位，但没有一个大学能够直接培养出牧师、医生或律师。

17．绝对不明智。不论让男孩做的事是对是错，强迫本身就不对。可以采取诱导的方式，将男孩领上正途。只有把孩子送进监狱才需要用迫的手段，但那也是警察的权力，不是父母的。

18．如果我了解这个男孩，我会给出中肯的意见；如果对每个孩子都提出同样的建议，那只能说明我没有能力。

19．这样的年轻人应该做点什么。但是赚钱或是"成功"并不是人生唯一的奋斗目标。

20．这要看是什么事业，男孩为什么要从事它，还要看为他提供资金援助的人是什么样的人。

21．失败是成功之母。但很多人失败是由于无法成功地达到邪恶的目的；还有很多人是因为他们野心勃勃，想要踩着别人的肩膀向上爬，结果没有达到目标，所以失败了。

22．建议他要熟悉《圣经》和里面告诉我们的道理，我必须在了解这个男孩的需要和所处环境后，再为他选择另5本书。

23．一个聪明的男孩如果很忙，就不应该在读报纸上浪费太多时间，只要大概了解

每天发生的大事件和其中的意义就可以了。

24．取决于三个因素，事业、父亲和孩子。很多男孩不明智，因为他没有参与父亲的事业，他本来很适合做这项工作，并可以把它发扬光大；还有很多男孩也很不明智，因为他参与了父亲的事业，然而他不思进取、原地不动，事业也不见有任何起色。不过，很多时候天意总会使事情明朗化，以避免我列举的两种现象发生。

25．对年轻人的建议，简而言之，就是要清楚地履行自己的责任义务，不管出现什么后果。"行得端，做得正，天塌下来也不要紧。"只有这样做才能获得真正的成功。

查尔斯·阿特伍德 医学博士

纽约市。布卢明代尔纽约医院学会会员、哥伦比亚大学医疗科、神经疾病临床助理。

1．大多数的成功源于我的不断努力。在15岁时，我不得不为自己决定，是否应该进入大学，而18岁大学毕业时，我再次需要做出选择，选择我将从事的职业。除了现在这份职业是被任命的以外，之前那些都是在竞争中取得的。

2．如果偏好的事业是正经职业，且不是纯粹为了钱，可以予以考虑。

3．是的。

4．不是。

5．是的，尤其要确保开端良好。

6．不，除非小城镇的条件不适合他发展。

7. 不是。

8. 大多如此。

9. 是的。

10. 是的。

11. 能力。

12. 不。

13. 是的。

14. 是的，去合适的大学就读（课程实用性强的大学），如科内尔大学或者去技术学校。

15. 是的，去科内尔大学或是与之相似的大学，他们教授的都是些具有实用价值的知识。

16. 当然。

17. 是的。

18. 经商。

19. 很难回答，要看个人情况来定，还要看其信誉如何，其他大公司是否具有竞争力及市场需求如何，如果条件适合，是可以的。

20. 不，除非拥有相当优越的条件。

22. 《圣经》；莎士比亚；吉本的《罗马帝国衰亡史》（缩写本）；本国的历史；普罗克特的《地球以外的世界》；狄更斯的《圣诞颂歌》；库珀的《皮袜子故事集》；金斯莱的《向西方》；格莱特的《和克莱夫在印度》；司各特的《魔符》；金斯敦的《三个船运工》；傅华萨的《闻见录》。

23. 是的。

24. 是的。

25. **男孩们，要想在一生中取得成功，那么就要有荣誉感，有良知；不要喝酒，也不要赌博。凡事只要去做，哪怕成绩只有一点点，也要好于不做。**

艾莫尔·卡彭 神学博士，法学博士
马萨诸塞州塔夫茨大学校长

1. （a）坚持到最后，不屈不挠。（b）要努力工作，日复一日，踏实干活。(c)有崇高的理想，定准目标去努力，同时不忘记要脚踏实地。

2. 我当然觉得应该，除非中途出现曲折坎坷。

3. 不是。通常人们做什么工作就会强迫自己去发展什么兴趣。

4. 我想，这么做非常不明智。

5. 是的，只要他觉得自己能在城市找到更好的机会。

6. **这个要看他自己，他是否有足够的能力，如果他有能力，却在自己所待的地方找不到满意的工作，那最好还是找一个更大的地方去寻求机会。**

7. 如果他没有兴趣，就算强迫他去外交部，他也不会喜欢。

8. 任何成功都离不开诚信。

9. 绝对是。

10. 不管喜欢不喜欢，一个人对工作的兴趣是至关重要的。

11. 都重要，但在某些职业里，经验更重要些。

12. 很多情况下，确实如此。

13. 是的，只要他拥有足够的时间和金钱，头脑够聪明，做什么都需要知识。

14. 不管这个人最后从事什么，受过大学教育是非常重要的。

15. 是的，可能的话最好上大学，然后再到一所技术学校进修。

16. 是的，只要他开始职业生涯时不觉得自己太老就可以。

17. 不明智。

18. 这样的孩子可能做什么都不会有太大的成就，也许他更适合学手艺。

19. 这得看他做的是什么生意。如果风险太大，最好还是观望一段时间再做打算。

21. 我认为世界上即使是最理智的人也不可能对某件事只用一个理由来解释，其实原因和失败一样千差万别。

22. 《圣经》；莎士比亚的作品（英文原版）；一些经典好书，例如英国历史和美国历史；司各特、狄更斯和雨果的小说；之后可以读一些优秀的散文或者是诗歌，也许他会沉迷其中。

23. 是的。

24. 是的，如果生意很好的话，可以。

25. **男孩们，快醒醒吧！这是一个伟大的时代，充满了机遇，准备好去迎接挑战吧，一旦准备好，就要把握住最适合自己的机会，充分加以利用。"时光稍纵即逝"。"注视、等待、充满信心、坚定不移，表现得要像个男子汉一样坚强。"**

爱德华·戴尔森
纽约州锡拉库扎。奥内达加镇储蓄银行行长。

1. 我现在所取得的成就，要归功于我健康的体魄、不懈的努力、不屈不挠以及坚持到底的精神。

2. 是的。

3. 是的。

4. 不是。

5．是的。

6．我建议他去，但至少在去大地方之前要在自己喜欢的行业里做一阵子学徒。

7．不应该。

8．是的。

9．是的。

10．是的。

11．经验，其次是能力。

12．有成功的可能，但几率不大。

13．是的。有可行性就好。

14．是的。

15．是的。

16．是的。

17．不明智。

18．让他跟随一个有能力的老板或是老师学一门手艺。

19．按常理说，是的。

20．最好是和一个信誉好的人合作，并且那个人信赖他的经验、拥有足够的资金愿意为他去投资。

21．没有经验及不屈不挠的精神。

22．《圣经》；布莱克通史；《民法》；《刑法》；莎士比亚；美国历史。

23．是的。

24．要是他喜欢、并且是一项好的事业，我看没有理由还去寻找其他职业。

25．做事要讲效率，更主要的是凡事都要讲诚信。

约翰·韦斯顿 司令官

华盛顿哥伦比亚特区。美国海军联勤司令。

1．我今天拥有成功是因为我了解本职工作，做人诚实、努力，坚持不懈。

2．是的。

3．不必要。

4．不是。

5．是的。

6．不。

7．不应该。

8．我是这么认为的。

9．是的。

10．不是。

11．经验。

12．可能。

13．不。

14．不。

15．是的。

16．是的。

17．不是。

19．是的。

20．是的。

21．不够专注。

23．是的。

24．是的。

25．诚实，真诚，爱国。只要总统召唤，时刻准备去报效祖国。像男子汉一样豁达，不自私，对不如你的人要宽容。

威廉·克拉克

俄亥俄州克里夫兰市。教育委员会前任会长、美国退伍军人委员会会长。

1．首先感谢我母亲给我的培养。其次，就是坚持不懈、待人诚恳。

2．是的，如果这是他真实的想法。

3．总体说来，是这样的，但是也有例外。

4．父母知道孩子的脾气、秉性，能作出最好的判断。

5．是的。

6．不。

7．不应该。

8．绝对必要。

9．必要。

10．是的。

11．能力，因为有能力才能得到经验。

12．是的，如果恰逢

良机。

13．是的。

14．是的。

15．是的。

16．是的。

17．是的，结局通常会很好。

18．手艺。

19．是的，因为独立是取得成功的最佳动力。

20．不，债务是一个人最大的障碍。

21．急于求富，缺少平常心。

22．（a）《圣经》；（b）《苏格兰领袖传》；（c）《汤姆叔叔的小屋》；（d）《鲁滨逊漂流记》；（e）狄更斯的《英国历史》；（f）《林肯传》和《华盛顿传》。

23．不会。

24．不，除非他表现出特别积极的态度。

25．当父母衰老了以后，不要嫌弃他们。

罗宾逊 医学博士

缅因州班戈。学校委员会主席、医生。

1．有一对好父母来引导我。

2．只要是合法的、有益的就可以。

3．不必要，但是很有用。

4．通常来说，不是。有时是情有可原的。

5．取决于那个男孩，只要他聪明、有活力、有目标、有毅力并且受过好的教育。

6．除非他在其他方面做得更好。

8．当然。

9．是的。

10．想获得最大的成功，就得热爱本职工作。

11．能力。如果没有能力，经验毫无用处。

12．是的，经验随时可以有。

13．是的。

14．是的。

15．如果他不能上大学，可以去技工学校。

16．是的。

17．要看他多大，为什么不想去上学。

18．理想迟早都会有的。

19．是的，这有助于他成为更成熟的男人。

20．不，最好要他自己攒钱去做生意。

21．奢侈浪费。

23．是的。

24．是的，子承父业，对男孩的发展大有帮助。

25．孩子，不管做什么都要尽力而为。

詹姆斯·摩尔 医学博士

明尼苏达州明尼阿波利斯。外科医生、西北医院外科医师、圣巴拿巴城市医院外科医生、外科学专题作家。

1．逆境中，也要明确自己的目标，坚持不懈。

2．是的。

3．不必要，成功会让你喜欢上事业。

4．不是。

6．如果在家乡已感到英雄无用武之地了，再去大城市。

7．不该。

8．是的。

9．是的，比什么都重要。

10．是的。

11．能力，一个人有能力就会有经验。

12．不会成功，见上题答案。

13．不。

14．不。

15．除非他才能出众，否则不用去。

16．是的。

17．不是。

18．让他学一门手艺或务农吧，我们需要很多非技术人才。

19．是的。

20．不，只要他有能力，不久就会有资金，不必借钱。

21．确立目标后不能持之以恒。

23．是的。

24．是的。

25．保持身心纯洁。无论在任何情况下都要尽全力做到最好。

评述：

我想告诉孩子们的父母，他们有责任教育孩子，让孩子知道他们可以憧憬一切。但是，没有理想就不能取得巨大的成就。在他们没有经验和遭遇失败时，告诉他们不要迷茫。相信他们会超过自己的父辈，一切会更好。许多男孩迷失了十年，就是因为没有人告诉他"水滴石穿"的道理。

弗兰西斯·希尔斯

马萨诸塞州波士顿。第三国家银行行长。

1．努力工作。

2．是的。

3．不必要，但是非常有用。

4．不是。

5．如果他有能力想去尝试经商或者从事某种专业，可以去大城市。

6．如果他决心要成就大事，可以去大城市。

7．取决于他在其他领域的办事能力。

8．绝对必要。

9．是的。

10．不是。

11．能力。

12．可以，经验可以后天获得。

13．是的。

14．是的。

15．是的。

16．是的。

17．不是。

18．拥有稳定收入的工作是最适合他的。

19．是的。

21．没有能力，或没有毅力，或者两者都不具备。

23．是的。

25．在生活方面，引用大卫·科波菲尔的阿姨说得一句话："不要犯错误，不要耍手段，不要残忍"；在做生意方面，我要再补充一句："智慧、正直、果断、礼貌、精准。这些都是成功的基本要素。"

塞缪尔·伊士曼

新罕布什尔州康科德市。新罕布什尔州储蓄银行行长。

1．忠于职守，不断提高自身能力，以便更好地履行自己的职责。

2．是的。

3．不是。

4．是的。

5．是的，如果他祈求能够取得更大的成功；但是所有的乡村男孩都不能做到这点。

6．长远来看，男孩还是留在家乡比较幸福。

7．不应该。

8．虽说有许多不诚实的

人发了不义之财，但还是应该讲诚信。

9．是的。

10．至少他必须喜欢，或者有能力强迫自己去完成。

11．能力。

12．不会。

13．是的，如果他能这么做。

14．可能不会，但多受点教育还是有帮助的。通常来说，想学技工的男孩都不想上大学。

15．有时我会建议，但是有些男孩不会想去。

16．是的。

17．不是。

19．是的，如果他能找到一个好的机会。

21．粗心大意，忽略细节。

23．是的。

24．是的，只要他喜欢。

25．"锁定你的目标，困难就会落荒而逃，凡事要凭实干，空谈不会有任何回报；发挥自己的才干，把你的对手击倒。"

威廉·克罗泽 将军

华盛顿哥伦比亚特区。美国陆军军需总长、发明家、海牙和平会议代表。

1．对我的工作感兴趣。

2．是的。

3．是的。

4．不是。

5．是的，如果他有能力和坚定不移的性格。

6．还是待在家中比较安全，但是有能力、有毅力的人在大城市发展会收获更多。

7．如果他有能力和坚定不移的性格，就不应留下来。

8．不必要，但是必须要自重。

9．是的，尤其是在获得巨大的成功或是面临困难时，更要有锲而不舍的精神。

10．想有大成就，必须热爱本职工作。

11．能力。

12．是的。除了有能力，还要坚持不懈。

13．是的，如果可能。

14．不。

15．是的。

16．是的。

17．不是。

18．学手艺或经商。

19．是的。

20．是的，只要债权人充分了解其中的风险。

21．缺少活力和坚持不懈的毅力。

23．是的。

24．是的，只要他愿意尝试。

25．铭记这一生中没有什么能代替绝对的正直，也没有什么能像活力那样对成功起着巨大的作用。活力来源于对工作的热爱。

吉尔伯特·菲利普斯

罗得岛州普罗维登斯。普罗维登斯存款机构主席。

1．坚持不懈。

2．是的。

3．不必要。

4．不是。

5．是的。

6．只要他喜欢。

7．绝对不该。

8．是的。

9．是的。

10．是的。

11．能力。

12．是的。

13．如果他能的话。

14．是的。

15．是的。

16．是的。

17．不是。

18．学手艺。

19．是的。

20．不。

23．是的。

24．只要他喜欢。

25．诚实、坚持、好的品格。

弗雷德里克·普拉特

纽约布鲁克林。普拉特学会会员。

2．是的。

3．不是。

4．不是。

5．不，只要他有超凡的能力和顽强的毅力。

6．不。

7．不应该。

8．是的。

9．是的。

10．不必要，只要坚持下去就能逐渐产生兴趣和热爱之情。

12．是的。

13．如果他有一些爱好，建议；否则不然。

14．不是每个男孩都可以。

15．去技术学校，或者能学到一门手艺的学校，不要去工程设计学校。

16．是的。

17．不是。

19．是的。

20．在大城市，反对；要是在小城镇，就赞同。

21．没有毅力。

23．是的

24．是的。

波特

纽约长岛。长岛铁路局

男孩成长书

总监。

1．在任何条件下都要坚持不懈。

2．是的。

3．不是。

4．大多数情况下是不明智的。

5．是的。

6．是的，我想男孩子应该离开家，出去闯闯。

7．不应该。

8．是的。

9．是的。

10．是的。

11．能力。

12．有可能。

13．是的。

14．是的，如果他能做到。

15．是的。

16．是的。

17．不是。

18．学手艺。

19．是的。

20．是的。

21．做不到坚持不懈。

23．是的。

24．不。

25．耐心、真实、忠实、诚实、不知疲倦。

埃尔南多·马尼

密西西比州卡罗顿。美国参议员、律师。

2．是的。

3．不是。

4．不要强迫孩子。

5．不。

6．不。

7．不应该。

8．一些人可能用不诚实的手段取得了成绩，但那并非是真正的成功。

9．是的。

10．不必要。

12．是的。

13．是的。

14．是的。

15．是的。

16．是的。

18．学手艺。

19．是的。

20．是的。

21．缺乏自信。

23．是的。

贺瑞斯·塔贝尔　法学博士

罗德岛州普罗维登斯。公立学校督导、教科书的作者。

1．拥有好父母、好妻子。

2．是的，如果喜好早已形成。

3．不是。

4．不是。

5．是的。

6．首先尝试去小地方。

7．不应该。

8．不必要，诚实是道德之首，在敛财方面不适用。

9．是的。

10．是的。

11．能力。

12．有能力，经验可以后天获得。

13．不。

14．不。

15．是的。

16．是的。

17．不是。

18．学手艺。

19．经商，但不要同诸如标准石油公司这类的大公司竞争。

20．不。

21．没有远见。

23．是的，但同时也要读些好书。

24．是的。

波比

缅因州班戈。土木工程师、保诚会会员。

1．生长在信奉基督教的家庭，父母每天都在为我祈祷。

2．只要是正经事，就赞同。

3．不总是。

4．当然不是。

5．除非他的性格已经形成；在大城市中，他会面临更多的风险。

6．不，除非他有能力，也有远大志向。在美国，是金子就不会被埋没，在哪里都一样闪光。

8．绝对是。

9．是的。

10．如果他把心思放在生意上，他一定会成功。

13．有时，大学教育是好，但并不是非去不可。

16．我觉得十分必要。

18．学手艺。

21．奢侈，不注重细节。

23．如果他能找到一份好报纸，可以读。了解时事新闻很必要。

24．是的。

25．听从上帝的教诲，要诚实、真诚。

约瑟夫·拉尼德

纽约州布法罗。布法罗图书馆负责人、美国图书馆协会前会长、作家。

2．是的，如果他知道自己喜欢什么而且能够尽力去做。但是小男孩的爱好通常只是一时的冲动。

3．不是。歌德曾说过："你最熟悉的就是你手边的事"，"无论做什么都要用心去做"，这是取得成功的最好原则。

4．这种情况是不能被强迫的，孩子和家长应该心平气和地磋商，解决问题。

8．没有什么比这更重要的了。

9．毫无疑问。

10．至少怀有热爱之心去完成工作，可以做到最好。

13．上大学会使他受益匪浅。

14．同上。

15．只要他能去。

17．如果孩子是被强迫去的，很可能在学校学不到什么，即使送他上大学，也是没有意义的。

23．可以看报，但要适度地看，可以从每天的新闻中找到一些重要的消息和知识，但不要把时间浪费在花边新闻上。

25．形成坏习惯要比得了天花和瘟疫还可怕，而养成适合自己的好习惯会比穿新衣服还要开心。时刻提醒自己想要成为什么样的人，你的后半生或者人生剩下的三分之二时间完全取决于你年轻时形成的习惯。思考问题是细心还是粗心，看待问题是片面还是全面，自己判断还是听从别人的意见，态度是亲切还是冷漠，慷慨还是自私，说话时是语法严谨还是漏洞百出，态度是谦恭还是粗鲁，这些都是绅士与市井小民的差别，这些差别是由他们年轻时形成的不同习惯造成的。现在就想一下自己要成为哪一种人。

约翰·怀特
纽约市。怀德莱特高中校长。

1．谦虚地说，我在某些方面并不是很成功。

2．是的。

3．不必要。

4．不是。

5．是的。

6．大体上不会。

7．不应该。

8．是的，居心叵测的人是不会成功的。

9．是的。

10．是的。

11．两者都重要。

12．没有经验不能成功。

13．是的。

14．最好去技术学校。

15．是的。

16．是的。

17．无论如何都不能这么做。

19．当然。

20．可能。

21．赌博，任意妄为。

22．《圣经》；欧文的《华盛顿传》；《希腊罗马名人传》；雨果的《悲惨世界》；惠蒂尔的诗；《鲁滨逊漂流记》。

23．是的。

24．我倾向于否定。

25．品格要建立在真实、有责任感、自律、正确的思考方式和谦恭的基础上。

贾森·尼科尔斯
密歇根州兰辛。英格拉哈姆公司、遗嘱检验法官、密歇根州教育委员会主席。

1．工作。

2．当然。

3．是的。

4．不是。

5．是的。

6．不。

7．应该。

8．即使再问10000次也是必要。

9．必须坚持。

10．是的。

11．是的

12．努力工作就会成功。

13．是的。

14．是的，如果他能。

15．是的

16．当然

17．是的，因为在那里他可以学会如何工作。

18．手艺。

19．是的。

20．是的。

21．粗心和懒惰。

22．《拿破仑传》。

23．可以，但读报时间别太长。

24．是的。

25．选择自己喜欢的工作坚持到底。工作、工作再工作。

伯吉斯
佛蒙特州伯灵顿。教育委员会主席、霍雷木材公司董事长。

2．通常会。

3．是的。

4．不是。

5．如果他格外聪明，可以；否则就不要走。

7．不应该。

8．是的。

9．是的。

10．必须

11．没有哪一个都不行。

12．有时会。

14．当然。

15．是的。

16．是的。

17．一般说来是不明智的。

18．学手艺。

19．是的。

20．偶尔，取决于这个人自身。

21．奢侈浪费。

23．是的。

24．是的。

25．决定自己想要干什么，坚持下去，不要给失败任何机会。

亚历山大·艾博特 医学博士

宾夕法尼亚州费城。宾夕法尼亚大学卫生学实验室卫生学教授、导师、医疗卫生委员会实验室导师、医学专题作家。

1．凡事靠自己；结交能力出众的人。

3．那要根据个人情况来定，我的建议是肯定的。

4．不是。

5．如果他把幸福和成功都寄托在这上面，那么我建议他去。

6．不，除非这个小镇不能满足他的目标，达不到他的要求。

7．不应该。

8．应该是必要因素，但令人遗憾的是，事实并非如此。

9．是的，要不间断地努力。

10．是的，只要你指的是完全成功，就需要这样做。

11．能力。

12．可以，经验是能力的实践。

13．是的。

14．是的。

15．是的。

16．是的。

17．要看情况，但是大多数时候是有理由这样做的

21．没有能力，风险中不

理智，急于暴富。

22．13-17岁的男孩：卜吉林的《丛林之书》；史蒂文森的《金银岛》；金斯利的《向西方》；斯迈尔斯的《自己拯救自己》。

23．不用养成习惯，要是找到一份好的报纸，可以偶尔读一读。

24．事业基础好，而且男孩自己喜欢的话，可以。

25．学会一技之长，坚持做下去。

艾默里·布拉德福德 神学博士

新泽西州蒙特克莱尔。第一公理会教堂牧师、《展望》杂志副主编、美国基督教哲学学会会长、神学院讲师、作家。

1．良好的遗传基因，家庭的环境影响和儿时的理想，还有不懈的努力。

2．是的。

3．是的。

4．不是。

5．如果那孩子适合做农民，不建议这么做；如果适合做银行家或从事某专业，可以出去闯闯。

6．等到小镇已满足不了他的发展需求再离开。

7．如果那是他永远的追求，就不用留下来。

8．是的。

9．是的。

12．如果够勤奋，可以成功。

13．是的。

14．要看那男孩，他若能学以致用，就建议他去。

16．是的。

17．有时是明智的，但有时不是。

18．先激起他的雄心壮志。

21．奢侈。

22．《圣经》；荷马；《希腊罗马名人传》；《大卫·利文斯敦传》；《约翰·霍华德传》，丁尼生的《国王叙事诗》。

23．是的。

25．纯洁、诚实、追求真理、忠诚。要做正确的事，不惜任何代价。团结友爱，相信上帝。

雅各布·格林 上校

康涅狄格州哈特福德。康涅狄格州人寿保险公司董事长。

2．是的。

3．不是。有广泛的兴趣爱好、并肯努力的人做什么都会成功。

4．不是。

5．完全取决于那个男孩，不满足，机会少，有这样的想法就很危险。

6．要看他的能力，一个人只有把身边的事做好才是最基本的准则，其他地方需要他的时候，机会自然会向他靠近。

7．对他人的责任，还有个人的倾向和天生的能力，这是几大重要因素，孩子早期的喜欢和不喜欢只不过是儿时的一种冲动。

8．我想，做不到绝对的诚实是不会真正成功的，不诚实只能赢取片刻之快，但是结果却是毁掉自己。

9．当然。

10．不是必须的，但会让自己的工作变得简单容易得多，拥有与工作相关的知识比热爱更重要。

11．能力是硬件，经验有利于硬件的应用。

12．从这两方面很难去找到平衡，每个人的工作过程也是学习的过程。能力是上天赐给我们的礼物，没人能去改变，但是经验是后天的培养，是对能力的应用。

13．要看他有多大能力。

14．一般说来，不会建议。

15．是的，那里会教他正确的方法，认真的学习习惯，对他进行合理的智力训练。

16．是的。

17．不是，这样对孩子不好。

18．手艺。

19．是的，每个人都应该追求自己的理想。

20．没有十足的把握就不要做。

21．缺少自制力。

23．是的，只要了解天下大事就足够了，不用读太多。

24．没有确定的回答，对于一些男孩来说很好，对于有些男孩来说就会成为问题，有很多复杂的因素，因人而异吧。

25．清楚你自己想要什么，或者应该做什么，把自己的责任放在第一位，然后，快、准、稳地把它做好。

马克思·托尔斯

明尼苏达州圣保罗。大北方铁路局机械工程师。

1．平常心，受过教育，有能力领导他人，首要一条就是懂得服从命令。

2．是的。

3．是的。

4．不是

5．是的。

6．不。

7．不应该。

8．是的。

9．是的。

10．不必要，事实上热爱就意味着要坚持到底。

11．二者都需要。

12．少见。

13．是的。

14．不。

15．是的。

17．不是。

18．让他自己选择。

19．是的。

20．不。

21．过分自信，奢侈浪费。

23．是的。

24．不。

25．广开视听，守口如瓶。稳重，服从命令，不要开始就想得到回报。

斯宾塞

康涅狄格州哈特福德。安泰国家银行行长。

2．是的。

3．不必要。

4．总体来说，不是。

6．不。

7．还是留下来比较好。

8．是的。

9．是的。

10．不是。

11．能力。

12．可以。

16．是的，只要有可能。

17．不是。

18．这不算什么大事。

20．不。

23．是的。

24．这应该是最适合他的工作。

本杰明·惠勒　法学博士，哲学博士

加利福尼亚州伯克利。加州大学校长、作家。

1．相信世界上还是好人多。

2．是的。

3．不必要。

4．不是。

5．是的。

6．不。

7．不应该。

8．是的。

9．是的。

10．若无法热爱工作，可以试着把工作当作一种习惯。

13．是的。

14．是的。

15．是的。

16．是的。

17．不是。

23．可以读一本好的周刊，比如《展望》，这本杂志就不错。

25．要勇争上游。想什么就去做什么，当然要有耐心。努力工作，衣着整洁。做诚实的人。

约翰·弗莱彻

阿肯色州小石城。国家银行行长。

1．所有业务交往中严格遵守诚信原则，积极认真地履行合约。

2．通常来说，是的。这样他更容易成功。

3．不是，很多人都是被迫从事了自己不喜欢的职业，但是之后他们应付自如而且取得了巨大的成就。

4．不是，我想最好的途径就是和孩子磋商，让他选择他自己喜欢的。

5．是的，假设他有雄心

和能力去领导其他人，但却因为是一个农村孩子而不能遇到这样的机会，那么只有离开。

6．是的，只要他有能力去做更大的事业，同时他也有信心会比在家乡做得更好，我就建议他离开家乡。

7．不会，让他去亲自体验，然后找到适合自己的职位。

8．必要的，特别是对于真正的成功，诚信是非常重要的。

9．必要，一定程度上，能把精力聚集到一起。

10．不必这么做。

11．二者都是成功的基本因素，但是我认为经验会更重要一些。

12．不会。

13．是的，大学教育对生意人管理自己的生意特别重要。

14．是的，大学教育会增加自己的智慧，让自己成为优秀的机械师、专家。

15．不。

16．是的，这会让自己更强壮、更有自信。

17．不是，如果这么做，会让他误入歧途的。

18．学手艺或者做生意。

19．是的，让他按照自己的计划做事吧，因为我还没有听说过哪个人是领着固定工资去成就大事的。

20．我想，借钱取得成功要比领取固定工资好得多。

21．疏忽，不切实际，粗心，挥霍无度，赌博，放荡不羁。

22．美国历史；市政管理方面的书籍；罗马史；莎士比亚；成功人士的传记；贸易发展史。

23．是，读报能让他坐观天下事。

24．不，最好让他自己选择最适合自己的职业。

25．男孩们，交友要谨慎。一生中要诚信，刻苦努力，正直。

评述：

我从小在人烟稀少的阿肯色州长大，那里的男孩各方面都没什么特长，而且上学的时候，赶上农忙时节，必须回到田里去帮助父亲收割作物；收割完毕后，再回到学校上课；然后再回到地里，把割下来的庄稼收起来；然后再返回学校继续上课。所以，农村的男孩必须在农场工作六个月，在小木屋上六个月的学。这样的情况还算好的，起码孩子还念得起书，很多穷人家的孩子根本没有上学的机会，而我受教育的机会是通过旅行、阅读书籍和看报得来的。此外，每个男孩都应让自己成为雇主的左膀右臂，进而成为炙手可热的人才。

埃尔布里奇·基思

伊利诺伊州芝加哥。大都会国家银行行长、芝加哥结算所所长、银行家俱乐部主席。

2．是的。

3．是的。

4．不是。

6．不。

8．是的。

9．是的。

10．是的。

12．不常见。

17．不是。

18．学手艺或者做生意。

19．是的。

20．不。

21．缺少能力和经验。

约瑟夫·德博尔

佛蒙特州蒙彼利埃。国家人寿保险公司董事长。

1．第一，向自己的奋斗目标努力，不断地工作，从事实中获取真相；第二，让自己具备的能力在工作中有所体现，在工作中取得成果。

2．是的，特殊情况除外。

3．不是，但是既然已经选择了，在道德的约束下就应该忠诚自己的职业。

4．不是，从孩子出生起他就有权利来做选择，他的爱好应该得到尊重。

7．不应该，既然已经不喜欢，就不应该再要求他留在农场了。

8．是的，不讲诚信就无法获得真正持久的成功。

9．是的，每个人都应该遵守这个准则。天才例外。

10．想成就大事就得热爱工作。

11．在脑力劳动方面更需要有能力；在手艺活方面则更需要经验。经验可以促使能力不断增长。

12．是的，经济学教科书的作者就是一个例子。

13．是的，我会建议有机会上大学的男孩去上大学。读书只为他自己，与将来的工作无关。

14．是的，但最好是选择一所技术学院来读。

15．是的，原因详见13和14题的答案。

16．是的。

17．我从不认为"强迫"是正确的，除非国家需要。

18．一个普通的男孩，没有什么喜好，也没什么目标，最好就近找到一份工作，形成自己的生活轨迹。

19．是的，自己做自己的"老板"，"统帅自己的灵魂"。

20．是的，只要遇到好的机会。

21．不道德，疏忽。

22．《圣经》；《美国国会》。这两本书分别是关于道德和公共教育的，至于其他书籍，要看男孩自己的爱好了。

23．是的，如果可能，最好是3份不同观点的报纸，中立派、共和党和民主党的。

24．是的，如果事业兴旺，而且他自己也喜欢。

25．很多年后，通过不同领域的工作，你会磨炼成为一个男人，精通手工业、商业和某种专业，成为家中的顶梁柱。保证自己无论做什么事都要遵守摩西十诫，并以公民身份看看你的行为有没有损害国家利益。请记住，生活的终点是幸福的，而最大幸福是在任何时候都能够诚信工作，正如罗斯福所说的："要坚持到底"。坚信以下这条真理去努力，诚实的劳动无论在哪里都会得到尊重，使你更具竞争力，特别是在我们这个强调个人权利与义务的国家，更是如此。同时，要有一定的积蓄。不要势利，在工作和生活中要坚持真理，像个男子汉大丈夫。

马文·温森特 牧师 神学博士

纽约市。联合神学院《新约全书》阐述、评论教授，作家。

1．上帝的保佑，平稳、规律的生活，努力工作，做任何事都尽力而为，多与比自己博学的人交流。

2．是的，只要弄清是男孩的一时兴起还是真正的喜好。

3．不是，有很多人成功不是来源于他明显的爱好。

4．不是。

5．是的，只要男孩能够遇到好的机会。

6．是的，只要男孩能够遇到好的机会。

7．看他是否还适合其他的职业。

8．没有诚信，我认为就没有什么成功可言。

9．毫无疑问。

10．不是绝对地必要，其他条件相同的情况下，热爱自己工作的人会获得最大的成功。

11．二者不可分。

12．能成功，但程度有限。

13．是的。

14．是的。

15．是的，先上大学，再去技工学校学习。

16．毫无疑问。

17．有时候是正确的。管束过多会让孩子失去自己的主见；但有的时候，"不打不成器。"

18．没什么太大区别，这样的男孩干哪一行结果都差不多。

19．当然。

20．要看他能力的大小和经验的多少。

21．不能作答，原因多种多样，缺乏能力，坏习惯，懒惰，轻浮不踏实，不够专注等等。

23．是的，找到一份好报纸来读。

25．有信仰；履行承诺；保持思想纯洁；杜绝肮脏的念头，比如去偷窃或者抢劫；爱惜自己的身体；多看好书、多向成功人士学习；受到别人的认可，不要自满；培养最简单、最好的生活习惯。就算没有成功、没有智力上的优势，也要让自己像个绅士。善待他人，绝不向罪恶妥协。不努力工作，没有人能够成功。工作时需要全神贯注。祈求上帝保佑你。要记住，最适合自己的才是最好的，如果你适合在较低职位工作，那就不要没完没了往上爬，否则会毁了在原来职位上取得的成功。

何西·阿米诺尔顿

马萨诸塞州波士顿。马萨诸塞州总检察长、律师。

1．我取得的任何成功都归功于我的努力工作。工作需要必要的节制和身心健康做保证。

2．当然。

3．某种程度上，是的。

4．我从来不认为这么做是正确的。

5．是的，除非他对自己所在的地方很满意。

6．不必要。

7．不应该。

8．绝对应该。

9．是的。

10．从广义上理解应该是这样。

13．如果他能的话，可以。

14．是的，但是要选择与将来工作有关的课程来学。

15．去技术学校会好一些。

17．那得看男孩的意愿。

21．懒惰和坏习惯。

22．尽可能多读些书。

23．有选择性地读。

25．**努力工作，注重实干。保持健康，志存高远。**

查尔斯·普拉特

宾夕法尼亚州费城。北美保险公司董事长、费城动物协会会长、海洋保险业全国委员会主席。

1．勤奋，随时准备接受任何工作，即使是不在计划之内的，也可以。永远保持礼貌谦恭。热爱运动，喜欢娱乐活动。

2．不，除非这个男孩有很强的能力。

3．不是。

4．不认为。

5．是的，只要有好的起点就行。

6．不。

7．不应该。

8．是的。

9．是的。

10．是的。

11．能力。

14．是的。

15．不。

16．是的，只要时间允许。

17．不是。

18．学手艺的可能性大些，有目标很重要。

19．不，除非有好的建议。

20．不。

21．没有目标又不勤奋，急于暴富。

22．很难说，要广泛阅读。

24．是的。

25．诚实，勤奋。有决心成功。"处事公正、仁爱，虔诚地跟在上帝身旁。"

斯开福特　文科硕士，哲学博士，神学博士。

宾夕法尼亚州兰开斯特。公共教育部学监、宾夕法尼亚州医务委员会主席、曾任基石教师学校校长、作家。

2．是的。

3．不是。

4．不是。

8．是的。

9．是的。

10．是的

12．是的，经验可以日积月累。

13．是的，如果他有时间、有头脑、有足够的钱。

14．是的。

15．是的。

16．是的。

17．不是。

18．学手艺或做生意。

19．是的。

23．是的。

24．是的。

25．真实。

德福雷斯特·理查兹

怀俄明州夏延。怀俄明州州长、道格拉斯第一国家银行行长。

1．有毅力，合法经营，坚持到底，不屈不挠。

2．是的。

3．不是。

4．不是，非常不明智。

5．取决于他的个人特质。

6．偶尔会。

7．不应该。

8．是的。

9．非常必要。

10．是的。

11．能力。

12．是的，可以积累经验。

13．不学传统的课程，学习对将来事业有帮助的课程。

14．不。

15．是的。

16．是的。

17．不是。

18．没有理想，寸步难行。

19．是的。

20．是的。

21．采取不合适的运作方式，自然也不会有什么成效。

23．不。

24．是的。

25．信守合同，办事有效率。今日事今日毕，不要拖到明天。这样会使你博得美誉。

小柯蒂斯·吉尔德

马萨诸塞州波士顿。《商业快讯》杂志编辑、演说家。

1．毫不松懈地努力工作。

2．是的。

3．是的。

4．不是。

5．不，除非他目标明确，否则家乡就是他最好的出发点。

6．绝对不，留下来建设家乡。

7．不应该。

8．很遗憾，诚信不是成功的要素。

9．是的。

10．不必要。

11．经验。

12．很少见。

13．是的，除非他满足于现状，不想有任何作为。

14．是的，或者至少多读些有用的书籍，不要只看技工类的书。

15．绝对会。

16．当然。

17．是的，上大学不是绝对必要的，但若想从事某种专业，还是得读大学。

18．哪个都不合适，让他参加陆军或者海军，这样，即使他没有足够的能力发展自己，也可以报效祖国。

19．是的，但是"足够"的资本在当今形势下意味着相当多的钱。

20．不，但是我父亲会建议这么做。

21．原因是多方面的。

22．《新约全书》；莎士比亚；狄更斯；美国历史；《希腊罗马名人传》；奥尔德里奇的《坏男孩的故事》。

23．是的。

24．是的，除非他有自己喜欢的工作了。

25．读内容健康的书，衣着整洁，每天在户外锻炼身体，三思而后行，不要没有想法就去做，做了总比不做强。

查尔斯·琼斯

马萨诸塞州波士顿。联合鞋业公司董事长。

1．健康的体魄和辛勤的工作。

2．是的，如果觉得那是个机遇。

3．不是。

5．当然，如果家里不需要他帮忙的话，可以走。

7．不应该。

8．不是。

9．一定是。

10．不是。

11．能力。经验是后天积累的。

12．是的。

13．不可行，除非家里人或者其他朋友有什么生意让他做。

14．不。

15．是的。

16．是的。

17．不是。

18．只要是他身边的工作，哪一个都可以。如果家里人都是技工，那他当然也是个技工。

21．缺少商业洞察力。

23．应该读啊。

24．可以从事的。

25．工作有百利而无一害。每天一定要做到最好。

威廉·贝克

伊利诺伊州芝加哥。资本家、金融家。

2．一般来说是的，但是要在正确的引导下。年轻人的喜好是易变的，有时会发展成优势。

3．是的。

4．不是明智的。

5．成千上万的年轻人涌进大城市寻找工作，可我并不建议他们进城打工，除非他们能非常适应城市的氛围。

6．我不倡导。

7．没有年轻人看起来是喜欢务农的。但我坚信对于多数人来说，这无疑是个最好的职业选择。

8．当然是必须的了。

9．是的。

10．一定要。

11．二者缺一不可。倘若只有能力而无经验，是需要时间来获取经验的。

12．是的。

13．学校的任何一门课程对于任何职业都会有帮助的。

14．学校里的理科课程是非常有帮助的，比如说机械工程学。

15．如果可能的话，就去啊。

16．我赞成。

17．这很不明智。

18．这样的年轻人需要有能力的人去引导。

19．是的。

20．绝大部分要取决于这个年轻人。有时是可行的，有时则不然。

21．缺少干劲和毅力，精神上的惰性也是其中的原因之一。

23．是的，但千万别矫枉过正，读的太多比根本不读还糟糕。

24．不必，男孩没必要非得子承父业。

25．怎样择业并不重要，关键是看你在工作中表现如何。无论你的职业是什么，只要做到诚实、忠诚、勤勉，你都会取得成功，获得幸福。

约翰·伦道夫 采矿工程师，文科硕士

纽约市。采矿顾问工程师。曾从事日本、中国、美国政府的事务管理工作。技术类专题作家。

1．良好的教育。

2．当然可以了。

3．有自己的喜好是优势，但不是一定要有。

4．不明智。

5．至少他应该留在家乡先学完基础教育。

6．在25岁之前，他最好留在他的小城镇寻找机会。

7．等他的个性已经形成，并已学完基础教育再离开。

8．对持久的成功，这是毋庸置疑的。

9．是的。

11．能力是根本基础，经验是上层建筑。

12. 经验取决于细节的处理，而成功取决于经验。

13. 偶尔，这要看那个年轻人了。

14. 他应该去个教授手艺的学校。

15. 同13题答案。

16. 这样肯定没错。

17. 没有孩子主动愿意上学的。对于不愿上学的孩子来说，学到16岁就可以了。

18. 做点小生意或学些手艺。

19. 赞成。

21. 选择的事业不适合自己、缺少专业知识，失败的可能性高达99％。

23. 应该读报纸。

24. 非常不错的选择。

25. 在事情到来的时候就要争取它，一定要拿出你的智慧，超常发挥。做人要诚实、坦荡。

约翰·坎贝尔 神学博士

纽约市。莱星顿大道浸礼会牧师、作家。

1. 上帝的保佑，个人的努力。

2. 或许吧，如果那是个有发展的工作。

3. 是必要的。

4. 不是。

7. 不应该。

8. 是的。

9. 必须要有。

10. 当然了。

11. 经验。

12. 没有经验，何谈成功呢？

15. 建议这样做，但不是非做不可。

17. 这样不好。

18. 那就物尽其用吧，总会有适合他的地方。

19. 一般来说，是的。

20. 通常不要这样做。

21. 缺乏专注。

22. 《圣经》和《天路历程》。

23. 只要不占用他太多的时间。

25. 怀着崇高的理想，用你聪慧的天资去做那些值得你拼搏的事吧！清白做人，豁达乐观。

乔治·麦克贝思

宾夕法尼亚州匹兹堡。灯罩制造商。

1. 敏锐的洞察力和不懈的努力，再加上在机械方面的天赋及对化学知识的精通。

2. 是的。

3. 是的。

4. 最好不要这样。

5. 要是他真的向往到大城市，没什么不可以。

6. 还是刚才那句话，没什么不可以。

7. 那就不要留在那里了。

8. 这是千真万确的，钱财可以通过其他方法获取积累。

9. 是必需的。

10. 一定要热爱。

11. 能力与经验，二者相辅相成。

12. 简直不可想象那样也能成功！

13. 没必要。

14. 没必要。

15. 应该去学习。

16. 是的。

17. 不是明智之举。

19. 可以。

20. 这样不行。

21. 不能全方位地考虑到周围的状况。

23. 读吧。

25. 诚信、勇敢、刻苦。做好更多的工作。

亨利·威廉·布莱尔

新罕布什尔州曼彻斯特。前美国参议员、美国劳工部宪法修正案和法案起草组成员、律师。

1. 也许我还没有做到极致的成功。我最大的成就就是帮助其他人成功。

2. 是的。

3. 是的，即使是强烈的责任感也替代不了对工作的热爱之情。

4. 不是，这会使父母成为孩子的敌人。

5. 应该的，除非是家里需要他照顾。

6. 这没有一定之规，一些年轻人具有发展潜质，他们是属于大城市的。

7. 不要留下了，但要说的是，经营农场一定会成为最诱人、最享受的工作。每个农场都是一座学习本领的学校。

8. 不是。很多不法之徒都成功了，只不过后来下了地狱或是锒铛入狱。

9. 通常来说是的，但有时也要靠运气。

10. 不需要，可他一定得全力以赴，无论喜欢与否。

11. 能力啊，有几个有经验的蠢笨之人能成事啊。

12. 能的，很多，时势造英雄。

13. 当然，如果他有时间也有意愿想提高自己的水平，但有时，太多的文凭不一定能证明什么。

14. 就像上个问题的回答一样，大学生当技工没什么丢人的，他的本领越大，在本行业成功的几率越高。

名家之谏

243

15. 如果可以的话建议他去；但他别想当然地认为这样就会成为个技工。

16. 是的，他要是能去就行。在开始之前，他要了解自己的状况，用未来的眼光去衡量自己，这样会及早地得到锻炼，获取知识，取得进步。

17. 不是，但在我放弃之前会苦口婆心地劝他，也许还有其他的办法，如果揍他一顿能有效的话，我会那样去做。

18. 让他读读《圣经》和赞美诗，干干农活，告诉他要像共和党那样脚踏实地，让他在力所能及的范围内做到最好，这样他才会幸福。

19. 做吧，但要谨慎、诚信、看准时机、选好位置，重压不会击倒他的。到了一定时候，他会做好他自己。

20. 不。如果他有能力偿还，可以考虑；但还要审时度势，什么时候该借，什么时候不该借。

21. 懒惰。

22. 我建议读一读《圣经》；莎士比亚的作品；《希腊罗马名人传》；一定要看看美国史，对其他国家的历史也要有所了解；看看顶级的杂志和一流的日报。

23. 应该的，但别受那些垃圾文章的影响，会毁了他的。

24. 如果事业不适合他，就不要去做；但他也要了解父母的苦心，不要盲目诋毁父亲的基业。

25. 确信自己是对的就前进吧，永远为自己的国家而奋斗，不要倒下，除非为祖国而亡。要充分认识到：这个世界是属于你的。

艾伯特·怀特先生

西弗吉尼亚州帕克斯堡。西弗吉尼亚州州长。

1. 努力工作并坚持下去。

2. 在多数情况下是的，但也有例外。喜好一定得是明智的。

3. 不是必要的。

4. 不明智。

5. 没有必要一定要去"大城市"。小城市或者兴盛的城镇会经常为人们提供好机会的。

6. 答案同上，偶尔换个环境也是件好事。

7. 有时候我们要在若干年后才明白自己的职责所在。

8. 我觉得是，如果你指的是通过合法手段获得的成功。

9. 是的。

10. 如果他是成功的，或渴望成功，那他一定会热爱他的工作。

11. 能力是天生的，而经验是后天培养的，但对于卓越的成功来说，都是不可或缺的。

12. 这是不可能的，没有经验就没有成功的保证。

13. 要是负担得起，就没问题了。

14. 可以，也可以是个技术培训机构。

15. 同上。

16. 是的。

17. 有时有必要对反感高等教育的人予以纠正。

18. 取决于男孩自己，有时，那些说客、编辑或是政客就曾经是这类的孩子。

19. 拥有足够的资金、不凡的能力和丰富的经验，他就可以所向披靡了。

20. 有时会。

21. 缺乏应有的判断力。

22.（不包含历史）《我眼中的野生动物》；布鲁克的《富兰克林传》《大卫·科波菲尔》；《汤姆·布朗求学记》；奥尔德里奇的《坏男孩的故事》；达纳的《船上的两年生活》。

23. 是的，要选精华部分读。

24. 为什么不呢？

25. 诚实，有活力，忠诚，信守诺言，勇于挑战，做个真正的男子汉。

塞缪尔·卡达曼 牧师，神学博士

纽约布鲁克林。中央公理会牧师。

1. 我的出生与成长都是在顺其自然地进行着。我早期的努力都是源于贫穷。

3. 多数情况下，是的。当然也有不喜欢自己的工作却还能做得很好的人。

4. 这当然不可取了。

5. 这似乎是大势所趋，总的来说是可取的。

6. 留在家乡也可以做出成绩。

7. 不应该。

8. 当然需要了。

9. 当然了。

10. 如果热爱工作，他会在其中找到更大的乐趣，但有时候，为了完成工作也会违背自己心愿的。

11. 能力。经验只是对失败或者微小成功的记录，而且经验会使某些人畏首畏尾。

12. 我觉得如果能力当中包含了敏锐的判断力，那就可能会成功。

13. 是的，学习那些对

男孩成长书

工作有利的东西。

14．是的，要学以致用。

15．是的。

16．当然。

17．有时候是行得通的，孩子们的目光还很短浅。

18．做点小买卖吧。

19．我觉得可以，前提是竞争不是很激烈。

20．那是个更冒险的想法。更多是取决于个人能力。

21．由漠视和厌倦引发的粗心是罪魁祸首。

22．笛福的《鲁滨逊漂流记》；班扬的《天路历程》；金斯利的《向西方》；休斯的《汤姆·布朗求学记》；吉卜林的《丛林之书》；《圣经》。

23．要读的。

24．只有在合适的情况下才可以。

25．相信自己，相信伙伴，相信上帝。

评述：
　　要有主见，不要随声附和，不要随波逐流。这样生命才属于你自己。了解自己的个性，这样在做决定时才能扬长避短，人们往往只注意外在的保养却忽视了对内在的了解。不要让偏见蒙蔽双眼，每天做一些身边分外的事情。每天早上醒来发现自己又有了一个新的进步。而有些人恰恰相反，他们抱怨了一生，一直到死。不要误以为成功就是指物质上的收获，品格才是人一生的财富。

甘诺·邓恩　理科硕士，电机工程师
　　新泽西州安培。克罗克

特—惠勒公司总工程师、技术指导、纽约电机协会会长、美国电机工程师协会副会长。

1．除了天赋之外，还有对事业的专注及别人对自己的信任。

2．是的。

3．是的。

4．这很不明智。

5．这取决于他到底有多少能力。

6．我不赞成。

7．如果他有能力，想做其他的工作，那就没有必要让他留在农场了。

8．是的。

9．是的。

10．是的。

11．能力。因为没有能力，经验就无用武之地了。

12．会的，他很快就会有经验了。

13．赞成。

14．如果可能的话。

15．赞成。

16．赞成。

17．我想，施加点压力是明智的。

18．学手艺或做生意。

19．按照一般规律来看，我觉得不可行。

20．还是不行。

21．不懂得量力而行。

23．我建议读。

24．先在别的地方积累经验，然后再参与父亲的事业。

25．在漫长的道路上，个性决定你能达到什么程度。

米洛·伯克
　　俄亥俄州辛辛那提。土木工程师、铁路建设者、作家。

1．坚韧不拔，条理分明，专心致志。

2．一般来说是的，只要

这个青年的判断力足够成熟。

3．不需要。

4．这样是很不明智的。

5．通常情况不建议，但也要看他做什么工作。

6．不建议。

7．照理来说是的。

8．是的。

9．是的。

10．是的。

11．没有经验，就不会有能力了。

12．不能成功。

13．可以。

14．只要出得起学费，没什么不可以。

15．没有什么技校是值得去的。

16．是的。

17．不能这样做。

18．学手艺。

19．条件允许就行。

20．不行。

21．对细节的漠视。

23．只要读一些和工作有关的新闻就好，不要读那些花边新闻。

24．如果条件较好，男孩也比较感兴趣，可以去。

25．为人诚实，拥有智慧，坚定意志，彬彬有礼。

查理·斯莱克
　　伊利诺伊州芝加哥。杂货批发商、零售商。

1．身体健康，认真地履行职责，勤俭持家，仔细阅读和职业有关的书籍。

2．如果身体条件允许就好。

3．竞争激烈的地方需要这样。

4．如果身体健康，选择也是令人信服的，就别强迫他了。

5．他要是非常聪明就可以。

6．不建议。

7．我认为不应该。

8．是的，而且要始终如一。

9．不需要。

10．还是那句话，竞争激烈的地方需要这样。

11．经验促进能力提高。

12．如果对手不是很厉害的话，或许可以。

13．不要去。相反的，去个技能培训班吧。

14．如果是他希望的就行。

15．我赞成。

16．赞成。

17．这是不明智的。

18．最好先学点手艺。

19．可以，如果条件是很乐观的。

20．可以，如果条件很好，且竞争没那么激烈。

21．在激烈的竞争中资金不足或能力不够。

22．《圣经》；莎士比亚的作品；《荷马史诗》；柏拉图的《对话》；韦伯的演讲精选；达尔文的《人类的由来》。

23．可以。

24．如果正好是孩子想做的，而且公司的基础较好，就可以。

25．尊重父母，待人诚恳，对每个遇见的人都彬彬有礼，用你优秀的教育去武装自己。

布鲁斯特　牧师，神学博士

康涅狄格州哈特福德。康涅狄格州主教、作家。

1．我所能做到的就是持之以恒。

2．当然可以了。

3．是的，除非他是个非凡的天才。

4．不是明智的。

5．应该啊。

6．留下来吧。

8．那是必须要有的。

9．一定要。

10．需要。

11．能力。

13．是的。如果除了工作他还想过得更好，应该去。

15．我赞成。

16．应该。

17．不是。

19．我自己就想这么做。

21．惰性和放纵。

23．只读半小时就好。

25．你们当中的每一个人，只要不是寄生虫，是个辛勤的劳作者，就要记住：最重要的是体现自己的人生价值。坚强，有实力，展现出男人应有的风采。

乔治·金柏

马萨诸塞州萨摩维尔。土木工程师、波士顿协会会长、城市污水处理委员会会员。

1．坚持不懈。

2．赞成。

3．是的。

4．不是，让孩子们自己选择吧。

5．可以。

6．不赞成。

7．不应该。

8．是的。

9．当然。

10．是的。

11．能力更重要。

12．是的。

13．我赞成去学习。

14．可以。

15．可以，大学也是不错的选择。

16．可以。

17．有时是可行的。

18．我也不知道，得把他放在能培养他理想的地方，要不他将一事无成。

19．行得通。

20．可以，只要他是做生意的那块料就行，让他去做最能体现自身价值的事吧。

21．没有敏锐的判断力。

22．名人传记，尤其是男孩所从事行业里的名人传记；阿博特写的历史书。

23．我赞成。

24．不。

25．诚实，把全部精力都放到工作上，抓紧时间。

霍华德·富勒

南达科他州皮尔。南达科他州最高法院首席大法官。

1．我从没想过我有没有成功。我的一些朋友说，成功是靠精力与本能的判断力。

2．一般都这样。

4．不要强迫孩子做什么，爱他们、就给他们自由的空间。

7．不。

10．应该热爱。

15．去学吧。

16．学吧。

17．不要强迫孩子。

19．可以啊。

20．有时候是可行的。

23．是的。

奥斯卡·奥斯丁

华盛顿哥伦比亚特区。美国财政部统计局局长、作家。

1．对自己选择的事业充

满兴趣，全身心地投入。

2．当然可以。

3．不用那样，一旦你适应了工作，并且用心去做，兴趣自然会增加。

4．我认为这不是明智之举。

5．如果有着良好的教育和品行，并且对工作有明确的目标，那就去吧，否则最好不要。

6．如果良机在握且有朋友相助，那就去吧。

7．怎么也要等到他长大成人，且清楚自己到底喜欢什么，再离开。

8．这是无可争议的。

9．毋庸置疑。

10．心思花在工作上，自然会增加成功的可能性。

11．能力。

12．能成功。

13．是的。

14．选个理工科学校吧。

15．是的。

16．当然。

17．不是。

18．学点手艺吧。

19．可行。

20．如果机会非常难得，就做吧。

21．信誉问题。

23．当然。

24．是的，父亲的事业既可为他提供丰富的经验，又可以提供较成熟的事业基础，何乐而不为呢？

25．对自己，对朋友，对家人，对上帝都要诚实。人凭借聪明头脑可以获得成功，凭借不懈的辛勤工作可以获得百倍的成功。如果你很聪明，努力工作会使你更加成功，如果你不是很聪明，努力工作会为你带来成功的机会。

乔治·迪科

加利福尼亚州旧金山。联合钢铁厂经理、太平洋沿岸技术协会前任会长、加州科学学会董事、科技专题作家。

1．我并不觉得作为工程师，我在我的领域有什么成功之处。我所做到的，也就是我朋友所认为的成功，都是源于我的努力，这要归功于我健康的体魄，和一些能让别人忘记我犯过错误的小技巧。但自己一刻也没忘记自己曾犯的错误。

2．只要目标是明确的。

3．是的，对本行业的偏好、加上努力工作的意愿是成功的必要因素。

4．不明智。

5．如果他下决心要在大城市有所作为的话，我想他是好样的。

6．我不建议。

7．不应该。

8．是的。

9．是的。

10．我赞成。

11．经验是通过能力得来的。

12．这样的成功不能持久。

13．是的，如果他时间够用的话。

14．我想，他要是先学习些手艺会更好。

15．可以。

16．我赞成。

17．不要这么做。

18．对这样的年轻人，一定要让他做一些他能看得到希望的事情，如果能这样长时间地磨炼，他就会想做你说的这些事情了。

19．可以，如果机会恰当。

20．不。

21．好逸恶劳。

22．当他读懂《圣经》后，他就知道其他5本该读什么了。

23．不，除非时间够用。

24．在我手下有5个年轻人，他们在不同的部门工作。有时候我想，他们要是能选择做其他的事情，也许会更好。

25．如果我有勇气在这么庄严的场合说点什么，我想建议年轻人下定决心去寻找一个你喜欢的地方，不要惧怕那是个高起点，然后努力工作，无论这个工作和你所期望的有多大差距，只要方向正确，那就坚持做下去。不要浪费时间和你的朋友讨论你未来的前景，或是想方设法结识能人，希望他能助你一臂之力；但一定要有个亲密的工作伙伴；他会给你带来更棒的建议。工作中一定要有方向。通过细致的观察去积累经验，总有一天，这些不可或缺的经验会有用武之地的。你不需要寻寻觅觅，需要你的人会自己找上门来。当他找到你时，他会如获至宝。在人生的战场中，你的位置就是你所选择的工作岗位，你有权拥有它，因为这个权利是上帝对你勤奋的嘉奖。

乔治·莫哈菲

马萨诸塞州波士顿。全国青年基督徒联合会秘书。

1．持续的努力，加上对自己工作的热爱。

2．一般来说，是的。

3．对于最大程度的成功是非常必要的。

4．不是。

5．这取决于那个孩子，也许当个农民要比在城里当个文员或是技工好得多。

6．我不建议。

7．如果他适合干别的事情，就让他去吧。

8．是的。

9．是的。

10．要想取得更大的成功，就得这样。

11．天然的能力是成功的基础，经验是成功的构架。

12．可以成功，但代价太大了。

13．如果可能，还是去学吧，不去学他也可能成功，但学了前景会更乐观。

14．是的，如果他想在这个领域有进一步的发展，那就应该去。

15．是的，也可以去当个学徒，但去技术学校会更好一点。

16．是的。

17．有时候是可以这样做的。许多人都很后悔当初放弃了上大学的机会。

18．先学一门手艺，然后再决定未来想干什么。

19．如果条件有利的话，就没什么不可以。有时，拥有自己的公司、对自己的事业一直持有浓厚的兴趣，对他来讲不能说不是件好事。

20．不，除非他能有个好的合作伙伴迫切需要他的经验。

21．投机取巧。

22．《圣经》；《走向成功》；《奋力向前》（马登）；《男孩必读》；《男青年必读》（斯托）；《勤奋的生活》（罗斯福）；《超越奴役》（华盛顿）。

23．他应该与时俱进，但别看那些耸人听闻和不堪入目的报纸。

24．（a）若想锻炼自己，在别人的公司、商店、办公室工作会更好。（b）若是工作，可以去父亲的公司。

25．"书中所写的内容，你不必读出声，但你要用心去揣摩，然后根据书中的道理去做事，你的前途会变得分外光明，你也会获得巨大的成功。"（约书亚。I:8）

邓恩

伊利诺伊州芝加哥。芝加哥海滩酒店经理。

1．诚实，谨慎，注重工作细节。

2．绝对赞成。

3．这样对成功当然会有很大帮助。

4．我不赞成这样做。

5．这没什么可质疑的。

6．我觉得不应该去。

7．不应该。

8．我觉得很正确。

9．这无可争辩。

10．当然了。一个人如果对自己的工作不满意，那就不会对工作倾注心血，也就不能取得成功了。

11．没有能力的经验无用武之地。

12．二者缺一不可。

13．生意上成功，不一定需要大学的教育。

14．不赞成。

15．同意。

16．赞成。

17．我觉得是不明智的。

18．如果是这样的话，那他做什么事都将一事无成。但非要我选，那就学点手艺吧。

19．我认为可以。

20．在这种条件下就别做了。

21．投机取巧，不够谨慎。

22．《双城记》；《宾虚》；麦考利的《英格兰历史》；美国历史；古代史和近代史；《最后的男爵》。

23．可以。

24．我赞成。

25．做任何事都不要冲动，诚实做人。

威廉·考克斯

北卡罗莱纳州佩内罗。棉花种植者、北卡罗莱纳州农业协会会长。

1．正直，有目标。

2．我赞成。

3．不是。

4．这种事情通常来说是不明智的。

5．主要取决于人而不是人所工作的地方。

6．不，即使在家乡需要更长时间的奋斗，也不要离开。

7．是的，直到他改变初衷。

8．对于短暂的成功是不需要的。

9．这里有句谚语："一分耕耘，一分收获。"

10．不必如此。

11．我更想指望经验，尽管拥有天赋会比仅有经验的人更容易成功。

12．同上。

13．是的，不是因为能学到书本知识，而是因为可以摆脱家长的管制去到外面的世界看一看。

14．是的，选个自己想学的课程吧。

15．是的。

16．是的，一定要学好这

男孩成长书

些课程。

17．如果他意志坚定，就别强迫了。

18．学点手艺吧。

19．可以。

20．人一旦习惯了借钱，就不再勤奋了。

21．一夜暴富的思想作祟。

22．《圣经》；布莱克斯通的《论习惯法》；莎士比亚；《约翰·马歇尔传》；休姆的《英格兰历史》；弥尔顿的《失乐园》。

23．可以。

24．如果他父亲还健在，并且同意这么做就行。

25．在上帝面前做个公正、仁慈、勇往直前的人。

艾米尔·伯利娜

华盛顿哥伦比亚特区。留声机和麦克风的发明者、电话和电报的倡导者。

1．极大的耐心和节约。

2．我非常赞同。

3．不是。

4．不明智的做法。

5．不，去个有发展的小城市也很好。

6．可以去一段时间，但最后还是要回到家乡的。

7．除非他在其他事情上有很强的才能，要不然就让他留在农场吧。

8．不是，但对社会很有利。

9．99％的成功都需要锲而不舍的精神。

10．是的。

11．能力是首要的。

12．可以成功。

13．非常好，只要他能负担得起。

14．去技术大学吧。

15．是的。

16．当然。

17．不明智。

18．学手艺是首选。

19．是的。

20．如果要做的生意有特色，可以一试。

21．缺少耐心和指导，生活奢侈。

22．关于自然的任何六本书就行。

23．每天15分钟，周日两个小时就行。

不要停留在功劳簿上，为下一个成功努力。

爱德华·比格劳　文科硕士，哲学博士

康涅狄格州斯坦福。自然学讲师、户外科学文化专题作家、《圣尼古拉斯》杂志自然和科学版编辑、后任《流行科学月刊》编辑、曾任《观察家》编辑、纽约教育协会和马萨葡萄园教师进修学校自然学讲师。

1．志向远大，带着满腔热忱不懈地努力工作。

2．我赞成。

3．是的，最杰出的成就要包含90％的热爱。

4．我不赞成这样做，但这是父母的本性，他们总会这样要求孩子的。

5．这要看他具体到哪个城市，而不是他的适应力怎样。

6．无论是在什么地方工作，都要竭尽全力。

7．不必把他留下来。但一定要确定他真的不喜欢留在农场，可能他只是一时的冲动。

8．是的。

9．是的，但不能无限

制。过度的加班是不可取的。

10．不需要。但年轻人要想取得最大的成功，就要热爱自己的工作。

11．适应力要比其他更重要。

12．是的。

13．如果条件允许，就可以。

14．一定的技能手艺是需要技校的知识作指导的。

15．我赞成。

16．支持。

17．不明智。

18．手艺。

19．可以。

20．赞成。

21．缺乏对环境的适应性，这就是人们常说的"造化"吧。

22．这六本书能给予他激励和帮助。

23．可以，读一些他感兴趣或对他有帮助的新闻。

24．不。除非他能比其他人更好地适应这个圈子。

25．做一个真正的男人，这个世界最高的要求就是努力成为一个真正的男人。

评述：

生活就像是在爬山，陡峭、多曲折又湿滑。每往上走一步都需要热忱、机警、小心及用脑、用心、认真的态度。尽管再小心，也会有些小失误，但这些小失误都是正常的、不可避免的。那些小道上的危险、路边上的障碍都要比故意倒退容易战胜。路途上不可避免的落后可以用时间来弥补，让人吃惊的是，故意倒退会使人落后一大截，还会有摔伤、划破衣服甚至骨折出现。所有人千万不要站在这样的险

坡上。

斯密斯

华盛顿州西雅图。西雅图公共图书馆管理员。

2．是的。

3．是的。

4．不明智。

5．如果他认为有必要这么做，那就做吧。

6．同上。

7．不。

8．对于任何成功都是必要的。

9．这是不可少的。

10．毫无疑问。

11．没有能力有经验，只能做技工。

12．他会很快拥有经验，取得成功。

13．如果他想要学，就建议他去；他要不情愿就算了。

14．同上。

15．如果可能的话，建议。

16．和13题答案一样。

17．不明智。

18．学手艺吧，还得让他想想是否要转行。

19．如果未来前景是很好的，可以。

20．同上。

21．缺少坚定的志向。

22．英语版《圣经》；《天路历程》；莎士比亚的作品；世界史；斯迈尔斯的《自己拯救自己》；斯托的《男孩必读》。

23．每天读10分钟就好。

24．如果孩子不喜欢做这个事情，那就不要了。

25．身体每一处的功能都是神圣的，每个想法都会对你的习惯、个性乃至命运产生影响，因此一定要保持身心健康。做任何事情都有规律可循，幸福是你所有的动力，所以不要剥夺身体、思想、精神的功能，充分利用好它们。成功是让世界变得更好，因此尽你所能做到比别人更好，一直坚持下去。自私是恶中之恶，不要做损人利己的事情，尽量设身处地为他人着想。

保罗·麦仑·张伯伦

伊利诺伊州芝加哥。刘易斯学院机械工程学教授、发明家。

1．首先要有个适宜的工作。其次要和一些优秀的伙伴共事，这样我才能努力工作。最后就是要勇于坚持不懈地承担和完成任务。

2．应该。

3．不是。

4．不太明智。

6．不用向往那里。

7．不应该。

8．大家可能都认为不诚信的人会比较富有。

9．对普通的人来说是的。

10．不是。

11．能力。

13．不用把全部课程都学下来。

14．不。

15．是的。

16．不必修满四年。

17．不是。

18．经商吧，或许可以激发出他的抱负。

19．可以。

20．可以。

22．《富兰克林传》。

23．不需要。

24．可行。

25．培养你的记忆力。养成良好的习惯，保持思想健康、纯洁。每天都要有个新起色。

威廉·科迪 上校

怀俄明州科迪警报器公司。牧场主、布法罗市比尔西部节目的主管。

1．当我还是孩子的时候，听从母亲的建议。

2．是的。

3．是的。

4．不是。

5．远离城市吧，去干燥的西部，像罗斯福一样为你的健康打好基础。

6．不。

7．不。

8．一定要的。

9．偶尔小憩一下是可以的，但一定要专注你的工作。

10．是的。

11．能力。

12．如果你能把握住，可以。

13．良好的教育很有用，但要确信你能学到东西。

14．不，中学教育足够了。

15．不。

16．如果他可以的话。

17．这个问题我不好回答。

18．他总可以做一些事情的。

19．为别人打工是没有前途的，让他自己去拼搏吧。

20．这取决于工作本身和自己的兴趣。

21．玩忽职守。

22．《圣经》；历史；《知识就是力量》；《我能，我愿意》；美国概况；《最后的了不起的侦察兵》。

23．应该读的。

24．如果父辈们已经有所成就了，可以试试。

25．相信自己的能力，愿意做新的尝试。

威廉·吉福德

马萨诸塞州剑桥。公共图书馆图书管理员。

2．是的。

3．不是。

4．明智。

5．是的。

6．不必了。

7．一般来说，不应该。

8．很遗憾地说，不是。

9．是的。

10．想获得完全意义上的成功，是的。

11．能力。

12．能成功，每个人多多少少都会积累些经验的。

13．是的。

15．是的。

16．当然。

17．这没有一定之规，但我从没见到什么人读完大学后悔的。

18．学点手艺也好。

20．行不通。

21．如今那些小公司都逃脱不了被大财团兼并的命运。

22．书嘛，都是不错的，很难说哪本最好。《富兰克林自传》；休斯的《汤姆·布朗求学记》；笛福的《鲁滨逊漂流记》；司各特的《艾凡赫》；欧文的《见闻札记》；库柏的《皮袜子故事集》。

23．应该。

24．当然，如果事业基础好，男孩又没有别的奋斗目标，当然可以。

25．诚实、勤奋、守时，同时争取超额完成任务。

爱德华·杰弗瑞

纽约市。丹佛&里奥格兰铁路局局长、巴黎博览会负责人、世界哥伦比亚博览会地面建筑委员会主席。

1．健康的身体、勤奋的工作、高度的责任心、持久的努力，对专业的专注，每件事做到最好，诚信和适度的慷慨，尊重上司。

2．是的。

3．对于完全的成功来说，是的。

4．不是。

5．要是他不满足，想寻求更好的工作，可以。

6．如果他在家乡能取得一定成功的话，就不用离开。

7．不。

8．广义上的成功需要诚信。

9．是的。

10．是的。

11．能力。因为有能力就能获得经验。

12．是的。

13．我建议他们去。

14．是的。

15．是的。

16．是的。

17．不要全盘否定孩子们的想法。

18．学手艺。

19．可以。

20．这个仅限于很小的范围。

21．缺少持久的耐力。

23．是的。

24．适度地看是可以的。

25．热爱和尊重你的父母，信仰上帝；热爱祖国，遵纪守法。学到老，工作到老。自重而不虚荣，赢得他人的尊重；诚实，正直，有男子汉气概；尊重权威，懂得自制；永

远不要灰心，积极乐观地面对人生的挑战。

拉尔夫·普拉特

伊利诺伊州芝加哥。普拉特&巴克斯特公司粮食经销商。

1．我所取得的一点点小成绩都是通过努力工作得来的，用我知道的常识，对事业付出巨大的关注。

2．我会这么做，除非我认为那是个没前途的工作，而且他以后会后悔他自己的选择。

3．不是。

4．不是，除非那个孩子逆反心极强。

5．如果他能适应的话。

6．至少也要等有大量经验以后吧。

7．先打好基础再走吧，也许在别处不会有什么好机会。

8．不讲诚信也是可以赚到钱的，可成功永远不会通过非法手段获得。

9．我会这样做。

10．是的。

11．经验。

12．成功之前他一定会有经验的。

13．不。

14．不。

15．应该。

16．应该。

17．不可取。

18．不知道。

19．可以。

20．如果能做好合理的筹划，可以一试。

21．不按常规办事。

23．是的。

24．不。

25．值得做的事情就要

好好去做，一直做下去吧。

坚持下去会让你收获颇丰。别忘了手脑并用。你不会失败的，人生的字典里没有"失败"这个词。

罗素·康韦尔 神学博士

费城。浸礼会牧师、神殿学院的创立者、校长、作家。

1．永不动摇的决心。

2．是的。

3．必须要有。

4．这样不明智。

5．如果他做不来农活的话，就去吧。

6．多数的收获都是在小城镇获得的。

7．孩子的想法是多变的。

8．对于真正的成功来说，是的。

9．当然了。

10．应该热爱。

11．经验。

12．不会。

13．是的。

14．是的。

15．是的。

16．是的。

17．不要这样。

18．做个体力劳动者吧。

19．当然。

20．不要借太多，在自己有能力偿还的范围之内。

21．不动脑，不用心。

22．《圣经》；马太福音；历史；莎士比亚；有关他所从事的专业书籍；礼仪方面的书籍。

23．应该读。

24．可以。

25．培养自己在学习与工作上快速精准的思考能力。

艾什顿

伊利诺伊州芝加哥。芝加哥&西北铁路局总监。

1．健康与体力，专注于事业。

2．是的。

3．不是这样的，喜好是由经验而来。

4．不是。

5．可以。

6．不要去了。

7．不。

8．是的。

9．是的。

10．是的。

11．能力，因为没有能力的经验是没用的。

12．能成功的。

13．不。

14．不。

15．应该。

16．应该。

17．不是明智的做法。

18．干手艺活不错。

19．可以。

20．不可以。

21．债台高筑，入不敷出。

22．一本畅销书；《节俭》；《林肯传》；罗默拉；培根的《论说文集》；《乔治·史蒂芬森传》。

23．可以。

24．不。

25．如果你得不到你想要的，那就争取你能得到的吧。为老板的利益着想，然后努力去做。

约翰·盖茨

伊利诺伊州芝加哥。资本家、金融家。

1．时刻关注着我的事业，当有紧急事情要处理时，我会每天工作16个小时。

2．是的。

3．不是。

4．不是。

7．不。

8．是的。

9．是的。

10．是的。

11．能力。

12．可以。

13．不一定要。

14．不用。

15．是的。

16．是的。

17．不是。

18．从事某种专业吧。

19．如果可能的话，就为自己打工吧。

20．行啊。

21．粗心与无知。

23．是的，只要有现成的报纸就行。

24．如果父辈的工作还有发展空间的话，可以；否则就别干了。

25．时刻关注你的工作；知己知彼，百战百胜，与对手竞争不如与他们合作；居安思危；注意收入状况；做个有信誉的人；永远不要因贪图享乐而耽误工作。

约翰·博伊尔

纽约市。雕刻家。全国雕刻协会执行委员会会员。

1．不屈不挠的精神。

2．是的。

3．不必要。

4．不是。

5．留在家吧。

6．同上。

7．那就走吧。

8．不是。

9．当然了。

10．不必。

11．都一样重要。

12．不能。

13．没这个必要。

14. 同上。

15. 是的。

16. 是的。

17. 肯定不是。

18. 做生意或是学手艺。

20. 绝不。

21. 不真诚。

22. 《圣经》；莎士比亚；美国史；法国革命史；科学发明和文学艺术轶事。

23. 当然。

25. 做真实的自己。

亨利·巴特利特

马萨诸塞州波士顿。波士顿&缅因州铁路局动力能源部负责人。

1. 健康的体魄、良好的教育、普通的智力、辛勤的工作。

2. 一般是这样的。

3. 不一定都如此，一般是这样的。

4. 不明智的。

5. 可以。

6. 先不要去，以后慢慢来。

7. 不要留在那儿了。

8. 是的。

9. 是的。

10. 应该是吧，但不总这样。

11. 能力重要。

12. 不会。

13. 是的。

14. 是的。

15. 先上大学，再去技工学校。

16. 是的。

17. 不是。

18. 手艺。

19. 行不通。

20. 行不通。

21. 缺少努力。

23. 可以。

24. 不。

25. 谨慎地选择未来的职业，为工作做好准备，时刻为老板的利益着想。

汤普森·兰登 神学博士

新泽西州博登敦镇。博登敦镇军事学院院长。

1. 不管是在讲道、学习还是讲课，都要对自己的工作用心。

2. 我当然同意了。

3. 不热爱工作也能成功，但不会达到顶峰。

4. 当然不是。

5. 如果为人正直，能抵住诱惑就行。

6. 在自己的小镇上也能取得小小的成功，等有了经验再去繁华的大城市吧。

7. 不应该，尽管留在农场一段时间是他的职责所在。

8. 当然，我就是这么想的。

9. 是的，但有时候也要看运气。

10. 还需要更多因素。

11. 能力、经验都重要。

12. 有能力却长期无法积累到经验，有这样的人吗？

13. 是的。

14. 是的。

15. 是的。

16. 是的。

17. 千万不要。

18. 学手艺或是做生意。

19. 为什么不呢？

20. 可以，如果不用借很多的话。

21. 某些方面懈怠。

22. 首先是《圣经》，其余要看那个年轻人喜欢什么了。

23. 可以，有报纸就读吧。

24. 我不建议他这么做，但也不会阻止他。情况随时都在变。

25. 信仰上帝，他会赐予你一切。

亨利·柯丹 神学博士

华盛顿哥伦比亚特区。美国众议院牧师。

1. 勤奋与毅力。

2. 是的。

3. 不是。

4. 不是。

6. 不必。

8. 是的。

9. 是的。

10. 不一定要的。

11. 能力更关键。

12. 能成功。

13. 是的。

15. 如果可以的话，当然行了。

16. 如果行，就去学吧。

17. 不可取。

18. 学手艺或做生意。

19. 可以。

21. 对工作缺少专注。

23. 我建议读。

24. 不。

25. 用心、诚实、努力。

莱特

密歇根州阿尔玛。木材商、萨基诺银行行长、阿尔玛糖业公司董事长、无敌波特兰水泥公司董事长、辛辛那提、萨基诺&玛奇诺铁路局局长、莱特木材公司经理、戴维斯·莱特公司经理、阿尔玛学院会计。

1. 节俭，对事业的投入。

2. 是的，只要喜好是合理明智的。

3. 是的，但也会有例外。

4. 不可行。

名家之谏

5．不，除非他有做生意的头脑，在城里还有些朋友。

6．不。

7．不用留下来。

8．是的。

9．是的。

10．是的，有时候人经过长期努力获得成功后自然会爱上这份事业。

11．经验。

12．是的。

13．可以。

14．是的，国家需要受过良好教育的人才。

15．是的。

16．是的。

17．不是，个例除外。

18．学点手艺吧。

19．可以做。

20．可以先攒钱，再创业；迫不得已，可以借点钱。

21．奢侈浪费。

23．是的。

24．不。

25．诚实，对工作高度用心；爱惜名誉；今日事今日毕；办事有效率。如果向别人借了东西，要比对自己的东西还要精心使用，并要及时归还。

戈德诺

伊利诺伊州芝加哥。密尔瓦基&圣保罗铁路芝加哥总负责人。

1．精通本专业的知识，目标明确，坚定不移的追求。

2．如果值得的话。

3．一般来说是的，但不总是。

4．我认为那样不明智。

5．是的，如果他有良好的素质和理想等等。

6．这要看那个年轻人。如果他雄心勃勃并有清晰的目标，认为他有必要去大地方看一看，那就去吧。

7．他有明确的理想，那就走吧；要不就老老实实待在农场。

8．是的。

9．是的。

10．是的。

11．通常来说是经验。然而有能力的人一年中获得的经验相当于有经验没能力的人在几年中积累的经验。

12．什么事情都不是一蹴而就的。有能力就能获得丰富的经验。

13．不，但他必须接受过良好的中学教育。

14．不。

15．是的。

17．不可取，但得让孩子意识到，如果上不了大学他将错过什么。

18．应该先和供应商做好沟通，做点小买卖。

19．可以的，这个选择的前景十分乐观。

20．如果他知道自己在做什么就行。

21．如果是有关做生意，我想应该是缺少经验和资金。

22．我认为应该广泛地阅读，尤其是那些告诉我们怎样从小事做起、坚持不懈而达到成功的书。还要读一些狄更斯、萨克雷、艾略特的作品。

23．是的。

24．只要他的兴趣在那里就行。

25．持之以恒，尤其是要做行动的巨人。

尤金·布莱特福德

纽约布鲁克林。贝德福银行行长、美国打字机公司董事长、纽约冷春生物学校校长、联合打字机公司副董事长、布鲁克林科学艺术学院院长、商人。

1．在每件事上我都做到最好，无论我是刚进公司的新人，还是文员，或是图书管理员，商人。作为商人，我总是要引领而不是追随。在最早15年的经商中，我每天都是在清晨2点到4点钟就起床。我总是去结交那些对我品行、社交、资金有帮助的人。

2．我会的。

3．并不是每件事都是这样。

4．我不认为这样行。

6．我不支持。

7．不。

8．这是显而易见的。

9．当然，这是成功最重要的元素之一。

10．是的。

11．没有能力，经验就没什么大用了。

12．同上。

13．我不建议。

14．我不建议。

15．可以。

16．当然。

17．这是不行的。

18．手艺。

19．可以，但绝大部分取决于他要做什么生意。

20．不，除非有良好的环境。

21．挥霍，入不敷出。

22．《圣经》；美国历史；莎士比亚的作品。

23．当然可以。

24．如果他有这个意向，想从父亲那里学到更多的经验，可以。

25．诚实，节俭，勤奋，做人清白，珍惜时间，做好事业，竭尽全力，尊重别人的工作。

罗立夫·布林克霍夫

俄亥俄州曼斯菲尔德。银行家、慈善家、曾任曼斯菲尔德储蓄银行行长、全国慈善和改造委员会前任主席、美国全国监狱代表大会前负责人。

1. 有两件事对我影响至深。（a）冥冥之中有种天意阻碍我去选择我曾想从事的职业。（b）我愉悦地接受了这些，想办法在这种情况下去创造我最大的成功。我做过渔民、农场主、教育者、律师、编辑、士兵、银行老板，我相信每一样工作都为我的成功打下了基础。当然我也很高兴、很满足这些工作。1873年起我的工作仅限于银行老板。抛开我的事业、我的成功不谈，我坚信我取得了比事业上的成就更有价值的东西，这些东西是博大的，是我随时准备回馈给我身边人的礼物。

2. 如果是正经的职业，可以考虑。

3. 不是。

4. 我觉得不明智。

5. 除非他在城里有朋友能帮助他创业，要不最好别去。

6. 我不赞成，在小城市总是比大地方更能享受生活。生活比钱更重要。

7. 不，让他受到良好的教育，然后给予他们善意的建议，让他们飞吧。

8. 这是必不可少的。

9. 需要，如今竞争更加激烈，要比以前更需要。

10. 不一定要，但要是不热爱工作，要想成功会很费力的。

11. 二者都是，能力是不可或缺的。

12. 是的，但只是因为运气好。

13. 如果能负担得起学费就行，这是做生意的事前准备。

14. 他应该去技校学个手艺。

15. 当然，让他成为个行家。

16. 这会让他了解专业人士的工作。

17. 不要这样做。不愿上大学的男孩用不着非上大学不可。

18. 让他去学校学习，直到培养出他的兴趣爱好。

19. 如果前景是可观的，那就可以。

20. 一定要在很好的条件下，且深思熟虑后才能做。

21. 缺少能力、经验、或是不够诚实，总之会有好多原因。

22. 不了解这个孩子我就无法给出建议。一般来说，我会建议他在图书馆随意选些书，也可以参考一下管理员或是伙伴的意见。

23. 可以读一些有益的周刊和月刊。

24. 如果这个是正当行业，他也不是很讨厌它就行。

25. 按照十大戒律的指导去生活，你一定会有所成就，而且你期望的生活也会来到。

评述：

一般来说年轻人不太知道什么行业更适合他，与其让他匆忙作出决定，莫不如给他最大的空间让他学习，并且了解老板最大的喜好在哪儿。完成这些后，让他想想他有什么事情可做。平时工作要专心，

有时为了老板的利益着想，当情况紧急时，需要加班。老板不是冷酷无情的，他会欣赏给他带来效益的年轻人并提拔他。如果坚持下去，他会很快发现自己到底适合做什么工作。一旦这样，他就应该不停地往前走，除非是因为环境发生了巨大的改变，而迫不得已才改行。有两句谚语是这样说的："万事通的人其实什么都不会"，"滚石不生财。"

乔治·科茨·阿什姆 医学博士

俄亥俄州克利夫兰。卫生学和预防医学教授、西部预备大学药学院教务主任。

1. 良好的遗传，非凡的能力。

2. 赞成，如果孩子有成熟的判断力，可以尊重他的意愿。

3. 不是。

4. 不是。如果孩子的选择前景十分光明，为什么要这么做呢？

5. 过了16岁就可以了。

6. 别去了，除非城市能让他大展拳脚。

7. 不，等到了他知道自己喜欢什么、不喜欢什么的年龄才能决定，但也不用强留。

8. 那样才是完美的成功。

9. 对多数人而言，是的，但也有例外。

10. 是的。

11. 能力加经验吧。

12. 大部分情况下，不可能。

13. 不需要借钱就行。

14. 选好课程就行。

15. 是的。

16. 是的。

17. 是的，这要看他能真

正学到什么。

18．手艺。

19．我赞成。

20．这要看机会如何。

21．不用功，身体不行。

23．我建议这样做。

24．当然，如果能证明这是可行的。

25．**要学聪明，让人信赖，每次机会都要好好把握，既是为了自己、也是为了别人。**

弗兰克·希尔

纽约布鲁克林。公共图书馆主管。

1．教育，用心。

2．一般来说是的。

3．是的。

4．不明智。

5．不建议，除非在城里有更好的前途等着他。

6．不建议。

7．这要看有没有其他的机遇。

8．是的。

9．一定要。

10．如果全心全意地工作，那会有更大的成功。

11．二者有机地结合在一起。

12．二者缺一不可。

13．我赞成。

14．技校也许是最好的选择。

15．同意。

16．同意。

17．不明智。

19．我赞成。

20．不，除非他有勇气和胆量。

21．很难说，缺乏自信是失败的根源。

22．《富兰克林传》；《艾凡赫》；《鲁滨逊漂流记》；

《汤姆·布朗求学记》；《天路历程》；《圣经》。

23．可以，读好的日报。

24．如果父子双方都认可的话，就没什么问题了。

25．骄傲自大不可取，一定要虚心请教。

查尔斯·达尼 哲学博士

田纳西州诺克斯维尔。田纳西大学校长、时任农业部副部长。

1．我没取得什么成功，如果说有一点点成绩的话，那就要归功于我虔诚的母亲和博学的父亲对我的谆谆教导。

2．是的。

3．起先不会很明显，但后来会很有帮助的。

4．永远都不要这样。

5．不，先找个地方求学，然后再选择合适的地方安定下来。

6．永远不要，除非他家或环境有什么特别的原因。

7．不。

8．完全正确。

9．当然需要了。

10．当然了。

11．能力。

12．不会。

13．如果有天赋，当然要上大学。

14．如果他有能力就去技校吧。

15．是的。

16．当然，学点真知识吧，已经有太多滥竽充数的人了。

17．不要这样。

18．手艺。

19．可以。

20．他认真刻苦、有基本常识、懂得开源节流就行。

21．无知和懒惰。

22．《圣经》；莎士比亚的作品；其他的四本不要是课本，最好从卢贝克的100本书里选。

23．我建议这样做。

24．这应该由他自己决定。

25．爱上帝，爱人如爱己。

达德利·布克

纽约布鲁克林。风琴演奏家、作曲家、太阳神俱乐部指挥。

1．很大程度上取决于"天赋"，这种天赋是靠日积月累得来的。

2．我建议。

3．我赞同。

4．这是一种愚蠢的做法。

6．不建议。

8．当然。

9．当然。

10．是的。

11．能力。

12．只能成功一半。

13．我不建议。

14．不赞成。

15．可以。

16．可以。

17．永远不要这么做。

18．第一个、第二个行业都行，第三个不行。

23．我赞成。

24．我不建议。

25．诚实。

华莱士·拉德克里夫 神学博士

华盛顿哥伦比亚特区。纽约大道长老教会牧师。

1．优秀的苏格兰—爱尔兰父母对我的指导；年轻时在教堂受到的熏陶；信仰；努力；适宜的工作。

2．是的。

3．一般是的。

4．这样不太好。

5．我建议这么做。

6．我不赞成。

7．我赞成离开农场。

8．从长远来看这会取得更大的成功。

9．毫无疑问。

10．是的。

11．二者缺一不可。

13．同意。

14．不。

15．同意。

16．同意。

17．不明智。

18．做生意。

19．可以。

20．可以。

21．注意力不集中。

22．《圣经》；《天路历程》；《希腊罗马名人传》；斯迈尔斯的《自己拯救自己》；还有关于大自然的书，如：《我眼中的野生动物》；《爱丽丝梦游仙境》。

23．可以的。

24．我赞同。

25．第五戒律。

约翰·坎贝尔

科罗拉多州丹佛。科罗拉多州最高法院首席大法官、科罗拉多大学法律讲师。

1．勤奋，正直，公平。

2．我同意。

3．是的。

4．不赞成这样做。

5．可以。

7．不。

8．的确如此。

9．是的。

11．能力。

12．是的。

13．赞同。

14．赞同。

15．赞同。

16．可以。

17．这就得看孩子的"意愿"到底是固执己见还是合情合理的。

18．我不能很明确地回答，但可以是做生意或者是学手艺，这就得看他的天资在哪一方面了。

19．可以。

21．放纵。

22．《圣经》；莎士比亚的作品；柯尔律治的作品；爱默生的《论文集》；格林的《英国历史》；弥尔顿的作品。

23．我建议这么做。

24．可以。

25．诚实，勤勉，仁慈，勇敢，有同情心；在事业稳定之前不要涉足政治；娶个好老婆。

尤金·盖瑞

南卡罗来纳州阿比维尔。南卡罗来纳最高法院法官。

1．忠诚，对生意的迅速反应，在财政上一丝不苟。

2．我建议这样。

3．通常是的。

4．不是。

5．要是有特殊的才能就可以。

6．一般说来，我不建议。

7．不明智。

8．很多事业的成功都是靠不讲诚信换来的，对此我感到很遗憾。

9．我想是的。

10．是的。

11．能力。

12．是的。

13．是的。

14．是的。

15．是的。

16．是的。

17．是的。

18．那要看他到底适合干什么。

19．赞成。

20．不赞成。

21．挥霍无度。

22．《圣经》；莎士比亚；《吉尔·布拉斯》；《堂·吉诃德》；《天方夜谭》；《鲁滨逊漂流记》。

23．我赞成。

24．我建议这样做。

25．稳步前进，忠诚可信，成为家中的顶梁柱。

约翰·狄龙

新泽西州远山。律师、密苏里州太平洋铁路局首席律师、西部联合电报公司首席律师、曼哈顿高架铁路顾问、作家。

1．忠诚，努力。

2．我同意。

3．不是必要的。

4．不明智。

5．不。

6．我不建议。

8．是的。

9．是的。

10．不是一定要的。

11．能力是不可或缺的。

12．这不是完全意义上的成功。

14．如果孩子真想去学，就应该让他去。

15．他能行就学吧。

16．赞成。

17．这样做是不正确的。

18．也许做小买卖或学手艺都挺好的。

20．有时是可行的。

21．不能全心全意。

23．可以。

24．如果他能胜任就行。

25．忠诚，诚实，真实，

勤奋，认真，全心全意。

丹尼尔·莫尔斯

纽约市。莫尔斯&罗杰斯公司董事长，主要做鞋子、靴子、橡胶鞋套、鞋辅料等的批发生意。克劳福德鞋业制造厂财务主管、埃德温·伯特鞋业公司董事长、塔特尔鞋业公司董事长、阿柯莱特俱乐部前主管、布鲁克林林肯俱乐部前财务主管、莫尔斯协会财务总监。

1．努力、更努力地工作。

2．我建议要这样。

3．不是。

4．不明智。

5．是的，但持保留意见。

6．我想说"三思而后行"。

8．是的。

9．是的。

10．是的。

11．能力。

12．有了能力，就很快有了经验。

13．还是有所保留。这要看人了。

14．同上。

15．是的。

16．是的。

17．不明智。

18．手艺。

19．基本同意。

20．这要视人而定，许多成功人士都是这样成就事业的。

21．能力的匮乏。

23．赞成。

24．这要因人而定。有的人以此成就了事业，而有的人却荒废了事业。

25．思考，工作，专注。

路德·伯班克

加利福尼亚州圣罗莎。自然学家，种植新品种水果、花朵、坚果、蔬菜的发起者。

1．生活有节制。生活中的失望和挫折教会我要兼顾自己和他人的利益。关注事业；像关心自己一样关心他人。抛开那些迷信，虚心听取大自然的教诲。

2．通常是的。

3．不总是。但最伟大的成功是需要这样的。

4．多数情况下都是不明智的。

5．这要看年轻人发展事业的方向了。

6．不赞成。

7．不应该。

8．是的。我认为在事业上绝对的诚实是通向成功的必经之路。

9．真正的成功需要这种精神。

10．要想有大成就，必须做到这点。

11．必须有运用经验的能力。

12．没有经验的能力很少能达到稳固的成功。

13．永远也不。应该把宝贵的时间用来学习更重要的东西。

14．永远不。

15．这要视人、学校、要从事的职业而定。

16．通常来说，是的。

17．不明智。

18．从这三个中选，我会让他做点手艺活儿。

19．这对他的品格培养和素质的提高有利。

20．很少见有这种情况，我不建议。

21．没有先见之明。

22．优秀的作品有拉尔夫·沃尔多·爱默生和罗伯特·英格索尔的，他们的文章能开拓你的视野，让思想与自然和谐统一。

23．最好是读报，因为可以获得其他的知识。

24．不可取。我认为人们的生活要在几代之内有所改变。

25．做你自己，无论在什么情形下，都要为了健康有所节制。做到诚实、真诚、无私，这样你才会在这个世界上拥有更多的朋友、更多的财富和更多的幸福。

威廉·塔克 神学博士

新罕布什尔州汉诺威。达特茅斯学院院长。

2．是的。

3．只有在缺少主见的情况下才需要。

4．不太明智。

5．如果他能适应城市的氛围就行。

6．不，除非他能证明自己具有超凡的能力。

7．他要是下决心离开就不要挽留了。

11．能力。

12．是的。

13．当然，杰出的青年就要有一流的事业。

14．不，技校可能会更好。

15．是的。

16．是的。

17．不是。

21．缺少创新或是意志力。

23．可以。

24．如果别的职业他能做得更好，就不建议。

约翰·摩尔

纽约市。曾任助理国务卿、巴黎和平委员会秘书、律师、哥伦比亚大学国际法与外交学教授、作家。

1. 忠于职守、不懈的努力。
2. 是的。
3. 并不一定是这样。
4. 不明智，除非能证明男孩的偏好是不对的。
5. 这取决于他的想法和能力。
6. 同上。
7. 见4题答案。
8. 如果你指的成功是能挣钱的话，那不需要。
9. 这是一定要的。
10. 人若想成功就得对本职工作有兴趣，有了兴趣，才能喜欢它。
11. 能力经过反复操练才能获得经验，不可能先有经验，一定是能力在先。
12. 同上。
13. 我同意。
14. 如果条件允许，并且不需要花费大量的时间，可以。
15. 可以，有时大学里也会有很好的技术专业。
16. 当然了。
17. 如果他仅仅是因为懒惰才不愿意上大学，那父母的做法就是明智的。
18. 做生意或学点手艺。
19. 可以。
20. 如果前景是乐观的，可以。
21. 漫不经心。
23. 当然可以。
24. 是的。
25. 快速、无畏、圆满地完成任务。

米尔顿·布拉德利

马萨诸塞州春田郡。布拉德利公司董事长、布拉德利色彩教学系统创始人、作家。

1. 贫困与胆量。
2. 是的。
3. 不必要，但它对结果会有很大影响。
4. 不是，除非他的喜好非常不好，即使这样，父母强迫的效果也收效甚微。
5. 在这种情况下，年轻人无需什么人的建议就会去。
6. 我会建议他先在家乡学习一些手艺或如何做生意，这样即使他的愿望都没实现，他也会过得不错。
7. 不，除非他的家里需要他暂时留下一段时间。
8. 这要看成功的标准是什么了。
9. 是的，除非天上能掉馅饼。
10. 不必要，但一般来说是的。
11. 没有经验有能力要好于没有能力有经验。
12. 可能吧，但可能性很小。
13. 如果父母有能力且愿意，与其让他辍学还不如让他继续学业。
14. 现今从技校里能学到很多的知识。
15. 如果学校能教授当今最新的高水平知识，他应该学习更多机械方面的技能。
16. 是的，去学吧。
17. 这种行为是不对的。
18. 那取决于许多因素，要是可能的话，先要让他有自己的目标。
19. 具备这些条件了，我就没什么建议了。他不需要什么建议，抓紧时间去干吧。

20. 不，我不希望他冒这个风险。
21. 好高骛远，不切实际。
23. 是的。
24. 如果这个生意不错，条件也很好，可以。
25. 每一次都要做到最好，永远不要说"不"。

约翰·亨利·查普曼

伊利诺伊州芝加哥。浸礼会青年社团长。

1. 如果要说我成功有什么秘诀的话，那就是耐心，用功，持之以恒，还有上帝的保佑。
2. 不总是，有了喜好还应具备其他条件。
3. 不是，但有了会更好。
4. 不是，父母不能替孩子做决定，孩子要是成熟的话，会参考父母的意见。
5. 不，个别情况除外。
7. 那就走吧。
8. 讲诚信，才是真正的成功，拥有财富并不代表就拥有什么成就。
9. 对，很对。
10. 不必要。
11. 能力，如果没有能力，经验是无用武之地的。
12. 有经验才能成功。
13. 是的。
14. 是的。
15. 是的。
16. 是的。
17. 这不对，也是不可行的。
18. 他做什么都没关系（中等城市会接纳他的）。
19. 是有这样的例子。
20. 有时是可行的。
21. 鲁莽、武断。
22. 《圣经》是指导生

活与事业最好的书籍；《约翰·哈利法克斯先生》；约翰·斯图亚特·米尔的《政治经济学》；《大卫·科波菲尔》；《怒海余生》。

23．是的。

24．如果和自己的兴趣相符，可以。

25．无论何时都要洁身自爱。正直地生活，并相信真正的成功和幸福一定会来到，"正直能使民族发展"，个人也是如此，背离道德是条不归路。

评述：

认准方向，一直朝前。"永不停息地走下去，你就会成功。"

威廉·鲍德温

纽约市。长岛铁路局局长。

2．是的。

3．不是，但对工作是要有选择的，有了兴趣才能成功。

4．在任何情况下都不要。

5．这完全要看这个年轻人。在城镇学习科学务农会更好，除非他很适应待在城市。

6．如果他是非常杰出的青年，可以。

7．不，但他应该知道什么是真正的农业，而不是从父亲那里得到结论。

8．当然，这就是我理解的成功。

9．这是首先要具备的，几乎无一例外。

10．在工作中才能获得快乐，必须要"热爱"选择的工作，这样才能做到最好。

11．经验。

12．有时会吧，但只通过能力获得的成功是暂时的，不

能长久。

13．答案是肯定的。

14．去个专业的技工学校吧。

15．当然。

16．是的。

17．永远都不要这样做，但他有权利知道去上大学到底是怎么一回事。

18．做生意。

19．这不好说。这要看他做的是什么生意，一定要有竞争力才行。

20．如果条件成熟是可以的。

21．缺少坚韧不拔的精神与胆量，总是在关键时刻退缩。

23．可以。

24．是的，如果父亲的事业很成功，而且父子很投缘，可以。

25．你要是喜欢你的工作，那就好好干吧。如果不是，那就找个自己最喜欢的事情做。无论你教育程度如何，都要从底层做起，忠于职守。记住挫折只是对自己的考验。加油吧，超越那些踌躇不前、轻易放弃的家伙。一定要诚实，尤其是要一视同仁。

约翰·谢波德

马萨诸塞州波士顿。谢波德&诺维尔丝织品公司负责人。

1．我小小的成功归功于我的勤奋和早年的节约，还有诚实与真诚也是占主导地位的。

2．是的。

3．是的。

4．不是。

5．可以。

6．不。

7．不。

8．是的。

9．对。

10．不总是这样。

11．经验和能力都是不可或缺的。

12．可以成功的。

13．不建议。

14．不建议。

15．是的。

16．是的。

17．行不通的。

18．学点手艺吧。

19．可以。

20．可以。

21．不够勤奋，不够节俭。

23．可以。

24．他要是愿意就行。

25．要是想过得最幸福快乐，一定要保持真诚与无私的精神。

弗雷德里克·邓恩斯 牧师

马萨诸塞州菲奇堡。卡尔文主义公理会牧师。

2．是的。

3．通常是的。

4．永远不要这样。

5．个人的想法很重要。如果自己认为能够在家乡过得很好，并有发展前途，留下来也未尝不可。

6．不。

7．不。

8．是的。

9．是的。

10．是的。

11．能力。

12．这样不能成功的。

13．如果觉得有所收获，并能乐在其中，就去学吧。

14．如果他想在事业上达到顶峰，就应该去上大学。

15．赞成。

16．是的。

17．不明智。

18．做生意或学手艺吧。

22．《圣经》，除此之外有太多的好书可以读，很难选择。这也要看孩子们以前都读过什么。

我的建议是读西顿的《我眼中的野生动物》；《堂·吉诃德》（儿童版）；卡彭特的《地理读者》；佩立的《钢铁男人》。

23．可以读头版头条。

24．如果事业的基础不错，男孩也喜欢的话，可以。

25．学习身边所有的知识，学以致用，努力工作，并要相信没有什么物质上的成功能和拥有最完美的品格相比。

布拉德伯里　文科硕士，法学博士

马萨诸塞州剑桥。拉丁学校校长、美国教育协会会长、韩德尔&海顿社团秘书、24本教科书的作者。

1．早期的贫穷；努力的工作；远大的理想；诚实；对数学的痴迷；坚持；在上学的时候就能养活自己。

2．没错。

3．不是。

4．不可取。

5．可以。

6．不。

7．那就离开农场吧。

8．是的。

9．是的。

10．不一定。

12．会有经验的。

13．如果能负担起学费，就可以。

14．是的。

15．是的。

16．是的。

17．应该这么做，我就

曾经强迫我的孩子去上大学，一年半后，他很庆幸我逼他上了大学，他一直为此心怀感激。

19．可行。

21．愚蠢，缺少魄力。

22．可以选择《圣经》；莎士比亚；麦考利的《英格兰历史》；雨果的《悲惨世界》；还有狄更斯或卡莱尔的作品。

23．是的。

24．是的。

25．利用聪明才智和理解力好好工作。

詹姆斯·鲍德温　医学博士

俄亥俄州哥伦布。曾任格兰特医院的外科医生、工会主席、作家。

1．首先是不断地努力和辛勤的工作。其次是天生拥有一双灵巧的双手。

2．通常来说是的。

3．是的，但也会有例外。

4．一定不要。

5．可以。

6．不。

7．不，除非没有什么好机会适合他。

8．是的。

9．是的。

10．不是，但要想成功一定要付出巨大的努力。

11．能力。

12．如果他以前接受过培训，应该可以的。

13．他要是能念的起就念吧。

14．是的，能念得起就念，但没有必要非得这么做。

15．是的。

16．毋庸置疑。

17．不是。

18．他应该干手艺活，否则肯定会失败。

19．是的，除非是受到托拉斯的威胁，那对他来说简直是灭顶之灾。

20．不，但如果条件允许、前景可观的话，还行。

21．不够用心。

23．可以，但他最好早点养成略读的习惯。

24．可行。

25．谨慎择业，一旦选定就勇往直前地冲吧。个性影响着真正的成功。

评述：

现今，年轻人最大的障碍就是联合垄断即托拉斯。巨大的财富掌握在少数人的手里，导致在群众中产生不安和不满的情绪，激起他们的不平等感，导致了公开抗议和骚乱。这种氛围与当年法国革命前的氛围是一样的。更为严重的是托拉斯是个人奋斗不可逾越的障碍，他们会毫不留情地将小企业排挤出局。在一个大的集体里，每个员工都是单一的个体，通常是不重要的元素，除非他们有不寻常的才能，否则不会有什么晋级的空间，他们还要看着那些不如自己的人或是自己的手下因为得宠而能往上爬。现今的财富垄断就像个人成长道路上的蛇怪一样难缠，这使大家都虔诚地祈祷珀斯神来降妖除魔，拯救自己。

沃尔特·伯格

纽约市。勒亥谷铁路局总工程师。

1．优秀的教育和勤奋的工作：在大学里学习了专业技术知识。曾学过写作，后来撰写了技术调查报告和铁路基本问题的报告。在大学期间，自修数学，从而有了处理数学问题的能力及推理分析的能力。此外，还学了一些经典课程及外语，并积累了大量的国内外旅游见闻。与那些精明的商人、律师、铁路主管人员和经理的交往让我受益匪浅。正式参加工作后，不断努力工作，不断学习新技术跟上时代发展的步伐。

2．是的，如果男孩的喜好不是心血来潮，可以。

3．是的。

4．如果孩子们选择并适应其他工作且合情合理，即使不与家长的意见完全一致，也不应该强迫孩子。

5．是的，如果聪明、受过良好的教育且精力充沛，可以去闯一闯。

6．如果他的家乡环境良好，且前景乐观，拥有幸福的家庭和真正的朋友要比去大城市挣钱过得更幸福。

7．不明智。

8．是的。

9．是的。

10．是的。

11．这是个很难回答的问题，经验使人具有了一定的能力。非凡的能力很快就能在工作中显现出来，并可以在短期内获取经验。刚开始时，能力差经验丰富的人会表现得更出色；到了后期，有能力的人一旦获得了经验就会遥遥领先。

12．不会。

13．如果是个商业学院，且他的父母让他接受这样的教育，建议他去。有些大学是由浅入深地讲授商务知识。

14．我想对于想学手艺的人没有必要。但要是想学一些专业知识，就可以上大学去。稍后还可再接受些研究生技术培训。

15．要是想学点手艺，就去技工学校学习，要是想了解机械专业知识，就去有关的技术学院吧。

16．是的。

17．难说，视情况而定吧。

18．这在很大程度上取决于环境和父母让他受到的教育。

13到18题都是因人因事而异的，涉及周围的环境，父母提供教育的能力等因素。

19．经过深思熟虑、权衡利弊之后，可以试一试。

20．不可行。

21．做事缺少恒心。

23．只要不是什么耸人听闻的新闻就好。

24．起步时永远都不要这样做。首先在同类行业中积累经验，然后等有了优势再进入父亲的公司。

25．刚入行时，能力都很差，但无论你的工作看起来有多么微不足道，都要做到最好。这会使你的老板见识到你的才干，机遇来临时，你才会更进一步。说的再多一些，不要吝惜在工作上花时间，如果加班可以使你圆满完成当天的工作，何乐而不为呢？

查尔斯·法韦尔

伊利诺伊州芝加哥。约翰·V.法韦尔公司董事长、服装批发商、曾任美国参议员。

2．是的。

3．不是。

4．不是。

7．不。

8．是的，如果年轻人还没有这个优点的话，就把它当成个准则吧。

9．是的。

10．不需要。

11．能力。

12．是的，因为经验会随着年龄一起增长的。

13．同意。

14．同意。

15．同意。

16．同意。

17．这是很不对的做法。

19．赞成。

20．赞成。

21．缺乏判断力。

23．可以。

24．我觉得可以这样做。

贝克

纽约市。曼哈顿铁路局主管。

1．健康的身体，严格的训练，辛苦的工作。

2．是的，如果他已很成熟，明了自己的喜好，对某些行业也很熟悉，可以尊重他的选择。

3．不是。

4．不要强迫孩子。如果父母认为孩子适合做某一工作，就应该试图说服他，而不是武力解决。

5．我不建议这样，除非他有什么特殊的原因或非常适应城市生活。

6．除非城市里有很好的机会等着他，要不还是留在家乡发展比较好。

7．如果他不想留下来，那就让他走吧。

8．是的，但一定还要机智些。

9．显然是的的。

10．不需要。

男孩成长书

11. 没有能力的经验是没什么用处的。

12. 是的。

13. 可以。

14. 我不建议。

15. 可以。

16. 可以。

17. 不明智。

18. 做生意或是学点手艺。

19. 可以。

20. 可以。

21. 缺少一丝不苟的精神。

22. 《鲁滨逊漂流记》；《罗宾汉》；《艾凡赫》；《太平洋中的沉船》；《奇书》（霍桑）；《约翰·哈利法克斯先生》。

23. 我不清楚什么是好日报。

25. 每天与见多识广的人聊天，这样能够取长补短。

丹尼尔·普拉特·鲍德温 法学博士

印第安纳州洛根斯波特。资本家、律师、作家。

1. 坚持不懈。我天生很笨，但从没有放弃工作中的任何一样事情。

2. 当然。

3. 不是。

4. 家长不应该这么做。

5. 这要取决于这个年轻人。

6. 我不赞成。

8. 这是无可争辩的。生活中成功需要"绝对的诚实"，但很难做到"绝对"，因为我们得经常和狡猾的人打交道，不敢以诚相待，害怕会被反咬一口。另一方面，在和无赖打交道时既不能采取卑鄙手段，又不能让他们利用我们

的诚信占到便宜。在世风日下的社会里，不要过于直率，正所谓"害人之心不可有，防人之心不可无。"

9. 毋庸置疑。

10. 不需要。

11. 一分为二来看，有能力可以获得经验，但经验不一定能够代表能力。

12. 是的。

13. 不。

14. 不。

15. 是的，如果代价不是很大。

16. 不需要，在家乡高中毕业后，18岁就可以到诊所或律师事务所工作了。

17. 不明智。

18. 做生意或学手艺吧。

19. 可以。

21. 涉足太多的领域。一心不可二用，想成功，就得一门心思只做一件事。

22. 《新约全书》；莎士比亚；爱默生的《论文集》；富兰克林的《穷查理年鉴》；格林的《英国人的历史》；布莱斯的《美国共和体》。

24. 这要看父辈的生意是什么。

25. 胆量，礼貌，知足者常乐。

詹姆斯·巴顿 神学博士

马萨诸塞州波士顿。美国对外传教委员会会长、土耳其哈普特发拉底学院前任院长。

1. 不做无意义的事，事情一旦做了就不要虎头蛇尾。

2. 当然，只要他确信自己的兴趣有广阔的发展空间。

3. 不是。但最好有，否则生活就会变得枯燥无味。

4. 不明智。

7. 不。

8. 对于名副其实的成功，那是必需的。

9. 是的。

10. 不是。

11. 能力，能力是可以掌控经验的。

12. 可以，一个没有经验却有能力的人，是会很快获得经验的，甚至还会有些成功的机会。

13. 是的。

14. 不。

15. 是的。

16. 我会建议他去。

17. 不明智。

18. 学手艺。

19. 可以试试，但这取决于一些不确定的因素。

20. 要是没什么好机会就别干了。

21. 不够专注。

22. 《圣经》；《天路历程》；《鲁滨逊漂流记》；《林肯传》；美国历史；一本好的外国旅游书籍。

23. 可以。

24. 可以。

25. 不要试图欺骗任何人，尤其是不要自欺欺人。凡事尽力而为。保持高尚的情操。

奥利弗·巴恩斯

纽约市。土木工程师、纽约联合铁路局局长兼总工程师。

1. 首先无论做什么事，都是雄心勃勃。另外，在洞悉了数学的本质、发现土木工程学是在此基础上发展起来的学科后，选择此专业。这个工作无论从哪方面讲，对我来说都是最好的选择。

2. 我建议这样。

3. 是的。

4. 我认为强迫孩子是不明智的，除非他的兴趣在这上面。

5. 除非他有某方面的天赋，否则就不要去了。

6. 不赞成。一个人在自己家乡达到成功总会更好些。

7. 不。

8. 是的。

9. 是的。

10. 是的。

11. 能力。

12. 可以成功。

13. 不。

14. 不。

15. 一些最优秀的技工取得的成就，都要归功于他们在技校多年的学习。

16. 是的。

17. 不可以这样强迫孩子。

18. 学手艺或做生意，因为对于成功和赚钱的向往以后会慢慢有的。

19. 可以。

20. 不，因为打工时他对于他的老板来说，是很有价值的；但一旦做生意没有本钱，就必须得和同伴合作了。

21. 缺少做生意的才能。

22. 《富兰克林传》；《华盛顿传》；英国历史；美洲和美国历史；《乔治·史蒂文森传》；还有关于农业的书籍。

23. 可以。

24. 可以。

25. 环顾四周，看看自己最擅长做什么工作；一旦选定，就一如既往地做下去。刚起步的时候别太计较薪酬的高低，等你站稳脚跟后，自然会得到等值的回报。

弗雷德里克·布斯·塔克

纽约市。美国救世军司令官。

1. 信仰上帝，为人正直，按照上帝的旨意做事。富有同情心，把"人乐所以己乐"作为自己的座右铭。我的生活离不开手表、钢笔和本子。手表能提醒我，自己的一生是在为上帝而活；钢笔和本子用来记录上帝给我的旨意，激励我虔诚地为了上帝而努力工作。

2. 不，让孩子虚心听取有经验、有智慧、有判断力人的建议。

3. 这种偏好如果只是一时的冲动是很危险的；如果是理智的，应该是可取的。

4. 通常来说，年轻人缺少经验和判断力，不能做出明智的选择；即使是再优秀的父母，也可能是一知半解，因此他们需要听取内行的见解。

5. 这取决于（a）这个年轻人的性格和天赋。（b）周围的环境。从男孩的实际情况来看，十有八九我会建议他离开家乡。如果去城市，还要注意能抵制住邪恶的诱惑。

6. 如果其他计划都不成功，我认为每个孩子都应该熟悉农活，以便为自己和家人留条谋生之路，每个城市孩子也应该对农业有所了解。

7. 应该尽一切努力把生活变得更有吸引力，并向他展示如何获得更富裕的生活，以此来说服他留在农场。

8. 完全正确。不诚实的人总是作茧自缚。不讲诚信会使人道德败坏、失去自尊。一个人不自重，不讲信用，一旦事情败露，势必会遭到世人的唾骂。

9. 的确如此，做艰难的工作，即使是天才也有一定难度的。成功和失败的不同之处在于，一个人怎么利用业余时间。

10. 对工作的热爱不是成功的必备条件。一个热爱上帝的年轻人，总是能强迫自己做好自己讨厌的工作。

11. 成功是一个相对的概念。有些成功既需要能力，又需要经验。二者各有各的长处，相辅相成。经验替代不了能力。

12. 时有发生。有时候经验会使人谨小慎微。同样，开拓创新往往和过去的经验无关。

13. 有许许多多的大学可供选择。读书越多越有益，因为（a）精神上能得到满足。（b）能更好地为上帝和人类服务。（c）能学到一技之长。

14. 他想从事的行业经常会有技术上的革新，因此为了不被淘汰出局，最好多掌握些知识，做两手准备。

15. 要能够抵制住不良影响。

16. 要有些资格才行。

17. 这没有一定之规。各家有各家的做法。

18. 教他务农养家。让他意识到"笨"或者"普通"并不是罪。不聪明不要紧，但要做个好人。

19. 如果是在农场里，那就可以，他至少可以过得很舒服；如果是做生意，那我不支持，激烈的竞争和资金的压力都会使人步履维艰。

20. 不，除非他才能出众，或资金方面能得到友人的鼎力相助。

男孩成长书

21. 自私自利，不信仰上帝，不服务于人类，而是以自我为中心。

22. 《圣经》；布斯的《丑陋的英格兰》；《查尔斯·芬尼传》；《约翰·韦斯利传》；《日常的信仰》；《芬尼谈复兴》。

23. 读一份就够了，用不着每天都读。一般是要看每周的宗教性报纸，《基督教先驱报》或《独立报》，它会提供世界各地的新闻。

24. 这是很好的计划，他能使年轻人成为业内高手，印度人都是子承父业的。

25. 年轻人：不能无目的地生活，要按照上帝的指引去做事，不要丧失你的灵魂，否则会成为行尸走肉；同时，你也要尽力去拯救他人。不用仿效他人，做你自己。永远让上帝伴你左右，去救赎那些在深渊中挣扎的灵魂。

评述：

从人之将死的角度审视自己的生活，人死时可能会难过，但不应有遗憾。我相信以下简单的规律会对你有帮助：（a）每天的生活都像是你在地球上的最后一天，然后做到最好。（b）你是由以下几方面构成的：灵魂，思想，身体。灵魂是主人，思想是仆人，身体是二者的寄居之所。三者相互关联，牵一发而动全身。（c）灵魂的食粮是上帝，祈祷是他吃饭的时间，圣经是他的药箱。（d）知识是思想的食粮，获取你能获得的所有知识，这会对你服务上帝和人类大有帮助的。别被小说里不切实际的东西腐蚀了头脑。不要东施效颦，就做

你自己。（e）学会一技之长养家糊口。亲近大地，那是上帝赐予你的财富，当你走投无路时，别忘了你还可以重回大地的怀抱，依靠大地的哺育继续生存下去。（f）不要梦想成为百万富翁，一个老作家曾说过："财富不是错误所得，就是错误储存，或者是错误花销。"圣贝尔纳说过，当你的灵魂得到升华，把与他人分享视为己任的时候，你的理想还是要发财吗？（g）要彻底认识到想成功就不能没有上帝的指引。让上帝与你同在，做个忠实于上帝的信徒。

威廉·德威特·海德 神学博士，法学博士

缅因州布伦瑞克。鲍登学院院长。

2. 是的。

3. 是的。

4. 不明智。

5. 如果他对目前状况不满意，那就去吧。

7. 不。

8. 是的。

9. 是的。

10. 是的。

11. 经验。

12. 不能。

13. 是的。

14. 因人而异。

16. 是的。

17. 不明智。

18. 手艺。

19. 可以。

20. 我不建议。

23. 可以。

24. 如果父亲尊重孩子的个性，就可以子承父业，否则就不要。

查尔斯·达德利

科罗拉多州丹佛。丹佛公共图书馆图书管理员、科罗拉多大学理事、国家历史学会秘书。

1. 毅力。

2. 偶尔，他的想法总是在不断变化的。

3. 不是。

4. 在很大程度上取决于父母对孩子了解多少。

5. 为什么不去小一点的城市或是大点的城镇呢？

6. 我不赞成。

7. 等到机遇来临再离开。

8. 不是。当然，这只是观察所得。

9. 在大多数情况下是的。很多天才只是出谋划策，不适合实干，再有就是看运气如何了。

10. 不是。

11. 能力。

12. 如果能力特别出众，就可能会成功。

13. 如果他能负担得起学费就行。

14. 不要去学传统课程，学些对专业有用的知识。

15. 如果能付得起学费就行。

16. 是的。

17. 有许多这样的例子。

18. 学点手艺。

19. 可以。

20. 不可以。

21. 入不敷出。

23. 是的，可以读一些周刊。

24. 可以。

西奥多·布莱特利

蒙大拿州赫勒拿岛。蒙大拿州最高法院首席大法官。

1. 努力的工作。

2．我赞成。

3．不是。

4．这样做是不理智的。

5．我会建议他留下来。

6．我不赞同。

7．如果能劝他留下来，还是留下来。

8．是的。

9．我赞同。

10．不一定，我从没喜欢过我的任何工作。

11．想成功必须有能力，有经验了，能力才能提高。

12．拥有能力就能得到经验，进而成功。

13．可以。

14．可以。

15．可以在学好文化知识后去技校。

16．可以。

17．不明智。

18．我想，这样的年轻人需要有人指导。

20．这也要看情况，有许多事例是成功的。

21．不讲诚信，对事业漠不关心。

23．可以。

24．这取决于大环境，年轻人一般应该遵从自己的兴趣。

25．在工作上诚实勤勉，保持生活检点，遵循黄金定律。

亨利·厄特利 文科硕士

密歇根州底特律。底特律公共图书馆管理员、美国图书馆联合会前任主席。

1．全心全意关注自己的事业，做好每一个细节工作。

2．我建议应该这样。

3．不是。

4．父母不能这样替孩子做决定。

5．可以，如果去大城市

能让他学会做人。

6．或许不行。

7．这要看那个年轻人了，适合当农民就留下来，否则，就让他走吧。

8．对于一时的成功是不需要的，但从长远来看是必需的。

9．要想取得最大的成就，需要这么做。

10．同上。

11．能力。

12．没有能力就能取得成功，你能想象得到吗？能力才是最主要的。

13．如果他有这个意向，想去大学学点东西，对将来会大有帮助的。

14．同上。

15．如果他能做到，当然可以了。

16．当然了。

17．不明智。

18．这因人而异。如果他极其平凡，我想最普通的工作应该很适合他。

19．这个问题实在太复杂，现今各行各业的生意都有合并的趋势。

20．对此表示怀疑。

21．缺少能力。

23．可以。

24．如果他想做，并且有做生意的头脑，就行。

25．要是能掌控环境的话，就虔诚地选择你的工作，尽你所能做到最好。

威尔考斯

伊利诺伊州皮奥里亚。皮奥里亚公共图书馆管理员。

1．（a）诚实、勤勉、父母良好的遗传。（b）早期在乡下生活的经历。（c）在更广阔的领域里遨游的理想。

（d）接受良好的大学教育。

（e）艰苦奋斗。（f）良好的习惯。（g）娶个贤妻。

2．一个年轻人能预先知道他未来的生活是怎样的吗？让他自己去实践，再大胆地做出决定吧。

3．不是，我们很快就会发现所有的工作都充满了未知的挑战。具有优秀潜质的人才能取得成功。

4．不可取。

6．不太赞成，但也要看他的能力、适应力以及先前的教育程度如何。

7．我没经历过这类的事情，我是被父亲送到大学读书的。

8．这是显而易见的。

9．这是获得成功的重要因素之一。

10．在任何工作中都需要。

11．二者是一体的。

12．不可能。

13．无论如何，我都会建议我儿子去上大学。

14．不。

15．是的。

16．是的。

17．不应该强迫，但可以劝说他改变主意，在处理其他问题时也应如此。

18．我会建议他去参军，要不就在能干的上司指导下工作。

19．而立之年后再干吧。

20．他成功的几率也许只有1%，基本上会失败。

21．缺少经验。如果再给我们70年的时间，我们中的大部分人都会做得更好。

23．是的，如果有报纸可以读。

24．让他们自己处理这

样的事情吧。

25．当好人，做好事。无论做什么，都要做到最好。

乔治·巴伯

密歇根州底特律。密歇根州炉具公司总经理兼副董事长、人民储蓄银行行长、密歇根信托公司经理、密歇根州火灾与海难保险公司经理、圣路易斯巴克灶具公司董事、底特律商会会长。

1．对事业保持高度的关注，与默契的伙伴工作，与最棒的商人结交，给身边所有的人都留下好的印象。

2．我赞成。

3．有时是，有时不是。但我认为如果有可能，我应该支持他的偏好。

4．如果他选择的是正经工作，我觉得没有什么比强迫孩子违背自己的意愿更糟糕的事情了。

5．不，除非城里的亲戚朋友能照看他。

6．这完全取决于男孩本人。有些人可以适应城里的生活，而有些人则被城市所吞噬。

7．我们应该鼓励他，并协助他去做他想做的事情。

8．任何情况下都是这样。

9．没有不通过加倍的努力就能有所成就的。

10．如果热爱工作，也许会更有成就，但我相信也可以通过其他方法获得成功。

11．二者缺一不可。能力是需要经验辅助的。

12．这个事情要看怎么说了，能力是必需的，但有经验会锦上添花的。

13．如果他已经有了生意上的锻炼，我想就不用去学校

了，这并不是多多益善。

14．如果条件允许，还是去吧。学校的机械知识是很有用的。

15．如果他想达到一定的高度，应该去。

16．当然。

17．不是，我不认为需要再学什么了，除非他感兴趣。

18．要么是学点手艺，要么是做点小生意。

19．如果条件成熟，前景乐观，可以试一试。

20．不，除非前途光明。

21．失败的管理模式，对事业不专注，方法不当。

23．可以，但报纸的质量要好。

24．如果父辈的生意已稳固，并且发展前途光明，我不反对。

25．首先要廉洁自律。其次交友要慎重，别做有损人格的事。最后就是刚起步时，宁可低薪也要选择一流的商业机构工作；而商业口碑差的机构，给的薪水再高也不要去。

约翰·科顿·达纳

新泽西州纽瓦克。公共图书馆管理员、美国图书馆联合会前任主席。

1．外在因素有家庭、父母和教育。个人因素就是健康、才智、仪表和朋友。

2．是的。

3．喜好并不一定在很早的时候就能显现出来，所以并不一定需要。

4．这是不对的。

5．大部分情况下是的，不过不一定非得去大城市。

6．能力一般的就不要去了，能力强的可以去试试。

7．不。

8．没有人告诉我们要诚实，但这是应该具备的素质。

9．如果你指的是钱财上的成功，那就不是必须有的了。

10．是的。

11．能力。

12．偶尔会的。

13．他如果非常想，就去读吧。

14．通常来说，不。

15．如果资历很高，就可以。

17．不要强迫孩子。

18．学手艺。

19．可以。

20．一般来说是可以的。

21．缺少天分。

22．读完《圣经》后，还可以读《天方夜谭》；费斯克的《市政管理》；弗劳德的《裘力斯·恺撒》；爱默生的《论文集》；雨果的《悲惨世界》；贝赞特的作品。

23．是的。

24．是的。

25．多观察，广泛培养兴趣。不要重复同一个错误。正确认识自身的局限性。用你非凡的能力去做值得做的事情。

亚瑟·汤姆林森

宾夕法尼亚州史瓦斯摩。史瓦斯摩预科学院院长。

1．父辈早期的诚信教育；做事情要持之以恒；忠诚；家中有一个好妻子。

2．是的。

3．不是。

4．不是，然而有时候孩子的想法比较片面，父母应该予以纠正。

5．可以，或许可以去小一些的城市。

6. 不。

7. "喜欢"是可以培养出来的。想办法让他喜欢农场。如果事实证明他不适合这里，一切努力都是徒劳的，那就让他离开吧。

8. 真正的成功需要诚信。

9. 同上。

10. 起先可能没这个必要，但一定要培养自己去热爱工作；如果有必要，一个人甚至能爱上自己讨厌的工作。

11. 经验。

12. 会。

16. 我赞成。

17. 这么做是不对的。

18. 建议先去建立自己的理想，可以干点手艺活。

19. 可以，但没有资金就别干了。

20. 不要所有的资金都是借的，怎么也要有一半是自己的。

21. 不讲诚信，资金不足。

23. 只要他能分辨好坏就行。要有鉴别地去读。

24. 主要取决于环境及年轻人自身。

弗兰克·托比

伊利诺伊州芝加哥。家具制造商。

1. 如果我算是个成功的商人，我认为在很大程度上要归功于在这片贫瘠的土地上学到的节俭和勤奋。

2. 是的。

3. 通常是的，但也有例外的时候。

4. 不是。

5. 只要有能力就行。

6. 有出众的能力就行。

7. 如果仅是因为不喜欢干活，而不愿意留下，或许应

该让他待在农场。要是其他的原因，那就随他去吧。

8. 在我看来，不诚实的人也会很富有，但取得事业上的成功，最好的办法就是诚信。不管怎样，都要做到这点。

9. 这是一定的。

10. 据我所知，有些不热爱自己工作的人在事业上也取得了巨大的成功，但要是热爱它，那就再好不过了。

11. 能力更为重要，因为有能力的人都知道该怎么利用经验。

12. 可以成功，和上面的原因一样。

13. 不一定要去学。

14. 让他去技校学习吧。

15. 可以。

16. 我赞成。

17. 这要看他为什么不想继续学习了。

18. 我建议他学点手艺。

19. 可行。

20. 这些好条件都有了，干吗还要自讨苦吃呢？

21. 挥霍无度，缺少能力，投机取巧，判断失误。

23. 绝对应该。

约翰·夸尔斯

威斯康星州密沃尔基。美国参议员、律师。

1. 对专业的熟练；在困难面前临危不惧。

2. 当然了。

3. 是的。

4. 不是。

6. 所有事情都要看那个年轻人自己了，他的天赋、志向、性情和当地的情况等等。

7. 如果他在其他方面有能力，就不要强留他了。

8. 当然。

9. 当然。

10. 是的。

11. 我想二者是不可分割的。

12. 肯定能成功，否则年轻人永远也不能成功了。

13. 如果可以的话，建议上大学。

14. 是的。

15. 是的。

16. 当然。

17. 不能强迫他。

18. 做生意或是学手艺，只要符合他的兴趣就好。

21. 不用心。

23. 可以。

24. 一般来说是的。

25. 如果想要成功，那就努力工作吧！

约瑟·克拉克神学博士

纽约市。公理会国内传教会秘书。

1. 我没想过什么成功，也从没追求过成功。就是单纯地热爱自己的工作，没有其他理由。在做事的过程中获得最大的乐趣。我努力工作，但这并不算什么美德，没有什么比工作更令人喜爱的了，也没有什么比无所事事更糟糕的了。

2. 如果其他条件相同，这样就会使成功更加容易。

3. 是的，但喜好是可以培养的。

4. 顺其自然会更好。

5. 他应该做他该做的事情，就像渔民得捕鱼一样。

6. 我会建议他先在小镇上工作，等他能力提高了再去大城市。

7. 不应该。

8. 完全正确，真正的成功需要诚信。

9. 的确如此。

10. 完全正确。

11．凭借经验努力工作，就会赢得胜利。

12．可能会成功，但不会很持久。

13．是的。

14．是的。

15．如果可能，大学和技校都应该去。

16．是的。

17．我会劝孩子自己去试一试，实践才能出真知。

18．他必须得学着做点什么，否则就成别人的负担了。

19．我赞成，他应该尝试一下。

20．不，欠钱简直就是一场噩梦。

21．井底之蛙。

23．是的。

24．不，除非他自己喜欢做。

25．"稳健、把握"是人生游戏中获胜的王牌。如果你有"J"，那当然好，天才就是扑克牌中的"J"，但"J"出现的几率太低，不能把希望寄托在这上面。

希利·凯蒂·阿克利
明尼苏达州明尼亚波利斯。阿克利木材公司、伊塔斯加木材公司董事长、弗劳沃全国银行行长、都市信托公司董事长、律师。

1．坚韧不拔。

2．是的。

3．不是。

4．不是。

5．如果他有目标和能力，就让他去吧。

6．不。

7．不应该再留在农场了。

8．是的。

9．是的。

10．要想得到最大的成

功，需要这样。

11．能力。

12．能成功。

13．不。

14．我不赞成。

15．是的。

16．是的。

17．不同意家长这么做。

18．做点手艺活吧。

19．我赞成他这么做。

20．可以。

21．把借来的钱当作自己的，尽情享用。

22．《圣经》和莎士比亚的作品。

23．是的。

24．不要这么做。

25．从小处着眼，勇往直前。

惠特劳
密苏里州圣路易斯。惠特劳兄弟公司进口商、国家运输联合会主席。

1．良好的遗传，充沛的精力，最早在佛蒙特州农场工作18年的经历。我非凡的能力都是靠我认真努力地做好每一项工作得来的。用自己的优势去赢得每一次机遇。

2．如果各方面的情况都正好，就可以。

3．不是。

4．如果他选择的职业是正当合法的，父母这样做就是很不明智的。

5．是的，对于大有作为的年轻人来说，这也许是他们唯一的出路。

6．聪明、诚实的年轻人在哪里都受欢迎，到哪里都有均等的机会。

7．不应该留下，除非让他留下去农业大学学习，在那里或许他会改变心意。

8．完全正确，对于刚起步的年轻人来说，"诚信"可能是他们拥有的唯一资本。

9．当然。不做事情还想赚钱的人是不能成功的。

10．一定要主观上喜欢自己的工作才能成功。

11．很难说，二者融为一体才能有助于成功。

12．是的，能力和毅力带来成功。

13．学费是很昂贵的，他的父母能担负这笔费用就好。

14．最好是去技工学校。除非像刚才说的那样，能承受得起这笔费用，否则不建议去大学读书。

15．如果可以，建议去。

16．当然。

17．不必勉强孩子，否则会阻碍孩子的发展。

18．这样的人最好掌握点手艺。

19．如果只要勤奋工作就会有收获的事业，可以试一试。

20．这是很不安全的，要考虑三方面因素：人，前景和债权人。

21．没有能力，没有经验，自私自利，缺乏自信。

23．是的，此外看看周刊也不错。

24．和他的志向吻合就好，但是他不能搞特殊化。

25．坚强，真诚，忠诚，为到达事业顶峰而奋斗。杜绝所有邪恶的想法，你最好的资本就是高尚的品格。在历史的长河中，从未有哪个时期像现在20世纪初期这样迫切需要正直、有良知的青年，也从未有过如此多的发展机会，人们的人生价值也从未得到过如此充分的体现。

帕尔默·立克茨

纽约特洛伊纽伦斯理高等技术学院院长。

1．工作。

2．我同意这种说法。

3．不是。

4．不是。

5．当然可以了。

6．不可以。

7．不。

8．是的。

9．是的。

10．对。

11．能力。

12．能成功的。

13．赞成。

14．不赞成。

15．技术学校吧。

16．是的。

17．不能这么做。

18．做生意。

19．可以。

20．可以。

21．懒惰。

22．《圣经》和莎士比亚的作品，其他的四本我就很难给他们建议了。

23．是的。

24．不。

25．努力工作，诚实做人。

拉尔夫·夸尔斯

爱达荷州波塞。爱达荷州最高法院首席大法官。

1．勤勉，谨慎，对生意做到100％的用心。

2．我同意这个观点。

3．根据自身经验，我认为不是。我就没有遵循自己的喜好择业。

4．不明智，这样的行为对孩子的将来影响极坏。

5．有时我会建议这样做，但多数情况下不会。

6．这取决于环境、生活习惯、教育程度、将从事的职业等等。

7．不。

8．是的。

9．是的。

10．通常来说是这样的。

11．能力更为重要。

12．理论上是不行的。要达到成功是要靠努力与实践的。有限的经验加上能力要比仅有丰富的经验更容易成功。

13．不，理论知识适宜就好，主要还是看实践的结果。

14．不，我建议他接受高等通才教育。

15．不。

16．是的。

17．别强迫他们了。

18．第一选择是学手艺，第二是做生意。

19．可行。

20．通常情况下我不赞成。

21．能力不够，再加上粗心。

22．《圣经》；《天路历程》；莎士比亚；吉本的《罗马帝国衰亡史》；麦考利的《英格兰历史》；里德帕斯的《美国历史》。

23．是的。

24．他喜欢就行。否则就不要做。

25．诚实，忠诚，勤奋，对他人要和蔼可亲、彬彬有礼，不要干涉他人的工作，对自己的工作要竭尽全力。

评述：

成年后，成功之门是向你敞开的，但成功与否取决于你的努力程度。你应该首先学会自力更生、勤俭节约。在任何时候都应有足够的勇气去承担责任，千万不要退缩。做到自重，他人也会尊敬你。尊重你的妈妈、姐妹、情人，与她们保持融洽的关系。得体的言语会使说话人和听话者双方受益。每当感到亲切的关怀时，不要只放在心里，表达出来吧。将温暖的关怀、温和的话语和关切的怜悯送给他人，这会让世界更加光明，也会让你的生活更加甜蜜、更加幸福。心怀仁慈、富有同情心，对所有的人都一视同仁。千万记住，良知是最宝贵的财富，乐善好施是给自己最好的奖赏。不要忽略小事情，做好这些小事，能开创你的成功之路。反之，就会失败。不良习惯就像脚镣一样牢牢套紧我们。如果生活中的每一天都是带着"脚镣"往前走，那会束缚住我们走向成功的脚步。好习惯是很容易养成的，如果重视他们，我们会一步步走向成功。如果忽略这些，我们就会被击倒。习惯容易养成，但坏习惯不容易改掉。要培养良好的习惯。多多换位思考，多为他人的权利与感受着想。你仰慕才华，就培养自己的才华；你仰慕美德，就自己做个有道德的人；你崇尚爱国主义精神，就做个爱国人士；你钦佩冷静的人，就做个冷静的人；你赞美礼貌的举止，就做个温文尔雅的人。即使生活卑微、孑然一身，也是和别人没什么区别，你照样能成功。即使你自己意识不到，但很有可能你已成为别人的榜样。注意自己的言行，因为你正被更多的人关注和崇敬，这是你无法回避的责任。你有能力使这个世界变得更加光明、更加美好。身教胜于言教。为人诚实，头脑清醒，工作勤奋，善待他人，热衷于事业，成功就会属于你。勇敢些，简单的职责往往需要极大的勇气来履行，你很容易就能成功，你不想这么做吗？

科菲

马萨诸塞州波士顿。科菲皮鞋制造公司老板。

1．勤勉和好口碑。
2．是的。
3．不必要，但有了更好。
4．不是。
5．他会自己寻找机会的。
6．他会在能力范围内开始起步发展。
7．不。
8．是的。
9．是的。
10．他应该这么做。
11．有一个就行，都有会更好。
12．当然，没有人开始就有经验，未来总会有的。
13．在很大程度上得由他自己决定。
14．不。
15．他负担得起就行。
16．是的。
17．不是。
18．学手艺或从事某种专业。
19．可以，但年轻人一般都没有什么经验。
20．当然。
21．不懂得量力而行，还缺少判断力。
22．最好的历史书与生物书，最好的小说和诗歌，至少六本以上。
23．当然。
24．这没有什么一定之规，条件允许的话就行。
25．做到诚信、稳健、勤奋、谦逊；公正地对待每一件

事情和每一个人；不要妄想投机取巧。

弗朗西斯·布莱克

马萨诸塞州韦斯顿。布莱克电话发话机的发明者。

1．机遇加能力。
2．是的。
3．是的。
4．不能强迫的。
5．可以。
6．我不赞成。
7．不。
8．是的，个例外除。
9．是的。
10．一般来说是的。
11．对我来说，经验可以用来证明我的实力。
12．不会成功。
13．是的。
14．不。
15．是的。
16．是的。
17．不能这么做。
18．学手艺不错。
19．是的。
20．不，除非他确定拿薪水的工作毫无前途可言了。
21．没有给那些雇员中的小人物机会，来证明他们能够适合做更重要的工作。
23．可以。
24．先为别人打工，然后再参与父亲的事业。
25．我认识许多从专科院校或是技校毕业、且有志向、有能力的年轻人，他们在刚开始做事的时候总是感到很沮丧，因为他们总认为自己承担的工作应该委派给那些在教育程度和能力上都不如他们的人。我的建议就是，用你最大的能力去做那些看似卑微的工作，做到最好，这样你就会赢得上级的赏识，使你在未来的

工作中进步得更快。有许多这样的例子可以证明这么做是明智的。为心中强烈的理想而努力，充分展现出你的个人能力，无论你做什么工作都要忠诚、一丝不苟。

评述：

要说的是第六个问题，我引用一下波士顿最大商场的老板对我说过的话：如果想为孩子在生意上打下一个良好的基础，应该让他们去农村，在破旧的商店里工作一段时间，孩子们会得到全方位的锻炼。这是因为在大城市的商场里，职责、分工过于细致，那里的年轻人没有太多机会得到全方位的锻炼；而在小地方就能学到很多。

查尔斯·亨瑞德

南达科他州尤里卡。南达科塔州州长。

1．健康的体魄；孩提时就读报纸和书籍；在我十一二岁的时候，我认为如果能上大学就可以出外开阔眼界，从而远离艰苦、枯燥乏味的农场生活；良好的家庭氛围；还有虔诚的父母对我的谆谆教诲。
2．是的。
3．不是。
5．这要看这孩子的个人素质如何。
6．不。
7．是的，除非他希望能做得更好。
8．是的。
9．是的。
10．不是。
11．能力。
12．是的。
13．我赞成。
14．赞成。

15．同意。

16．同意。

17．是的。

18．做生意或学点手艺。

19．可以。

20．这要看环境如何。

21．缺少敏锐的判断力。

22．《圣经》；《天路历程》；《美国名人轶事》（埃格尔斯顿）；《鲁滨逊漂流记》；《男孩必读》。

23．有必要的。

24．可以，但具体情况要具体分析。

25．好好遵守自然界和上帝的规则。

西多奥·宾厄姆 上校

华盛顿哥伦比亚特区。美国陆军上校、总统军事助理。

1．日复一日地忠于自己的职责，"在小事上也能做到忠诚，你就会成为许多人的统领"。（或者类似的话）。

2．是的，如果可能的话。

3．不是，但是有了会更好。

4．不是。

5．可以。

6．最好先别走，等到在家乡事业有成了再走，到那时，在城市的前景才会一片大好。

7．不。

8．是的，表面上骗子或许能更成功，但最后肯定得失败，正所谓"飞得越高，摔得越狠。"只有绝对地诚实才能获得永久的成功。

9．完全正确。大部分所谓的"天才"无非是指工作的能力。

10．不必要，不屈不挠地努力才能成功。

11．能力。

12．成功是靠能力加经

验的。

13．如果可能，还是去吧。所有的理论都来自实践，但大学的课程对将来做生意很有帮助。

14．不用学普通课程，但得学习拉丁语和现代语言，它们对生活是很有帮助的：化学方面需要拉丁语，做生意需要其他的语言。

15．是的。

16．必须如此。白手起家的人缺少大学教育，往往都是畸形发展的人。

17．不是。

18．手艺。

19．可以，但是要冒很大的风险。

20．不行。

21．高估自己的能力。

22．《圣经》，金斯利的小说。

23．是的。

24．我认为行。

25．对朋友忠诚，有益于他人。今日事今日毕。无论收入高低都要有积累。每个星期天去一次教堂。

伊利沙·罗兹·布朗

新罕布什尔州多弗。斯特拉福德储蓄银行行长。

1．信仰上帝，努力工作，有自信心。

2．是的。

3．或许不一定是必需的，但最好有。

4．不是。

5．可以。

6．我不建议去。

7．不。

8．当然。

9．一定要的。

10．如果能做到这一点，至少成功的可能性更大。

11．能力。

12．对此表示怀疑。能力是一种天赋，经验是能力的特效剂。

13．是的，如果可能还是去上大学吧。

14．时间和钱财上能保证就行。

15．是的。

16．是的。

17．不要勉强了。

18．手艺。

19．可以自己干。

20．应该可以，这还要看大环境如何。

21．不称职。

23．是的。

24．可以。

25．思想健康，谈吐文雅，习惯良好，宽以待人；对工作竭尽全力，不要在乎别人的眼光；一诺千金，刚直不阿；影印一份《致加西亚的信》吧。

亚瑟·韦特

纽约市。纽约中央&哈德逊河铁路局动力及机动车主管。

1．我虔诚的父母虽然贫穷，却胸怀大志，愿意为我牺牲一切，他们竭尽全力供我读书。我做任何事都有坚定的决心，从不尝试自认为不适合自己的工作。在老板面前从不任意妄为。辛勤工作，坚持到底。通过文章和言论来证明我的存在价值。

2．是的。

3．不是。

4．不明智。

5．这要看是什么人了。有的人在哪儿都会失败。

6．这没有一定之规，有些人可能适合留在城市，有些人更适合留在家乡。

7．如果他有机会去做更适合他的工作，那就不要勉强他了。

8．显然是的。

9．是的。

10．从各方面来看，要是能热爱自己的工作，就会取得更大的成功。

11．能力。

12．能力带来经验，经验来自多年的积累。

13．如果可以的话，建议去上大学；但那不是成功必须要有的。

14．同上。

15．如果条件允许，还是去吧。这样他会在更短的时间里获得更大的成功。

16．是的。

17．有时是。在这件事上，不成熟的判断往往不可靠。

18．学一门手艺或做生意都好。我倾向于他学点手艺。

19．没有什么规律可循，这主要取决于人。

20．同上。

21．缺少获得成功的基本素质，如闯劲、技巧、能力、耐心等等。

22．《圣经》；班扬的《天路历程》；笛福的《鲁滨逊漂流记》；达纳的《船上的两年生活》；兰姆的《莎士比亚故事集》；伟人的传记。

23．读吧。

24．没有一定之规，这要取决于这个孩子。

25．当事业刚开始起步的时候，你要尽可能地向别人学习，但不要显露出你的无知。要遵照黄金原则，反复实践。在下结论前，先设身处地为他人着想一下。男子汉大丈夫，拿得起放得下。

约翰·斯勒尔斯

密苏里州圣路易斯。圣路易斯学校董事会主席、韦斯特利邮局经理。

1．判断力，进取心，精力。

2．这要看男孩的自身条件及他选择的工作性质如何。参见后面的"评述"吧。

3．这么做有好处。

4．这要看他的偏好是什么，以及他的个性如何。

6．不。

7．要看这孩子的个性如何。看"评述"吧。

8．是的，从长远来看，这是不可或缺的。

9．是的。

10．想获得最大程度的成功，就需要这样做。

11．能力。

12．每个人都会先迈出第一步，如果没有什么经验，那他的第一步会很艰难，即使这样，也有成功的可能。

13．对于想做生意的年轻人，去大学学习会大有帮助。

14．还是要说这取决于孩子本人。大学教育对于某些孩子来说就是一种浪费，毫无意义可言。

15．这要看这个孩子具体想要做什么了。例如，他想当个制鞋匠，我认为去技校也不会学到更多。

16．是的。

17．不是。

18．手艺吧。

19．可以的。

20．这完全要看外部环境，看"评述"吧。

21．缺少专注和前瞻眼光，不会精打细算。

22．该读什么书要视他的教育程度高低及从事什么工作而定。

23．应该。

24．要看这个孩子的具体情况，请看"评述"。

25．勤勉，节俭，诚实。

评述：

如果了解这个男孩的周围环境、教育程度及素质条件，对问卷上提出的很多问题都可以给出明确的答复；但若只是泛泛回答，恐怕没有什么用处。

理查德·佩蒂鲁格

南达科他州苏福尔斯。前美国参议员。

1．信任我的工作伙伴。

2．是的。

3．不是。

4．男孩很少有确定的喜好，应该仔细予以研究。

5．不。

6．不。

7．应该留下来。

8．不是。

9．是的。

10．不用。

11．能力，这要看是哪方面的成功了。

12．13．不建议。

14．不建议。

15．可以。

16．不建议。

17．不能勉强孩子去学。

18．我不知道如何回答。

19．可以。

21．缺少磨炼；恶习缠身；对竞争者缺乏准确的判断力。

22．读国内外伟人的传记。

23．应该。

24. 是的。

25. 别喝酒；勤奋些；严格点；重细节。

亚历山大·雷威尔

伊利诺伊州芝加哥。亚历山大·H.雷威尔公司董事长、世界哥伦比亚博览会执行委员会委员、工会联盟及马凯特俱乐部前主席、慈善家。

1. （a）对成功强烈的欲望。（b）对生意高度的关注。（c）全面掌握专业知识。（d）做我想做的。

2. 是的。

3. 不是。

4. 不可以这么做。

5. 这要视人而定，要是个聪明的孩子就可以。

6. 不，不过这也要视人而定。

7. 不。

8. 当然。

9. 是的，直到成功的那一刻。

10. 不是必需的。

11. 能力。

12. 可以的。

13. 要是非得让我用"同意"或是"不同意"回答，那我的答案就是不同意这样做，但一般来说，我会建议年轻人尽量多接受些教育。

14. 同上。

15. 是的，如果他能去，还是去吧。

16. 当然。

17. 对一些人来说可行，对有的孩子就不要强迫了。

18. 让他学点手艺吧。

19. 这也要看情况，许多年轻人为他人工作时很成功，一旦放开手脚自己干就不行了。总的来说，我建议他看看自己的条件如何，再做决定。

20. 不，不要全部的资金都是借的，如果没什么先见之明，也没有精打细算的能力，那一定是不行的。

21. 对工作不够专注，一心二用，贪图玩乐。

22. 我手边的书我都读，正所谓"开卷有益"。

23. 当然。

24. 我赞成。

25. 诚实，清白，办事有效率，举止得体；活到老，学到老；看好书，服从上级命令，最重要的是，无论工作有多卑微，你都要做到最好。

约翰·米切尔

印第安纳州印第安纳波利斯。美国矿工协会主席、劳工协会副主席。

1. 对工作的专注。

2. 是的。

3. 不是。

4. 不应该这样做。

5. 我不建议，除非他有什么非凡的才能。

6. 不建议。

7. 通常来说，农业生产能让人们感觉到生活中最大的幸福与满足。我们应该鼓励青年人留在农场。

8. 是的。

9. 是的。

10. 至少他得对工作感兴趣。

11. 经验更重要。

12. 也许，可能会成功，但可能性不大。

13. 是的。

14. 不建议。

15. 是的。

16. 是的。

17. 我不支持家长这样做。

18. 学门手艺还是不错的。

19. 赞同。

20. 我不支持这么做。

21. 放纵，不用心，没经验。

22. 读一些社会学、政治经济学、历史、宗教的书。

23. 可以。

24. 可以。

25. 要一直保持勤奋、诚实、严谨的作风。尊重父母，恭敬老者。

奥利佛·奥蒂斯·霍华德 将军

佛蒙特州伯灵顿。美国陆军（已退役）、作家、演讲家。

1. （a）天生的干劲永远没有减弱。（b）有一个明确的目标。（c）接受一流的学校教育。（d）用专业技能武装自己。（e）除了拥有上面提到的工作，还做了一些对同伴有益的事情。（f）通过演讲、写作和发表作品，留下美好的回忆。（g）我的信念就是让他人每天都过得更幸福。

2. 我想是可以的。不要立刻做出决定，当你对他有了全面了解后，再做选择也不迟。

3. 不是，适合才会更好。成功之后自然会对工作产生热爱之情。

4. 孩子们的想法不一定是最好的，华盛顿就是在碰壁后听从了妈妈的建议。

5. 改变或许是好的，但尽量别去大城市。

6. 耐心等待机遇的来临。

7. 或许农场里的锻炼刚好是孩子必需的。

8. 当然，对于真正的成功是必需的。不讲诚信可以赚到大笔钞票，但却会使人陷入万劫不复之地。

9．是的，精神和肉体上都需要这样做。

10．不一定要热爱工作，只是热爱工作会使你做事情更加得心应手。

11．不好说，二者要结合来看。

12．当然，能力是必须要有的，有能力才能有经验。

13．一般说来应该上大学，这样将来做生意时才不会太辛苦。

14．如果付得起学费就可以，多学些知识是很好的。

15．他或许应该先学点手艺，然后可能的话再去技工学校学习。

16．当然。

17．不明智，不要强迫孩子，说服他们接受良好的教育才是正确的做法。

18．我想先看看他适合做什么，再给他建议。

19．起先是可以的，然后可以找个合作伙伴一起做。

20．这没有什么一定之规，如果他能确定借款利率较低，能负担得起就行。

21．开支过大。

22．《圣经》；《宾虚》；本国的历史；适合青少年读的世界历史；一些优秀诗人如朗费罗、惠蒂尔等人的诗作；还有司各特等人的小说；莎士比亚的书。

23．15岁以后就可以读了。

24．这样做对社会是有利，但具体问题得具体分析。

25．（a）学习做自己的主人。（b）善谈，也要懂得倾听。（c）逐步增强你的体质，丰富你的思想，调整你的心态。（d）忠于真理。（e）恪守戒律。（f）相信本能，听从劝

告，做一个优秀的青年。（g）记住"上帝有爱"，心怀仁慈。

乔治·刘易斯·吉利斯皮尔 上将

华盛顿哥伦比亚特区。美国陆军总工程师。

1．我专注于我的工作长达40年之久，为了达到精益求精，我全身心地投入，比要求的做得更多。另外我之所以能有早期的发展，是因为我刚从西点军校毕业，国内战争就爆发了，这是不争的事实。接下来，四年精神高度紧张的艰苦工作，对我来说是黄金时期，而且我现在仍是个忙碌的人。

2．如果这个年轻人有意向和能力去选择适合他的职业，那么，他有自己的兴趣是可以接受的。

3．不一定需要，环境的力量会迫使一些人一生都在从事他们不感兴趣的工作，而这些人恰恰是现在的成功人士。

4．强迫是没什么效果的。

5．要想达到巨大的成功，需时刻对竞争者保持警觉，不要束缚住自己。

6．他会听从心意，所以他会很快做出决定。

7．要是留在农场会使他变得郁郁寡欢，而且他有自己明确的奋斗目标，那就不要强留他了。

8．绝对必要，只有这样的成功，才会持久。

9．绝对正确，千万别被偶然的成功所误导。

10．这似乎是个很平常的规律，但我们也知道，许多成功人士刚起步时对自己的工作都不是很感兴趣。

11．二者是很难分开来的，但我更倾向于能力的重要性，能力可以让年轻人积累更多的经验。

12．是的。我遇到过很多这样的例子，但成功与否还会受到环境、而不是人为的影响。

13．如果他去大学能获得真知，当然建议他去。他必须有一个明确的学习目标，免得每天坐在课堂里打发时间过日子。

14．不，但去一个好的预科学校是可以的，思想可以在那里得到启发，同时为机械领域打下良好的数学基础。

15．这不是必要的，如果他有足够的金钱和时间去技校学习、获得知识，这本身就是一笔财富，无论他做什么职业。

16．这是一定要的。

17．强迫学习是不可取的，除非孩子的性格任性固执。一个懂事的孩子是可以通过多次的讲道理来影响他原有想法的。

18．这样的孩子只求能生活下去，如果能找到合作伙伴，他也可以做生意。

19．我不支持。起初可以精心挑选合作伙伴一起工作；等对社会有了更深的了解，对工作也更在行了，再单飞。

20．同理，无论年轻人是否有足够的资金，或是借钱所带来的影响如何，这都不是重点。因为经验不足，所以时间才是决定因素。

21．不仔细研究时机是否成熟，不耐心等待，不坚持不懈地努力，就急于成功。

22．在职业上的选择将决

定读什么书，他们应该读那些名家之作。

23．可以，像《纽约晚邮报》，再加上一些时事评论。

24．我赞成，父亲良好的声誉会助儿子一臂之力，儿子凭着自己的品行和信誉，可以立足于世上，得到别人的尊重。

25．最大的幸福来自于个人的努力，这只能取决于自己的诚实、活力、公正和为他人着想的优良品质。

弗兰克·康诺弗

新泽西州阿斯布利公园。科尔曼旅馆经理。

1．努力工作，还有些运气的成分。

2．是的。

3．不是。

4．不赞成家长这么做。

5．是的。

6．是的。

7．不赞成他留在那里。

8．是的。

9．是的。

10．不是。

11．能力。

12．是的。

13．不建议。

14．不建议。

15．不建议。

16．是的。

17．不明智。

18．做生意。

19．我支持。

20．资金不能全是借来的。

21．无能，资金不足。

23．是的。

24．可以。

25．三思而后行，满怀信心做下去。

帕克斯顿

宾夕法尼亚州瑞丁。费城&瑞丁铁路局机械工程师、顾问。

1．首先，虔诚善良的母亲塑造了我的性格；其次，要感谢我的员工辛勤的工作。

2．我赞成。

3．是的。

4．我不支持。"孩子总会长大。"他们应该自由选择他们的职业。

5．我担心孩子们到了城里会受到不良习气的影响。

6．我建议他和朋友们留在家乡做点事情。

7．不。

8．完全如此。

9．当然。

10．是的。

11．他们是相辅相成的关系，如果具备能力，经验自然就会积累到。

12．这是个值得商榷的问题。

13．是的。

14．是的。

15．是的。

16．要是渴望成功，就这么做吧。

17．我不同意家长这样做。

18．我想，学一门手艺能使他取得很大的成功。

19．我赞成。

20．我怕他债务缠身。

21．没有做生意的才能。

22．首先是《圣经》吧。

23．读那些垃圾文章对孩子自身发展不好。

25．收敛放荡与不羁，尊敬你的父母。

奥兰多·奥尔德里奇 哲学博士，法学博士

俄亥俄州哥伦布。律师、曾任伊利诺伊卫斯理大学和俄亥俄州大学法学教授、克林顿维尔&哥伦布铁路局局长、作家。

1．专心致志，养成了从实际出发看问题的习惯。

2．是的。

3．对于完全意义上的成功来说，可能需要，但许多成功者或许对工作都没什么特殊的喜好。

4．不赞成父母这样做。

6．直到他在家乡具有了一定的能力，再去也不迟。

7．不。

8．是的。

9．是的。

10．如果这人是个多面手且聪明绝顶，那不需要对工作的热爱，也能取得很大成就。

11．能力。

12．是的，经验是可以慢慢积累的。

13．如果钱够多、时间也够用，就建议去。

14．我想最好去技校学习。

15．如果钱财上允许，建议他去。

16．是的。

17．一般说来，不可取。

18．学手艺。

19．如果前景不错，就干吧。

20．只能在环境乐观的情况下才有希望做好。

21．不切实际。

22．《圣经》；莎士比亚。

23．当然。

24．他满意就行。

25．工作勤奋，廉洁正

直，注重名誉；谦恭有礼，善于自制；自力更生，不鲁莽行事；关键时刻勇于承担责任。

查理·亚当斯

马萨诸塞州洛威尔。马萨诸塞州贸易委员会主席。

1．无论我取得什么样的成功，都是通过不懈的努力换来的。

2．我不赞成。

3．不是。

4．这样不明智。

5．如果他有什么雄心壮志，就让他去吧。

6．我建议他留在家乡创业。

7．不。

8．一时的成功不需要诚信，长久真正的成功需要。

9．毋庸置疑。

11．能力。

12．是的。

13．不，我不建议。

14．不。

15．是的。

16．是的。

17．强迫孩子去上学是不明智的。

18．手艺。

19．25年前这样做还可行，但现今若不和他人联盟，很难使自己的公司稳定地发展下去。

20．不。

21．商业发展瞬息万变，不能与时俱进就会被淘汰。

23．是的。

24．要是生意很好，而且他也喜欢做，就可以；他要想干点别的，就让他去吧。

25．记住，要想在事业上取得卓越的成绩，只有通过诚实、正直、积极进取和持之以恒才能做到。

兰塞姆·富勒

马萨诸塞州波士顿。东方轮船公司董事长。

1．努力的工作与良好的习惯。

2．有时会。

3．不是。

4．不是。

5．赞成。

6．不赞成。

7．不应该。

8．是的。

9．是的。

10．不是。

11．能力。

12．是的。

13．不赞成。

14．不赞成。

15．是的。

16．是的。

17．这不明智。

19．是的，但要是目前收入可观，就没这个必要了。

21．不好的习惯，贫乏的判断力。

22．《约翰·哈利法克斯先生》，这是一本不错的书。

23．我支持。

24．我赞成。

评述：

三思而后行，一旦决定了，就要全力以赴；善待所有的人；保持良好的习惯；真诚做人，坦率做事。

威廉·伦威克·里德尔
王室顾问

安大略省多伦多。律师。

1．勤奋努力，精益求精。

2．我建议。

3．不是。

4．我觉得不好。

5．可以，如果他有能力，能够耐心等待。

6．暂时先别走，等做好准备再离开。

7．不。

8．如果只是为了赚钱就不需要；但我认为真正的成功是必须要的。

9．是的。

10．一般来说，是的，但不必非得如此。

11．能力。

12．是的。

13．赞成。

14．赞成。

15．赞成。

16．赞成。

17．我支持父母这样做，至少也得学习两年。

18．手艺。

19．可以。

20．可以。

21．缺少不懈的努力。

22．《圣经》；莎士比亚的作品。

23．是的，像《纽约晚邮报》就很好。

24．一般说来，可以。

25．诚实，勤奋，精益求精。

加德纳·琼斯

马萨诸塞州塞勒姆。塞勒姆公共图书馆管理员、马萨诸塞州图书馆俱乐部前任主管、美国图书馆协会会计、作家。

1．努力工作。在时机适宜的时候勇于做出新的转变。

2．是的。

3．不一定需要，但很有用。

4．我不赞成父母这样做。

5．可以。

6．不。

7. 不。

8. 是的。

9. 是的。

10. 不是必需的。

11. 能力。

12. 是的。

13. 我建议。

14. 如果可能就去吧。

15. 当然。

16. 是的。

17. 取决于这个孩子本身，但在大多数情况下，不是明智之举。

18. 这取决于男孩和周围的条件。

20. 我不建议这么做。

22. 不同的人要看不同的书籍，因人而异。

23. 我支持。

24. 我不赞成。

25. 做工作要全神贯注，满怀信心，抓住机遇。

评述：

我只是用一般的规律回答了这些问题，诸如男孩是否应该离开家乡等问题应该由孩子的父亲来回答。有时环境改变了，答案也会变得不同。而有时，男孩出于对家庭的责任感可能要做出一定的牺牲。

威廉·阿特金森　医学博士

宾夕法尼亚州费城。《大众健康》编辑、杰弗逊医学院儿童病学讲师、内外科医学院公共卫生学和儿科学教授、宾夕法尼亚州联合卫生局局长、美国医学学会和宾夕法尼亚医学会秘书，任职35年、作家。

1. 教导有方的父亲给予我的鼓励；对事业的专注。

2. 这是积极可取的。

3. 一般来说这是很必要的。

4. 永远都不要这样做，我遇到过这样的事情，结果都是很糟的。

5. 当然可以了。

6. 我想应该留在家乡。

7. 多数孩子都认为他们是不喜欢务农的。

8. 当然是了，他能让人对你产生信任感。

9. 多数的失败都是由于缺乏这种精神导致的。

10. 不一定是必需的，但要是喜欢自己的工作就更好了。

11. 能力。

12. 我认为可以，有先例为证。

13. 或许他在大学的成绩很优秀，但大学课程对经商似乎没有太大的帮助。

14. 我不建议。

15. 我不建议。

16. 大学教育对他将来要从事的工作大有益处。

17. 固执己见的孩子早晚会吃亏的。

18. 学手艺。

19. 如果他很用心，就没什么问题了。

20. 除非有很好的挣钱门道能很快还上借款，否则就别做了。

21. 见异思迁，总是这山望着那山高。

22. 这很难说。在还是孩子的时候，我就开始广泛地阅读。应常备一本百科全书和一本字典。一旦遇到什么不懂的问题就可以去书中寻找答案。

23. 可以读报纸，但千万别看令人作呕的政治版。

24. 只要他自己对此感兴趣就行。

25. 对自己的工作不要掉以轻心，别做什么投机取巧的事情。

奥森·史泰博

华盛顿哥伦比亚特区。里格公司老板。

2. 是的。

3. 不是。

4. 不是。

5. 可以。

6. 不可以。

7. 不。

8. 是的。

9. 是的。

10. 是的。

11. 能力。

12. 是的。

13. 不赞成。

14. 不赞成。

15. 不赞成。

16. 可以。

17. 不可以这么做。

18. 手艺。

19. 不建议。

20. 不建议。

21. 缺少干劲，不够用心。

23. 可以。

24. 可以。

25. 工作，工作，再工作；诚实。

威廉·穆迪

马萨诸塞州北菲尔德。赫尔曼学校校长、德怀特·L.穆迪之子、传教士。

1. 在工作过程中，我结识了好多朋友，他们都是虔诚的信徒。无论我的工作做得有多么成功，这都是上帝赐予的。

2. 是的。

3. 是的。

4. 不明智。

5. 可以。

6. 不可以。

7. 不。

8. 真正意义上的成功必须要靠诚信。

9. 是的。

10. 是的。

11. 能力。

12. 是的。

13. 这得看他有多大了。19岁以下还可以，要是过了19岁就别学了。

14. 建议去个技校或是选个大学的理工科来读。

15. 可以。

16. 不明智。

19. 可行。

20. 不。这得看那个年轻人的能力如何了。

21. 挥霍无度。

22. 《圣经》，这要看他的年龄和品位。狄更斯，司各特，或是萨克雷的作品；《汤姆·布朗求学记》；科芬为孩子们写的历史书；《美国内战战役史》；《自由的故事》。

23. 不用。

25. 有句座右铭要送给年轻人，"仁慈、毅力、进取心。"这句话浅显易懂，如果遵循这条规则，就会取得成功。

评述：

我不能对每个问题都作出明确答复，对男孩了解得越多，就越觉得不能一概而论。每个男孩的问题都不一样，必须逐个仔细研究，如果千篇一律地对待，根本不可能找到解决问题的办法。我们赫尔曼学校共有450个学生，每个人都各有特性，必须区别对待。

伊西多·斯特劳斯

纽约市。纽约梅西公司成员、布鲁克林亚伯拉罕&斯特劳斯公司成员、教育联盟主席、资本家及慈善家。

1. 首先是朋友们给予我的信心；无论是生意上的朋友，还是生活中的朋友，都非常信任我；其次是极其看重信誉的客户非常相信我的判断力和决策力，无论交易数额有多大，他们从未表示过质疑。

2. 是的，能确定这不是他的心血来潮就行。

3. 不是，一般来说年轻人的喜好总在变。

4. 这是绝不可以的。

5. 这要看这个男孩的个性了。如果事实明显表明他适合在更广阔的天地发展，那我就建议他试试。

6. 比较慎重的做法就是等到这片土地已没有足够的空间让他发展的时候，再让他离开。

7. 如果能证明他想离开是有理由的，不是出于肤浅的虚荣心，那就没必要让他留下来了。

8. 显然是的。

9. 99%是的。天才和那些注意细节的人例外。

10. 是的，或者出于责任心而对工作分外认真，也能达到和热爱工作同样的效果。

11. 能力。不够专注或缺乏洞察力，即使经验丰富也一样不会成功。

12. 当然了，因为能力是经验的基础，经验是可以慢慢积累的。

13. 是的，如果生计不是问题，建议去上大学。

15. 是的。

16. 当然。

17. 是的，如果经济状况允许，就应该去读大学。

18. 必须得唤醒他的雄心，让他心中充满理想，否则他将一事无成。

19. 这要看他的决策力和判断力如何。许多优秀的高薪雇员，在自己做老板时就会失败，他们是很好的执行者，但不是好的指挥者。

20. 同上。

21. 缺少判断力和决策力。我认识一些有能力、有经济头脑、勤勉、细致的人也从没成功过，就是因为这个原因。

23. 是的。

24. 只要是正当生意就行。

25. 修身养性，博得周围人的尊重与信任。

评述：

没有道德上的理念，就不会有高尚的成功；试图想说明"成功是怎样达成的"就会有误导之嫌，是很危险的，我想说这是不可能的。在我身边就有活生生的例子。

布朗

密苏里州圣路易斯。汉密尔顿-布朗鞋业公司。

1. 目标集中，良好的习惯。

2. 是的。

3. 是的。

4. 如果孩子的喜好值得赞同，那家长的行为就是不明智的。

5. 只要他有目标就行。

6. 不。

7. 不。

8. 是的。

9. 一般来说，是的。

名家之谏

10．我认为是的。

11．能力。

12．这种事时有发生。

13．能去当然好，但不是必需的。

14．如果条件允许，接受大学教育是件好事。

15．是的。

16．如果他能做到，就更好了。

17．不明智，对孩子没什么好处。

18．一般来说，没有目标的孩子做什么事情都不能成功。

19．这取决于他的前景如何以及时机是否适宜。

20．身体健康，习惯良好的年轻人不用害怕借钱，只要别债台高筑就行。债务的压力有时是件好事，会激励他为了还债而奋发图强。

21．意志不坚定，粗枝大叶。

22．每一个年轻人都应该读《圣经》；《富兰克林传》和《林肯传》。

23．是的。

24．如果他的志愿在这上面，他就应该进公司去将父亲的事业发扬光大。

25．戒烟、戒酒、戒赌。选好职业，坚持到底。不要沾惹放荡的女人。要定期去教堂做礼拜。作息有规律。努力工作。

卢西安·沃纳 医学博士

纽约市。沃纳兄弟公司内衣制造商、基督教青年会国际委员会主席、公理会建筑协会主席、汉密尔顿银行及家庭火灾保险公司董事长。

1．勤奋加上责任心；理智的思维；在经验的基础上形成的准确判断力。

2．我赞成。

3．不总是，这要看他的能力如何。

4．不明智。

5．这取决于这个青年，许多人去城里要比留在家乡发展得更好。

6．不，除非他认为自己有意向且有能力胜任更重要的工作。

7．如果他有志向，更适合做其他工作，就不要强留他了。

8．是的，要想达到永远的成功就要做到这点。

9．是的。

10．如果不喜欢自己的工作，就会感觉困难重重，但也有成功的可能。

11．能力，有些人从经验里什么都没学到。

12．可以，一些人在第一次成功之前，也没什么经验。

13．如果他很聪明，最好是去读大学，这样他就不会成为一个赚钱的机器，会生活得更幸福。

14．通常情况，不建议。

15．是的。

16．是的。

17．通常说来是不明智的。如果他有学习的天赋，那么鞭策一下对他也是有好处的。

18．这样的年轻人最好干点手艺活，这样可以在指导下工作。

19．如果有能力，能很好处理生意上的事情，可以试一试。

20．不，除非他有丰富的经验，赚钱还债不是问题。

21．失败的原因有两点：缺乏准确的判断力，还有缺乏责任感。

23．只要是个好报纸就行，但是逐篇阅读会浪费大量的时间。

24．如果事业前景很好，或者他有让事业发展壮大的能力，就可以。

25．如果你想在更大的事情上取得成就，就要先把现在手头上的小事做好，做到成功。

弗兰克斯·穆尔

纽约市。大陆保险公司董事长。

2．赞成。

3．是的。

4．我不赞成家长这么做。

5．不，除非在起步时有人能帮助他。

6．不。

7．不。

8．是的。

9．是的。

10．一般是这样的。

11．能力。

12．是的。

13．当然，这样他就不会犯相同的错误。

15．是的。

16．是的。

17．不明智。

18．唤起他的雄心，让他开始奋斗。

19．可以。

20．如果有人愿意花这个冤枉钱借给他用，也可以。

21．懒惰。

22．《圣经》；莎士比亚；扬的《天文学》；《开宁·齐林莱》；《洛娜·杜恩》；圣保罗教堂中高登的墓志铭："无论何时何地，他都扶弱济贫，一心向善。"

23．我赞成。

24. 是的。

25. 诚实，勇敢，礼让，勤奋，认真，耐心；多听，少说，少生气；平和永驻心中。

亚瑟·波斯特维克 哲学博士

纽约市。纽约公共图书馆主管、字典副主编、《文摘》科学版主编、纽约图书馆俱乐部及长岛图书馆俱乐部前任主管、人民大学附属学会会长、作家。

1. 我不认为我有什么成功的地方。

2. 是的。

3. 不是。

4. 强迫孩子是不对的。

5. 为了事业有成，可以离开。

6. 不赞成。

7. 通常来说，应该。

8. 很遗憾，不是。

9. 通常是的。

10. 是的。

11. 要视具体的职业而定。

12. 这种情况很少。

13. 从经济方面考虑，不一定上大学；从其他方面来看，是应该的。

14. 同上。

15. 是的。

16. 是的。

17. 不明智。

18. 手艺。

19. 视情况而定。

20. 同上。

22.《圣经》；莎士比亚；《鲁滨逊漂流记》；英格兰历史；美国历史；古代历史。

23. 多读几份报纸，只读一份，视野受局限。

24. 我支持。

麦克法林

新泽西州。特拉华，拉克瓦纳&西区铁路局总工程师。

1. 第一份工作就是我喜欢的工作，一直做到今天。

2. 是的。

3. 是的。

4. 不可以这么做。

5. 这要看男孩的天资如何了。

6. 不建议。

7. 不。

8. 是的。

9. 是的。

10. 是的。

11. 二者一定是缺一不可的。

12. 如果这个人能同时听取好的建议，就可能会成功。

13. 有些孩子应该去。

14. 不。

15. 如果他有能力读大学，建议他去。

16. 是的。

17. 不明智。

18. 手艺。

19. 他有做生意的头脑就做吧。

20. 他知道自己在做什么就行。

21. 缺少判断力。

23. 可以。

25. 为老板打工要为老板着想。

评述：
总是尽量为老板着想的员工会得到最快的升迁。

埃尔斯沃斯 王室顾问，律师

安大略省多伦多。律师。

1. 努力工作。

2. 是的。

3. 可能吧。

4. 不明智。

5. 不一定非得去。

6. 我不建议。

7. 除非他很适合在农场工作；否则不必留下来。

8. 是的。

9. 是的。

10. 是的。

11. 如果能很好地利用经验，那应该是经验最重要。

12. 对此表示怀疑。

13. 是的。

14. 是的。

15. 是的。

16. 是的。

17. 不是。

18. 手艺。

19. 可以。

20. 不可以。

21. 花销无度。

22. 《圣经》；莎士比亚；狄更斯的作品。

23. 是的。

24. 是的。

25. 努力，认真，真诚，工作时不要偷懒。

亨利·麦克法兰

华盛顿哥伦比亚特区。哥伦比亚特区委员会主席。

1. 受到上帝的青睐，在愉悦的气氛下，受到良好的教育，而且可以去做我喜欢、也有能力做的事情。

2. 当然。

3. 不是。

4. 不明智。

6. 不。

7. 不。

8. 是的。

9. 是的。

10. 是的。

11. 能力。

12. 是的。

13. 我赞成。

14. 不。

15. 是的。

16. 是的。

17. 不明智。

18. 手艺。

19. 可以。

22.《圣经》；《自我修养》（布莱基）；《菲利普·布鲁克斯的训导》；《作为男人的基督》；《友谊》（休·布莱克）；《自己拯救自己》（斯迈尔斯）。

23. 可以。

24. 我认为可以。

25. 年轻人：你正拥有前所未有的大好机会，在上帝的恩宠下，把握时机努力奋斗吧！时光飞逝，不要再浪费时间了。

威廉·道格拉斯

马萨诸塞州布拉克顿。鞋业制造商。

1.（a）当我还是个小鞋匠的时候就有了成为制造商的雄心。（b）在不利的条件下也下定决心，坚持不懈。（c）选准了行业就一直做下去，不被其他生意诱惑，无论它的前景有多诱人。（d）总是让人信赖。（e）能制作出高品质的商品，通过广告让人们相信，无论是繁荣期还是萧条期，我都有好的商品出售，并且价格合理，这才是经商之道。（f）严格地管理公司的部门，让有才能的人担任部门主管，不对部门管理工作指手画脚，让他们各尽其责，用最后的工作业绩对他们进行评判。

2. 是的。

3. 不是。

4. 不明智。

5. 在家乡没有机会的男孩一下子就从乡下进到大城市，未必是什么谨慎之举。我建议他还是找个机会多的小城市发展，等到小有成就之后再去大城市，或是其他机会更多的地方进一步发展。

6. 我不建议。

7. 不。

8. 是的。

9. 是的。

10. 是的。

11. 能力。

12. 是的。

13. 这要看是什么生意，如果想成为个书商，那知识渊博是首要的，我会建议他去大学学习，可如果只是普通的生意，我想那就没有必要了。

14. 不。

15. 毫无疑问，去技校学习会使他成为一名更加优秀的技工，但并不是非去不可。

16. 是的。

17. 不是。

18. 手艺。

19. 可以。

20. 我不支持。

21. 资金不足。

22.《圣经》；美国历史；世界历史；名人传记；还有一些和他目前从事的工作或将要从事的工作有关的书籍；商业法和税法。

23. 可以。

24. 我认为不可行。

25. 诚实，忠诚，勤勉，节俭。

图书在版编目（CIP）数据

男孩成长书 /（美）小福勒（Fowler Jr, N.C.）著；
关明孚 译. –– 哈尔滨：黑龙江教育出版社，2014. 5
ISBN 978–7–5316–7456–6
Ⅰ.①男… Ⅱ.①小… ②关… Ⅲ.①成功心理—青少年读物 ②青少年教育
Ⅳ.①B848.4 – 49 ②G775
中国版本图书馆CIP数据核字(2014)第085994号

男孩成长书

NANHAI CHENGZHANG SHU

作　　　者	〔美〕纳撒尼尔·C.小福勒 著
译　　　者	关明孚 译　王少凯 校
选题策划	宋舒白
责任编辑	宋舒白　杨　静
装帧设计	Lily
责任校对	周维继

出版发行	黑龙江教育出版社（哈尔滨市南岗区花园街158号）
印　　刷	北京万博诚印刷有限公司
新浪微博	http://weibo.com/longjiaoshe
公众微信	heilongjiangjiaoyu
E－m a i l	heilongjiangjiaoyu@126.com

开　　本	700×1000　1/16
印　　张	18.5
字　　数	350千
版　　次	2014年8月第1版　2020年1月第2次印刷
书　　号	ISBN　978–7–5316–7456–6
定　　价	32.00元